T0278396

BIBLIOTECA **BO**

DIRECTOR DE COLECCIÓN
Raúl López López

No puedes ser neutral en un tren en marcha

BO

HOWARD ZINN

NO PUEDES SER NEUTRAL EN UN TREN EN MARCHA

Historia personal de nuestro tiempo

Prólogo de Noam Chomsky

Traducción de Roser Berdagué,
Premio Nacional a la Obra de un Traductor

ALMUZARA

Director de colección: Raúl López López

Copyright © 2002 by Howard Zinn
Published by arrangement with Beacon Press through International
Editors' Co.

© Howard Zinn, 2023
© de la traducción de la obra: Roser Berdagué, 2023
© del prólogo: Noam Chomsky, 2023
© del prólogo: Raúl López López
© Editorial Almuzara, S.L., 2023

Primera edición: febrero de 2023

Reservados todos los derechos. «No está permitida la reproducción
total o parcial de este libro, ni su tratamiento informático, ni la trans-
misión de ninguna forma o por cualquier medio, ya sea mecánico,
electrónico, por fotocopia, por registro u otros métodos, sin el permiso
previo y por escrito de los titulares del *copyright*.»

EDITORIAL ALMUZARA • BIBLIOTECA BO
Director editorial: Antonio Cuesta
Edición de Ana Cabello
Corrección y Maquetación: Manuel Ortiz de Galisteo

www.editorialalmuzara.com
pedidos@almuzaralibros.com - info@almuzaralibros.com

Parque Logístico de Córdoba. Ctra. Palma del Río, km 4
C/8, Nave L2, nº 3. 14005 - Córdoba

Imprime: Romanyà Valls
I.S.B.N: 978-84-11314-08-4
Depósito Legal: CO-141-2023
Hecho e impreso en España - *Made and printed in Spain*

A Roslyn, por todo

Contenido

EL COMPROMISO DE CLÍO
POR RAÚL LÓPEZ LÓPEZ

Sin duda es paradójico que pocos hayan sido los historiadores que, dedicando su vida a las sociedades pasadas y a investigar sobre ellas, decidieran escribir, en algún momento, sobre sus propias vidas pasadas. Las autobiografías o memorias intelectuales realizadas por historiadores son un subgénero literario exiguo, pero de gran interés[1]. Las obras, aunque tienen como marco común la vida de sus protagonistas, habitualmente abundan en reflexiones sobre metodología histórica, análisis de sus libros anteriores, de las épocas en las que se han centrado sus investigaciones o de la ideología

---

1 Giambattista Vico, *Autobiografía de Giambattista Vico*, M. González y J. Martínez (eds.), 1998; Edward Gibbon, *Memorias de mi vida*, 2022; Georg G. Iggers, Wilma Iggers, *Dos caras de la historia: Memoria vital de tiempos agitados*, 2009; Will Durant y Ariel Durant, *A Dual Autobiography*, 1983; Raul Hilberg, *Memorias de un historiador del Holocausto*, 2019; Aleksandr Nekrich, *Forsake Fear: Memoirs of an Historian*, 1991; Isaiah Berlin, *Dos conceptos de libertad. El fin justifica los medios. Mi trayectoria intelectual*, 2014; Pierre Vilar, *Pensar históricamente: Reflexiones y recuerdos*, 2015; George L. Mosse, *Haciendo frente a la historia: Una autobiografía*, 2008; I.E.S. Edwards, *From the Pyramids to Tutankhamun: Memoirs of an Egyptological Life*, 2000; William Matthew Flinders Petrie, *Seventy Years In Archaeology*, 2014; Erik Hobsbawn, *Años interesantes. Una vida en el siglo XX*, 2033; John H. Elliott, *Haciendo historia*, 2012; John Lukacs, *Últimas voluntades: Memorias de un historiador*, 2013; Gabriel Jackson, *Memoria de un historiador*, 2008,

que ha guiado su carrera. En pocas ocasiones, la vida, su vida, deja de ser poco más que una excusa para volver a abordar temas que los autores ya habían tratado en otras obras a lo largo de sus carreras, o un mero instrumento para contextualizar o reformular sus trabajos. La pulsión hacia el pasado es tan fuerte que anula la visión del presente e incluso la visión de uno mismo. Puede que, realmente, la vida y hechos de un historiador, transcurridos en archivos y bibliotecas, entre legajos polvorientos o ruinas informes, ofrezcan un humus literario muy pobre. Pero si la vida, los avatares y aventuras de un individuo son interesantes, no lo son menos las peripecias de la mente, el surgimiento de ideas, la evolución de estas. Como dejó claro Einstein en sus únicas y breves *Notas autobiográficas*. En la mayor parte de los pensadores, quizá sea esta la única autobiografía a tener en cuenta, la de la mente. Y todo lo demás, los lugares, las personas o circunstancias que la rodean, un simple *atrezzo*.

La seducción del pasado y la atracción que este ejerce sobre historiador pueden ser subyugantes y obnubiladoras. Desbordar, incluso, en obsesión e idealización de un pasado que, en realidad, simplemente, es como el presente, pero antes. Con sus luces tenues y sus sombras ambiguas, si se le desprende de los oropeles y la coloratura que ciertas narraciones históricas le confieren. Esta contemplación del pasado se asemeja al efecto que produce el cine sobre el ojo del espectador melancólico. Los personajes apolíneos, las conversaciones brillantes, los paisajes exóticos y de imposible belleza hacen que el público, al salir de la sala a la luz del día, vea su mundo presente como triste y gris, carente del heroísmo y la belleza de la pantalla. Así ocurre con la obsesión por la historia que convierte a las personas del pasado en personajes, y los lugares donde ellas vivieron, en escenarios. Así, en muchas ocasiones, la historia ideal se convierte en un refugio onírico ante la hostilidad y vulgaridad del día a día. Historiadores parapetados tras fechas, conceptos obtusos y polvorientos volúmenes no le son útiles a la sociedad en la que viven.

El compromiso ineludible que el historiador sella con la musa Clío es con la vida, con la comprensión del periplo humano. No solo con los que ya los concluyeron. Con la vida presente, no con la pasada. Así se lo revela Aquiles a Odiseo en el Hades, al desear ser presente vulgar, en lugar de pasado mítico difunto; esclavo de gente sin patria, en lugar de rey de los muertos. La historia se hace desde el presente, para el presente ,y solo y únicamente, son posibles el cambio y la mejora desde el presente. El historiador ha de ser un hombre «persuadido», como definiera Claudio Magris en su inmortal obra *Danubio*. Poseedor del momento presente, ni rezagado en el pasado ni proyectado hacia el futuro. No un rey de los muertos. Aquí, en el ahora, su saber es necesario y da respuesta a preguntas que la sociedad demanda y que solo la perspectiva del historiador puede ofrecer. No se trata de seguir la corriente de actualismo adolescente imperante, sino de salvarnos de ella, demostrando el valor de la historia para la comprensión de la actualidad.

Pocos hombres, historiadores o no, han sido tan fieles al compromiso de Clío con la vida como Howard Zinn. Parece improbable que un profesor de Historia se vea involucrado o incluso sea protagonista de tantas peripecias y aventuras como él lo fue. Creo que le ocurrió aquello que Axel Munthe afirmaba en su *Historia de San Michele*; que cualquier persona que posea algo de valor e interés por ayudar a los demás tiene la garantía de vivir grandes aventuras. La Segunda Guerra Mundial, la lucha por los derechos civiles en el sur de los EE. UU., la guerra de Vietnam, los Papeles del Pentágono… son algunas de las estaciones de una vida intensa y plena de compromiso con la vida y las personas. Una vida vivida, nunca neutral ni objetiva. Porque solo los objetos pueden ser objetivos, mientras que los sujetos solo podemos poseer el intransferible néctar de la subjetividad.

EN MEMORIA DE HOWARD ZINN
POR NOAM CHOMSKY

No me resulta fácil escribir unas palabras sobre Howard Zinn, el gran activista e historiador estadounidense fallecido hace unos días[2]. Fue un muy buen amigo durante 45 años. Las familias también estaban muy unidas. Su mujer, Roz, que había fallecido de cáncer un poco antes, fue también una persona maravillosa y una íntima amiga. Resulta sombría la constatación de que toda una generación parece estar desapareciendo, incluidos otros viejos amigos: Edward Said, Eqbal Ahmed y otros, que no solo eran astutos y productivos estudiosos, sino también entregados y valientes militantes, siempre disponibles cuando se les necesitaba, lo que era constante. Una combinación esencial si se quiere tener la esperanza de una supervivencia digna.

La excepcional vida y obra de Howard se resume mejor en sus propias palabras. Su principal preocupación, explicaba, eran «las innumerables pequeñas acciones de gente desconocida» que se encuentran en las raíces de «esos grandes momentos» que entran en el registro histórico, un registro que será profundamente engañoso y seriamente desempoderador, si es arrancado de estas raíces

---

2   El texto original se publicó en 2010: Noam Chomsky, «Remembering Howard Zinn», *Resist Newsletter*, marzo/abril, 2010.

al pasar por los filtros de la doctrina y el dogma. Su vida estuvo siempre estrechamente entrelazada con sus escritos e innumerables charlas y entrevistas. Se dedicó, desinteresadamente, a potenciar a los desconocidos que propiciaron grandes momentos. Eso fue cierto cuando era un trabajador industrial y activista laboral, y desde los tiempos, hace 50 años, en los que enseñaba en el Spellman College de Atlanta, Georgia, una universidad que estaba abierta principalmente a la pequeña élite negra.

Mientras enseñaba en Spellman, Howard apoyó a los estudiantes que estaban en la vanguardia del movimiento a favor de los derechos civiles en sus primeros y más peligrosos días; muchos de los cuales llegaron a ser muy conocidos en años posteriores —Alice Walker, Julian Bond, entre otros— y que lo apreciaban y respetaban, como todos los que lo conocían bien. Y, como siempre, no se limitó únicamente a apoyarlos, lo cual era bastante raro, sino que participó directamente con ellos en sus acciones más arriesgadas, una empresa nada fácil en aquella época, antes de que existiera un movimiento popular organizado y ante la hostilidad del Gobierno que se prolongó algunos años. Finalmente, el apoyo popular se encendió, en gran parte por las valientes acciones de los jóvenes que se sentaban en los mostradores de comida, viajaban en las «carabanas de la libertad»[3], organizaban manifestaciones, se enfrentaban a un racismo amargo y a la brutalidad, y a veces a la muerte. A principios de la década de 1960, un movimiento popular tomaba forma, por aquel entonces con Martin Luther King como líder, y el Gobierno tuvo que responder. Como recompensa por su valor y honestidad, Howard fue rápidamente expulsado de la universidad donde trabajaba. Años más tarde escribió la obra

---

3 N. de E. *Freedom rides*. Los viajeros de la libertad fueron activistas por los derechos civiles que iban en autobuses interestatales hacia los Estados segregados del sur de los Estados Unidos desafiando el incumplimiento de las sentencias de la Corte Suprema de los Estados Unidos *Morgan v. Virginia* (1946) y *Boynton v. Virginia* (1960), que resolvían a favor de la inconstitucionalidad de los autobuses públicos segregados.

de referencia sobre el Comité Coordinador Estudiantil No violento, SNCC[4], la principal organización de aquellos «desconocidos» cuyas «innumerables pequeñas acciones» desempeñaron un papel tan importante en la creación de la corriente que permitió a King ganar una influencia significativa, como estoy seguro de que él habría sido el primero en decir, y llevar al país a cumplir las enmiendas constitucionales de un siglo atrás, que en teoría habían concedido derechos civiles elementales a los antiguos esclavos, al menos para hacerlo parcialmente; no hace falta subrayar que aún queda mucho camino por recorrer.

A nivel personal, llegué a conocer bien a Howard cuando fuimos juntos a una manifestación por los derechos civiles en Jackson, Mississippi, en (creo) 1964; incluso en esa fecha, tan tardía, fue un escenario de violenta hostilidad pública, brutalidad policial e indiferencia o incluso cooperación con las fuerzas de seguridad del Estado por parte de las autoridades federales, a veces de una forma impactante.

Tras ser expulsado de la Universidad de Atlanta, en la que impartía clases, Howard llegó a Boston, y pasó el resto de su carrera académica en la Universidad de Boston donde fue, estoy seguro, el miembro del profesorado más admirado y querido del campus, y el blanco de la amarga hostilidad y la mezquina crueldad de la administración, aunque en años posteriores, tras su jubilación, se ganó el honor y el respeto público que siempre fue abrumador entre los estudiantes, el personal, gran parte del profesorado y la comunidad en general. Mientras estuvo allí, Howard escribió los libros que le dieron una merecida fama. Su libro *Vietnam: Logic of Withdrawal*, de 1967, fue el primero en expresar de forma clara y contundente lo que muchos, a duras penas, empezaban entonces a contemplar: que Estados Unidos no tenía derecho ni siquiera a pedir una solución negociada en Vietnam, dejando a Washington

---

4   N. de E. SNCC o *Student non-violent Coordinating Committee*. Fundada por
    Ella Baker, fue una de las principales organizaciones del movimiento por
    los derechos civiles en Estados Unidos en los años 60.

con el poder y el control sustancial en el país que había invadido y que para entonces ya había destruido en gran medida. Más bien, Estados Unidos debía hacer lo que cualquier agresor: retirarse, permitir que la población reconstruyera de alguna manera los restos y, si se tenía un mínimo de honestidad, pagar reparaciones masivas por los crímenes que los ejércitos invasores habían cometido, enormes crímenes en este caso. El libro tuvo una gran influencia entre el público, aunque a día de hoy su mensaje apenas puede ser comprendido en los círculos de la élite, lo que indica el trabajo necesario que queda por hacer.

Resulta significativo que, entre el público en general, al final de la guerra, el 70 % consideraba que la guerra era «fundamentalmente equivocada e inmoral», no «un error», una cifra notable teniendo en cuenta el hecho de que apenas habría un ápice de tal pensamiento en la opinión dominante. Los escritos de Howard —y, como siempre, su destacada presencia en la protesta y la resistencia directa— fueron un factor fundamental para la educación de gran parte del país.

En aquellos mismos años, Howard también se convirtió en uno de los partidarios más destacados del movimiento de resistencia que se estaba fraguando en ese momento. Fue uno de los primeros firmantes del *Call to Resist Illegitimate Authority* (*Llamamiento a resistir a la autoridad ilegítima*) y estuvo tan cerca de las actividades de *Resist* que prácticamente fue uno de los organizadores. También participó enseguida en las acciones de asilo que tuvieron un notable impacto para impulsar la protesta en contra de la guerra. Para cualquier cosa que se necesitara, charlas, participación en la desobediencia civil, apoyo a los resistentes, testimonio en los juicios, Howard siempre estaba allí.

Aún más influyente a largo plazo que los escritos y acciones antibélicas de Howard fue su perdurable obra maestra *A People's History of the United States* (*La otra historia de Estados Unidos*), un libro que literalmente cambió la conciencia de una generación. En él desarrolló con cuidado, lucidez y de forma exhaustiva su mensaje fundamental sobre el papel crucial de personas que siguen siendo anónimas para llevar adelante la interminable lucha por la paz y la justicia, y acerca de las víctimas de los sistemas de poder que crean sus propias versiones de la historia y tratan de imponerla. Más tarde, su obra *Voces de la historia del pueblo de Estados Unidos*, ahora una aclamada producción teatral[5] y televisiva, ha llevado a un gran público las palabras reales de esas personas olvidadas o ignoradas que han desempeñado un papel tan valioso en la creación de un mundo mejor.

El gran éxito de Howard a la hora de sacar las acciones y las voces de personas desconocidas de las profundidades a las que, en gran medida, habían sido relegadas ha dado lugar a una amplia investigación histórica que sigue un camino similar, centrándose en períodos críticos de la historia de Estados Unidos, y recurriendo también a los antecedentes de otros países, un hecho muy positivo. No se trata de una novedad absoluta, ya que se habían realizado investigaciones académicas sobre temas concretos, pero nada comparable a la amplia e incisiva evocación de Howard de la «historia desde abajo», que compensa las omisiones críticas en la forma en que se había interpretado y transmitido la historia estadounidense.

El comprometido activismo de Howard continuó, literalmente sin descanso, hasta el final, incluso en sus últimos años, cuando sufría una grave enfermedad y una pérdida personal (aunque uno apenas se hubiera percatado al conocerlo o verlo hablar incansablemente ante audiencias cautivadas en todo el país). Siempre que había una lucha por la paz y la justicia, Howard estaba allí, en primera línea, infatigable en su entusiasmo, e inspirador en su integridad, compromiso, elocuencia y perspicacia con un ligero toque de humor frente a la adversidad, dedicación a la no violencia y pura decencia. Resulta difícil imaginar cuántas vidas de jóvenes y en qué grado se vieron influenciados, por sus logros, tanto en su trabajo como en su vida.

---

5   N. de E. Estrenada en 2007 en Nueva York como *Rebel Voices (Voces rebeldes)*.

Hay lugares en los que la vida y la obra de Howard deberían tener especial resonancia. Uno de ellos, que debería ser mucho más conocido, es Turquía. No conozco ningún otro país en el que destacados escritores, artistas, periodistas, académicos y otros intelectuales hayan compilado un historial tan impresionante de valentía e integridad en la condena de los crímenes de Estado y en la participación en la desobediencia civil, para tratar de poner fin a la opresión y la violencia, afrontando y a veces soportando una severa represión, para luego volver a la tarea. Es un récord honorable, único hasta donde yo sé; un récord del que el país debería estar orgulloso. Y que debería ser una referencia para otros, al igual que la vida y la obra de Howard Zinn son un modelo inolvidable, que seguramente dejará un sello permanente en la forma de entender la historia y de vivir una vida decente y honorable.

INTRODUCCIÓN
TIEMPO DE PREGUNTAS EN KALAMAZOO

Me habían invitado a dar una charla en Kalamazoo, Michigan. Era la noche del debate presidencial de la campaña de 1992 y se retransmitía por televisión pero, para sorpresa mía (¿sería porque necesitaban tomarse un respiro en medio de la locura de las elecciones?), se había congregado en la sala un público de varios centenares de personas. Hada quinientos años que Colón había desembarcado en el hemisferio occidental y el tema del que me proponía hablar era «El legado de Colón, 1492-1992».

Diez años antes, en las primeras páginas de mi libro *A People's History of the United States* (*La otra historia de los Estados Unidos*), ya había hablado de Colón de una forma que había sobresaltado a los lectores. También a ellos les habían contado, en la escuela elemental, una versión histórica de los hechos que no se desmentiría nunca por mucho que se prolongase su educación, según la cual Colón era uno de los grandes héroes de la historia universal y, por tanto, había que admirar su osada hazaña porque era un ejemplo de imaginación y valentía. En mi versión de los hechos yo reconocía que Colón había sido un intrépido marinero pero, basándome en su propio diario y en el testimonio de muchos testigos oculares de los hechos de su vida, señalaba también que había dispensado un trato violento a los pacíficos indios arahuacos, quienes habían acogido con benevolencia su llegada a este hemisferio. Colón les había respondido sometiéndolos a esclavitud, torturándolos y exterminándolos, todo ello movido por su ambición de riquezas. Señalaba, pues, que Colón era un representante de los peores atributos de la civilización occidental: codicia, violencia, explotación, racismo, dominio e hipocresía, todo socapa de devoción cristiana.

El éxito de mi libro cogió por sorpresa tanto a mi editor como a mí. Se hicieron de él veinticuatro ediciones en diez años y se vendieron trescientos mil ejemplares, fue nominado para el premio American Book Award y se publicó en Gran Bretaña y en Japón. Comencé a recibir cartas de todo el país, muchas como reacción al primer capítulo sobre Colón.

La mayor parte de cartas me daban las gracias por haber revelado la historia que no se cuenta. Unas pocas traslucían escepticismo o indignación. Un estudiante de segunda enseñanza que vivía en Oregón y a quien su profesor le había asignado mi libro como lectura me escribió en estos términos: «Dice usted que mucha de la información que ha utilizado procede del propio diario de Colón. Tengo mis dudas sobre la existencia de dicho diario y, suponiendo que exista, ¿por qué no figura en nuestra historia?, ¿por qué no están en mi libro de historia las cosas que usted cuenta?». Una madre de California, después de ver un ejemplar de *La otra historia de los Estados Unidos* que su hija había llevado a su casa, se enfureció y pidió a la junta escolar que haría bien informándose de quién era el profesor que recomendaba mi libro a sus alumnos.

Era evidente que el problema —sí, yo constituía un problema— no era solo la irreverencia que yo había cometido con Colón, sino el enfoque global que daba a la historia de América. Según opinión de un critico, en *La otra historia de los Estados Unidos* yo me emperraba en «dar un vuelco a la perspectiva, en trocar las posiciones de los buenos y los malos». Los Padres Fundadores no fueron únicamente los nobles organizadores de una nación nueva (aunque es evidente que también lo fueron), sino además ricos tratantes de esclavos, mercaderes, accionistas y gente blanca muy temerosa de una rebelión de la clase inferior o, como dice James Madison, gente muy temerosa de «una distribución igualitaria de la propiedad».

Nuestros héroes militares —Andrew Jackson, Theodore Roosevelt— fueron racistas, exterminadores de indios, amantes de la guerra e imperialistas. En cuanto a nuestros presidentes más liberales —Jefferson, Lincoln, Wilson, Roosevelt, Kennedy—, estaban más interesados en el poder político y en la grandeza nacional que en los derechos de la población que no era blanca.

Los héroes de la historia eran, para mí, los granjeros de la Rebelión de Daniel Shays (Shays' Rebellion), los abolicionistas negros que violaron la ley para liberar a sus hermanos y hermanas, los que fueron a la cárcel por su oposición a la Primera Guerra Mundial, los trabajadores que organizaron huelgas contra el poder de las corporaciones desafiando a la policía y a la milicia, los veteranos de Vietnam que se manifestaron abiertamente contra la guerra, las mujeres que reclamaban un nivel de igualdad para su sexo en todos los órdenes de la vida.

Hubo historiadores y profesores de historia que aclamaron mi libro. Pero a algunos les molestó; era evidente para estos que yo me había salido de los raíles del orden. Incluso se me habrían podido aplicar leyes penales y acusarme de «asalto con un arma mortal: un libro» o de «conducta incorrecta, por emitir ruidos impropios ante gente distinguida» o de «intromisión en el dominio sagrado de la tradición historiográfica».

Para algunos no solo era mi libro el que se había salido de los raíles, sino toda mi persona, ya que mis críticas contra algunas cosas que ocurrían en esta sociedad tenían algo de antipatriótico, de subversivo o de peligroso. Durante la guerra del Golfo de 1991, di una conferencia en una escuela privada de Massachusetts ante un público de estudiantes de segunda enseñanza que pertenecían a familias acomodadas de las que se decía que estaban «a favor de la guerra en una proporción de un noventa y cinco por ciento». Yo les dije lo que pensaba y, para sorpresa mía, mis palabras fueron acogidas con una gran salva de aplausos. Más adelante, sin embargo, en una reunión celebrada en una aula con un grupo reducido de estudiantes, una chica que había estado mirándome con ostensible hostilidad durante todo el coloquio tomó la palabra y, en un tono de voz que delataba la ira que sentía, me preguntó: «Entonces, ¿por qué *vive* usted en este país?»

Fue un alfilerazo. Es la pregunta que me hacen algunos, a veces de forma encubierta. Pretenden decirme que he puesto en entredicho la cuestión del *patriotismo* y la lealtad a mi país, actitud que aflora siempre ya se critique la política extranjera, se eluda el servicio militar o se niegue la promesa de fidelidad a la bandera.

Quise explicarle que yo amaba a mi país, al pueblo, pero no a cualquier gobierno que pudiera estar en el poder. Creer en la democracia era creer en los principios de la Declaración de la Independencia, considerar que el gobierno es una institución artificial creada por el pueblo para que defienda la igualdad de derechos de todos en lo que se refiere a la vida, a la libertad y a la búsqueda de la felicidad. Yo interpretaba que «todos» incluía a los hombres, mujeres y niños de todo el mundo, los cuales tienen un derecho a la vida que no les puede arrebatar nadie, ni nosotros ni su propio gobierno.

Es antipatriótico, en cambio, el gobierno que traiciona estos principios democráticos. El amor a la democracia exigirá entonces la oposición a dicho gobierno, exigirá «salirse de los raíles».

La publicación de *La otra historia de los Estados Unidos* tuvo como resultado una serie de invitaciones a dar conferencias por todo el país. Esto me había llevado a Kalamazoo aquella tarde de 1992, donde quería hablar de la importancia que tenía hoy en día decir la verdad sobre Colón. A mí no me interesaba Colón en sí sino las cuestiones derivadas del trato que había dado a los americanos nativos: ¿Puede la gente, prescindiendo de la historia, convivir hoy de forma igualitaria y digna?

Al final de la charla alguien me hizo una pregunta que me han formulado de diferentes maneras en muchas ocasiones: «Pese a las deprimentes noticias que nos llegan del mundo, usted da la impresión de ser curiosamente optimista. ¿Qué le da esperanzas?».

Intenté dar una respuesta. Dije que comprendía que la gente se sintiera deprimida ante la situación del mundo, pero que la persona que había hecho la pregunta había sabido captar con acierto mi estado de ánimo. Tanto a ojos de ella como de otra, mi actitud podía parecer optimista hasta lo absurdo dadas las condiciones de injusticia y violencia que se dan en el mundo, pero lo que suele despreciarse como idealismo romántico o como aspiración deseable se justifica, a mis ojos, si propicia *la acción* que conduce a estos deseos y a dar realidad a estos ideales.

La voluntad de emprender esta acción no puede basarse en certidumbres, sino en aquellas posibilidades entrevistas al hacer una lectura diferente de la lamentable relación habitual de las crueldades humanas. En esta lectura no solo encontraremos guerra sino resistencia a la guerra, no solo injusticia sino rebelión frente a la injusticia, no solo egoísmo sino entrega personal, no solo silencio ante la tiranía sino desafío, no solo insensibilidad sino comprensión.

Los seres humanos presentan un amplio espectro de cualidades, pero suele darse más importancia a las peores, lo que acostumbra a desalentarnos, a desanimarnos. La historia, sin embargo, nos demuestra que existe un espíritu que se niega a rendirse. La historia abunda en ejemplos de personas que, contra todo pronóstico, se han unido para luchar por la libertad y la justicia y han salido *vencedoras*... no a menudo, por supuesto, pero con la frecuencia suficiente para demostrar que es posible conseguir mucho más.

El elemento esencial de esta lucha es el ser humano que, aunque solo sea un momento, aun acechado por miedos, se desmarca de la fila y *actúa*, por modesto que sea lo que haga. Y hasta el más pequeño, el menos heroico de los actos es un tronco más que se añade al montón de leña que un día, en virtud de un hecho inesperado, se prenderá en hoguera y provocará un cambio tumultuoso.

El individuo es el elemento indispensable y a lo largo de mi vida he encontrado multitud de esos individuos, gente sencilla y gente extraordinaria, gente cuya sola existencia ya me infunde esperanzas. De hecho, era evidente que los presentes en Kalamazoo estaban preocupados por el mundo al margen de los resultados electorales que se consiguieran y eran la prueba viva de las posibilidades de cambio en un mundo tan difícil como el nuestro.

Aunque no se lo dije a la última persona que me había preguntado, aquella misma tarde y en aquella misma ciudad había conocido a una persona de esas características. Durante la cena, antes de dar la conferencia, conocí al sacerdote del campus universitario, un hombre con la corpulencia de un jugador de rugby, precisamente lo que había sido unos años antes. Le hice una pregunta que suelo hacer a la gente que me gusta: «¿Qué fue lo que le indujo a pensar como piensa?».

Su respuesta se redujo a una sola palabra, la misma que he oído de muchos labios: «Vietnam». A preguntas como esta, que sondean en la vida personal, se suele responder con una sola palabra: Auschwitz... Hungría... Attica. La suya fue: Vietnam. El sacerdote había sido capellán en Vietnam. El oficial a cuyas órdenes estaba era el coronel George Patton III, digno hijo de su padre. A Patton le encantaba decir de sus soldados que «mataban muy bien». Patton ordenó al capellán que llevase pistola en la zona de combate. Pero el capellán se negó y, pese a las amenazas, siguió negándose y se fue de Vietnam no solo como enemigo de aquella guerra sino de todas las guerras. Ahora iba a menudo a El Salvador para ayudar al pueblo en su lucha contra los escuadrones de la muerte y la pobreza.

Asistió también a la cena un joven profesor de sociología de la universidad estatal de Michigan. Había crecido en casa de sus padres, trabajadores de Ohio, y también había acabado por oponerse a la guerra de Vietnam. Ahora enseñaba criminología, pero no para estudiar a ladrones y a atracadores, sino para estudiar el crimen de alto nivel, los funcionarios del gobierno y altos ejecutivos cuyas víctimas no son los individuos aislados sino la sociedad en bloque.

Resulta curioso ver cuánta historia se encierra en un grupo por pequeño que sea. A nuestra mesa estaba también sentada una joven que acababa de obtener una licenciatura universitaria y que pensaba matricularse en una escuela de enfermería para dedicar su trabajo a los pueblos de América Central. Sentí envidia de ella. Por el hecho de contarme entre los que escriben, hablan, enseñan, practican la ley o predican y cuya contribución a la sociedad es tan indirecta e incierta, pensé en aquellos que pueden prestar una ayuda inmediata: los carpinteros, las enfermeras, los agricultores, los chóferes de autobuses escolares, las madres. Me acordé del poeta chileno Pablo Neruda, que escribió un poema sobre el profundo deseo que sentía de hacer algo útil con sus manos, aunque fuera una escoba, solo una escoba.

Nada de eso dije a la última persona que me había preguntado en Kalamazoo. En realidad, para contestarle realmente, habría debido decirle mucho más sobre la razón de sentirme tan esperanzado en un mundo tal como lo conocíamos. Pero habría tenido que remontar todo el curso de mi vida.

Habría tenido que explicarle qué era trabajar en unos astilleros a los dieciocho años y pasar tres años afanándome en los muelles, soportando fríos y calores, sumido en un ensordecedor estruendo y en venenosos vapores, construyendo barcos de guerra y naves de desembarco al principio de la Segunda Guerra Mundial.

Habría tenido que explicarle qué era alistarse en las Fuerzas Aéreas a los veintiún años, entrenarse para bombardero, volar en misiones de combate a Europa y hacerme más tarde ciertas preguntas inquietantes sobre lo que había hecho durante la guerra.

Y explicarle qué era casarse, ser padre, descargar camiones en un almacén y asistir a la universidad gracias al favor del gobierno, mientras mi esposa trabajaba y un centro benéfico diurno atendía a nuestros dos hijos. Qué era vivir en una casa barata del Lower East Side de Manhattan.

Y qué era conseguir el título de doctor en filosofía de Columbia y mi primer trabajo de verdad como profesor (ya que había trabajado varias veces como profesor sin trabajar de verdad). Qué era vivir y trabajar siete años en una comunidad negra del Sur Profundo. Y explicarles que los estudiantes del Spelman College, para hacer historia, en los primeros años del movimiento de los derechos civiles decidieron un día saltar aquel muro de piedra, simbólico y real, que rodeaba el campus.

Y habría tenido que explicar qué había vivido yo en aquel movimiento de Atlanta, de Albany, Georgia y de Selma, Alabama, de Hattiesburg y Jackson y Greenwood, Mississippi.

Habría tenido que explicarle qué era trasladarse a vivir al norte, en Boston, y unirse a las protestas contra la guerra de Vietnam y ser detenido media docena de veces (¡qué curioso era siempre el lenguaje oficial de las acusaciones!: «dedicarse a merodear y vagabundear», «conducta inadecuada», «negarse a desalojar»). Y viajar a Japón y a Vietnam del Norte y hablar en centenares de mítines y reuniones y, desafiando la ley, ayudar a un cura católico a vivir en la clandestinidad.

Habría tenido que rememorar escenas vividas ante una docena de tribunales, donde en los años setenta y ochenta tuve que acudir a declarar. Habría tenido que hablarle de los prisioneros que había conocido, de condenados por un breve periodo y de condenados de por vida, y de cómo habían afectado al concepto que tengo de lo que es una cárcel.

Cuando fui profesor no pude ocultar a mis alumnos las experiencias que había vivido. A menudo me he preguntado cómo se las arreglan muchos profesores para pasar un año con un grupo de estudiantes sin revelarles nunca quién son, qué vida llevan, por qué piensan como piensan o qué esperan conseguir, sin decirles hasta donde aspiran a que lleguen sus alumnos y el mundo en general.

Esa misma ocultación revela algo terrible: que es posible separar la propia vida y las convicciones más profundas que uno tiene sobre el bien y el mal del estudio de la literatura, de la historia, de la filosofía, de la política y del arte.

Nunca en mis clases he ocultado mis ideas políticas, el odio que me inspira la guerra y el militarismo, la indignación que me produce la desigualdad por cuestiones de raza, mi fe en el socialismo democrático, en la distribución racional y justa de las riquezas del mundo. Siempre he declarado que aborrezco la arrogancia bajo todas sus formas, tanto si son naciones fuertes como débiles las que la adoptan y sacan provecho de ella tanto si se trata de gobiernos que explotan a los ciudadanos como de empresarios que explotan a los trabajadores, ya sean de derechas o de izquierdas, porque se arrogan el monopolio de la verdad.

Esta combinación de activismo y enseñanza, esta insistencia en el hecho de que la educación no puede ser neutral en los momentos más comprometidos de nuestro tiempo, este movimiento pendular entre la clase y las luchas en la calle de aquellos profesores que esperan que sus alumnos hagan lo mismo, es algo que ha asustado siempre a los guardianes de la educación tradicional. Prefieren que la educación se ciña a preparar a la nueva generación para que ocupe el lugar que le corresponde en el antiguo orden, no que lo ponga en cuarentena.

Siempre he empezado el curso dejando bien sentado ante mis alumnos que les daría a conocer mi punto de vista, pero que esto no sería óbice para que procurara ser ecuánime con el punto de vista de los demás. Y siempre he alentado a mis alumnos a que disintieran de mí.

No he pretendido nunca una objetividad que no es posible ni deseable. «Nadie es neutral en un tren en marcha», les decía. Algunos se quedaban desconcertados ante la metáfora, sobre todo si se la tomaban al pie de la letra e intentaban analizar con detalle su sentido. Pero otros captaban al momento qué quería decirles: que los hechos se mueven con decisión en determinadas direcciones decididas y que ser neutral significa aceptarlo.

Nunca he creído que exponía mis opiniones en un tablero en blanco, que las imponía a mentes inocentes. Antes de irrumpir en el aula, mis alumnos ya habían pasado por largos periodos de adoctrinamiento político: en familia, en la escuela, a través de los medios de comunicación. En un mercado dominado desde hace tanto tiempo por la ortodoxia, lo único que yo quería era empujar mi propia carretilla, ofrecer mis mercancías como las ofrecen otros, dejar que los alumnos eligieran libremente.

Los millares de alumnos que a lo largo de los años han pasado por mis clases me permiten tener esperanzas en el futuro. Durante los años setenta y ochenta parecía que todo el mundo se había puesto de acuerdo en lamentarse de la «ignorancia» y «pasividad» de las generaciones de estudiantes del momento. Pero tras haberlos escuchado, leyendo sus diarios y trabajos, así como los informes sobre las actividades de la comunidad, todo lo cual formaba parte del trabajo que tenían asignado, me impresionó ver su sensibilidad ante la injusticia, su avidez de participar en causas buenas, su potencial para cambiar el mundo.

El activismo estudiantil era reducido en los años ochenta, pero en aquel entonces no existía ningún movimiento nacional importante al que incorporarse y eran muy fuertes las presiones que desde todos lados impulsaban a «ser válido» y a «triunfar» al objeto de ingresar en el mundo de los profesionales triunfadores. Pese a ello, eran muchos los jóvenes que anhelaban más, por lo que yo no desesperaba del todo. Recuerdo que, en los años cincuenta, algunos observadores altaneros hablaban de la «generación silenciosa» como de un hecho inamovible pero después, como para desmentir aquella idea, llegaron los años sesenta.

Todavía queda algo por decir, más difícil de comentar pero crucial en mi forma de ser: mi vida personal. ¡Qué felicidad la mía por haber podido compartir mi vida con una mujer excepcional cuya belleza, tanto en lo físico como en lo espiritual, veo reproducida en nuestros hijos y nietos! Roz ha participado en mis cosas y me ha ayudado, ha trabajado como asistenta social y como profesora y, más tarde, ha cultivado su talento en el campo de la pintura y de la música. No solo ama la literatura sino que, además, fue la primera editora de todo cuanto he escrito. Vivir con ella ha potenciado en mí la apreciación de todo lo que se puede hacer en este mundo.

Con todo, eso no me hace olvidar las malas noticias que nos sorprenden a diario: me acosan, me inundan, me deprimen de manera intermitente, me irritan.

Pienso en los pobres de hoy, muchos en guetos reservados para los que no son blancos, a menudo a pocas manzanas de los que nadan en fabulosas riquezas. Pienso en la hipocresía de los líderes políticos, en la manipulación de la información mediante el engaño o la omisión. Y pienso en cómo los gobiernos se dedican a fomentar el odio nacional y étnico en todo el mundo.

Estoy al corriente de la violencia que rige la vida diaria de un gran sector del género humano, de la que tenemos noticia a través de imágenes de niños: niños famélicos, niños lisiados, niños víctimas de bombardeos... Los bombardeos de los que son víctimas los niños se califican oficialmente de «daños colaterales».

En el momento en que escribo estas líneas, en verano de 1993, el ánimo general reinante es de desesperación. El final de la guerra fría entre Estados Unidos y la Unión Soviética no ha conllevado la paz mundial. En los países del bloque soviético hay desesperación y desorden. En la antigua Yugoslavia se libra una guerra brutal y en África persiste la violencia. A la élite próspera del mundo le parece conveniente ignorar el hambre y la enfermedad en los países maltratados por la pobreza. Estados Unidos y otras potencias continúan vendiendo armas allí donde reportan beneficios prescindiendo del coste en vidas humanas que pueda suponer esta práctica.

La euforia que acompañó en este país a la elección de un presidente joven y que se suponía progresista ha desaparecido. Se ha visto que al nuevo liderazgo político del país, lo mismo que al antiguo, parece faltarle perspectiva, osadía y *voluntad* para romper con el pasado. Esto se refleja en el desmesurado presupuesto militar que mantiene, que no solo hace tambalear la economía sino que, además, solo permite insignificantes intentos de reducir el enorme abismo que separa a los ricos de los pobres. Sin esta rectificación, las ciudades seguirán sometidas al azote de la violencia y de la desesperación.

De momento no se evidencian signos de un movimiento nacional que intente cambiar la situación.

Solo la corrección de la perspectiva histórica podría aliviar el desaliento que sentimos. No hay que olvidar que, en el curso del presente siglo, a menudo hemos tenido ocasión de sorprendernos. Nos ha sorprendido la súbita aparición de un movimiento popular, el derrocamiento inesperado de un tirano, el repentino renacer de una llama que creíamos extinguida. Nos hemos sorprendido porque nada sabíamos de unos brotes de indignación que ardían soterrados, nada sabíamos de unos primeros y débiles gritos de protesta que ya sonaban, ni de signos diseminados de resistencia que nosotros, inmersos en nuestra desesperación, no veíamos pero que ya presagiaban la excitación del cambio. Actos aislados que comienzan a acumularse, embestidas individuales que se funden en acciones organizadas hasta que un día, a menudo cuando la situación parecía más desesperada, irrumpe en el escenario el estallido de un movimiento.

Nos sorprendemos porque no vemos que, debajo de la superficie del presente, hay siempre un material humano que propicia el cambio: la indignación contenida, el sentido común, la necesidad de formar una comunidad, el amor a los hijos, la paciencia de saber esperar el momento oportuno para actuar de consuno con otros seres humanos. Esos son los elementos que saltan a la superficie cuando irrumpe un movimiento en la historia.

La gente es práctica. Aspira al cambio, pero se siente impotente, sola, no quiere ser esa brizna de hierba que asoma sobre las demás y que alguien puede cortar. Esperan a que otro dé el primer paso, o el segundo. Hay momentos de la historia en que algunas personas intrépidas deciden correr el riesgo de dar ese primer paso porque creen que así otros les seguirán e impedirán que quede en nada. De entenderlo así, podríamos ser *nosotros* los que diéramos ese primer paso.

No es una fantasía. Así es cómo han ocurrido los cambios una vez y otra en tiempos pasados, incluso en pasados muy recientes. Estamos tan abrumados por el *presente*, es tal la avalancha de fotografías y noticias que se nos vienen encima todos los días y sofocan la historia que no es extraño que perdamos las esperanzas.

Me doy cuenta de que a mí me resulta más fácil sentir esperanza porque en muchos aspectos de mi vida he sido un hombre con suerte.

Para empezar, tuve la suerte de escapar a las circunstancias de mi niñez. Guardo recuerdos de mi padre y de mi madre, que se conocieron en una fábrica donde trabajaban como obreros inmigrantes y que pasaron toda su vida trabajando sin conseguir salir de la pobreza. (No puedo por menos de sentir mucha rabia por dentro cuando oigo la voz de la arrogancia y la riqueza que dice: nuestro sistema es una maravilla, si uno trabaja de firme, acaba por triunfar. Pienso en cómo trabajaron mis padres, en lo valientes que fueron criando a cuatro hijos y saliendo adelante en un apartamento de Brooklyn donde no disponían de agua caliente).

Tuve suerte porque, después de ir dando tumbos de un trabajo a otro, acabé por encontrar el que me gusta. Tuve suerte por haber conocido a personas notables en todas partes donde he ido y por tener tantos y tan buenos amigos.

Y también he tenido suerte porque sigo vivo, ya que mis dos mejores amigos en las Fuerzas Aéreas —Joe Perry, diecinueve años y Ed Plotkin, veintiséis— murieron en las últimas semanas de la guerra. Fueron mis compañeros en los cuarteles de Jefferson Barracks, Missouri, donde nos instruyeron en el entrenamiento básico. Juntos hicimos marchas en medio del riguroso calor del verano. Salimos juntos en los permisos de los fines de semana. Aprendimos juntos a volar en Piper Cubs, en Vermont, y jugamos juntos al béisbol en Santa Ana, California, mientras esperábamos a que nos notificasen cuál era nuestro destino. Joe fue destinado a Italia como bombardero, Ed al Pacífico como navegante aéreo, yo a Inglaterra también como bombardero. Joe y yo nos escribíamos y yo bromeaba con él porque nosotros, los que volábamos en B-17 nos reíamos de los que volaban en B-24. Los llamábamos B-Dash-Two-Crash-Fours.

La noche en que terminó la guerra en Europa, fui en coche hasta Norwich, la ciudad más importante de East Anglia, junto con mi tripulación. Todo el mundo se había echado a la calle, la alegría era general, todas las luces estaban encendidas después de seis años de oscuridad. La cerveza corría a mares, se distribuyeron enormes cantidades de pescado con patatas envuelto en papel de periódico, la gente bailaba, gritaba, todo el mundo se abrazaba.

Pocos días después me fue devuelta mi última carta a Joe Perry con una palabra escrita a lápiz en el sobre: «Fallecido». Una despedida muy brusca tratándose de un amigo.

Mi tripulación atravesó el Atlántico con el viejo B-17, cubierto con las cicatrices de muchas batallas, para continuar bombardeando en el Pacífico. Después llegó la noticia de la bomba atómica lanzada en Hiroshima y dimos gracias de que por fin hubiera terminado la guerra. (No sabía que un día yo visitaría Hiroshima y vería a los ciegos y mutilados que habían sobrevivido a la bomba, seres humanos que me harían reflexionar sobre aquel bombardeo y sobre todos los bombardeos).

Así que terminó la guerra y volví a Nueva York, fui a visitar a la esposa de Ed Plotbn. La noche antes de que lo enviaran a ultramar, Ed se escapó de Fort Dix para pasar una última noche con su mujer. Me contó que Ed se había estrellado en el Pacífico y había muerto antes del final de la guerra y que la noche en que había estado con ella como AWOL (Absent Without Official Leave, Ausente sin permiso oficial), había concebido una hija. Años más tarde, cuando yo daba clases en Boston, al final de la clase se me acercó alguien con una nota. Decía: «La hija de Ed Plotkin quiere conocerlo». No solo nos conocimos sino que tuve ocasión de contarle muchas cosas que yo recordaba de aquel padre que ella no había llegado a conocer.

O sea que tengo la sensación de que me han hecho un regalo —inmerecido, solo hijo de la suerte— de casi cincuenta años de vida. Es algo que tengo siempre presente. Después de la guerra tuve, durante años, un sueño recurrente: yo caminaba por una calle y delante de mí andaban dos hombres, se volvían y entonces veía que eran Joe y Ed.

Creo que en el fondo de mi conciencia subsiste la idea de que, puesto que yo tuve suerte y ellos no, tengo con ellos una deuda pendiente. Por supuesto que aspiro a pasarlo bien, no quiero ser un mártir, aunque conozco a algunos de este fuste y los admiro. Si debo algo a Joe y a Ed es el ansia de no despilfarrar ese regalo que es mi vida, quiero emplear bien estos años, no solo en lo que a mí se refiere sino en bien de ese mundo nuevo que todos creímos que nos reportaría aquella guerra que se llevó sus vidas.

Por tanto, no tengo *derecho* a desesperar. Persisto en la esperanza.

Es un sentimiento, lo sé. Pero no un absurdo. Las personas respetan los sentimientos pero quieren razones. Razones para seguir adelante, para no rendirse, para no regodearse en sus lujos o en su desesperación personal. Las personas quieren que les demuestren que *existen* esas posibilidades en los comportamientos humanos. He indicado que existen razones. Creo que *existen* pruebas. Pero me habría excedido si hubiera dicho todo esto a la persona que me hizo la pregunta aquella noche en Kalamazoo. Porque habría debido contestarle con un libro.

Por esto decidí escribirlo.

PARTE PRIMERA
EL SUR Y EL MOVIMIENTO

1. CAMINO DEL SUR: EL SPELMAN COLLEGE

Los siete años que pasé dando clases y viviendo en la comunidad negra del Spelman College de Atlanta, Georgia, que coincidieron con los años de el Movimiento, me hicieron ver la importancia que tienen ciertos actos que parecen insignificantes como antesala de los grandes.

En el año 1956 yo no buscaba una «universidad negra» porque sintiese un ansia profunda de hacer el bien, sino que buscaba únicamente un trabajo.

Había pasado tres años cargando camiones en un almacén en el turno de cuatro a doce horas de la noche, al tiempo que frecuentaba la universidad de Nueva York y Columbia. (No pagué nunca un centavo de matrícula gracias a la G. I. Bill of Rights —Declaración de Derechos de los soldados— un buen ejemplo que ilustra que los gobiernos pueden poner en marcha importantes programas con un mínimo de burocracia y enormes beneficios humanos). Un día que levanté una entre muchas cajas de treinta y cinco kilos me lesioné la espalda y comencé a dar clases a tiempo parcial, lo que sirvió para enterarme de que los profesores que dan clases a tiempo parcial suelen trabajar más y cobrar menos que los que hacen jornada completa. Daba cuatro clases diurnas en Upsala College, una escuela sueca y luterana de New Jersey absurdamente convencional, y dos clases nocturnas en Brooklyn College, una escuela absurdamente caótica. O sea que, desde las viviendas de la zona baja de Manhattan donde vivíamos, tenía unos días una hora de trayecto en dirección oeste hasta New Jersey y otros días una hora en dirección este hasta Brooklyn, es decir, daba un total de seis clases por un salario global de tres mil dólares al año.

Roz trabajaba de secretaria para contribuir a los gastos. En la escuela secundaria, además de ser la editora de la revista literaria estudiantil y haber ganado la medalla de lengua inglesa, había aprendido mecanografía y taquigrafía con los buenos resultados que cabía esperar de su inteligencia. (Hasta que nuestros hijos no fueron mayores no tuvo la oportunidad de dar clases en la universidad, donde se dedicó a enseñar lengua inglesa a «estudiantes especiales», es decir, alumnos difíciles que no conseguían aprobar, y más adelante se hizo asistenta social y trabajó primero con estudiantes negros que habían dejado colgados los estudios y después con gente mayor de condición económica baja en las zonas italiana e irlandesa de Boston. Según sus propias palabras, quería pagar a la vida lo que la vida le había dado).

Nuestros hijos habían sido acogidos en una guardería para familias de ingresos bajos patrocinada por mujeres ricas y filántropas que hacían alguna que otra visita esporádica a la escuela. Eran mujeres muy altas que se parecían mucho a Eleanor Roosevelt. Tuvimos que pasar dos veces por el trauma de abandonar a un hijo de dos años, deshecho en inconsolable llanto, el primer día de guardería, mientras mi mujer y yo nos encaminábamos a diferentes destinos. Una tarde, al ir a la escuela para recoger a nuestro hijo Jeff, así que me descubrió cuando me acercaba, echó a correr a toda velocidad en dirección a la verja de entrada y metió la cabeza entre dos barrotes. Tardaron diez minutos en poder sacársela, pero con la ayuda de un bombero y una palanca.

Cuando estaba terminando mi trabajo final para la obtención del doctorado en filosofía por la universidad de Columbia, me llamaron a la oficina de colocación, donde debía tener una entrevista con el presidente del Spelman College, entonces de visita en Nueva York. No me había pasado por la cabeza la idea de una «universidad negra». En aquellos tiempos Spelman era una institución prácticamente desconocida de todos cuantos eran ajenos a la comunidad negra. En ella tendría a mi cargo la dirección del departamento de historia y ciencias sociales y percibiría un salario de cuatro mil dólares al año. Haciendo acopio de todo mi valor, les dije: «Tengo mujer y dos hijos. ¿No podrían ser cuatro mil quinientos?».

Había que admitir que el departamento era minúsculo y se habría podido decir con lícita ironía que ser el director del mismo era como ser jefe de camareros en un restaurante con dos camareros. Dada mi situación, sin embargo, me pareció de perlas. No saldría de pobre pero por lo menos ganaría en prestigio.

Aunque no me había propuesto enseñar a estudiantes negros, los contactos que había tenido hasta entonces con la población negra me hacían ver la idea con buenos ojos. Mis lecturas de adolescencia (*La jungla*, de Upton Sinclair; *Las uvas de la ira*, de John Steinbeck; *Hijo nativo*, de Richard Wright) me hacían ver el racismo y la opresión de clases como dos cosas interrelacionadas. De la época en que había trabajado en los astilleros de la Marina me había quedado impreso en la conciencia el hecho de que los negros eran excluidos de los sindicatos de trabajadores especializados, hacían los trabajos más duros del barco, como los de escantilladores y remachadores, y manejaban herramientas de acero peligrosas, impulsadas con aire comprimido. En las Fuerzas Aéreas también advertí la lamentable segregación que sufrían los soldados negros en una guerra que se suponía dirigida contra el racismo de Hitler. En la vivienda que ocupábamos, acogida a un programa de casas para familias con ingresos bajos, teníamos como amigos y vecinos a irlandeses, italianos, americanos africanos y puertorriqueños. La junta de vecinos se reunía para celebrar cenas y bailes en los sótanos de los edificios.

Así pues, en agosto de 1956, Roz y yo metimos a los dos niños y nuestras pertenencias en nuestro Chevy de diez años de antigüedad y nos dirigimos al sur. Llegamos a Atlanta una noche cálida y lluviosa y, cuando Roz y los niños se despertaron (Myla tenía nueve años y Jeff casi siete), sus ojos se abrieron a las luces borrosas y húmedas de la avenida Ponce de León. Estábamos en un mundo diferente, a mil millas de distancia de nuestra casa, un universo que estaba muy lejos de las aceras de Nueva York. Aquella era una ciudad con mucho verde y en ella flotaban fragancias de magnolia y madreselva. El aire era más dulce y más denso y su gente era más negra y más blanca que la nuestra. A través de la lluvia las personas cobraban forma junto a las ventanas del coche como fantasmas que se deslizasen en la oscuridad.

El campus del Spelman College no estaba lejos del centro de la ciudad: era un jardín ovalado con cerezos silvestres y magnolios, rodeado de edificios de ladrillo rojo. Nos ofrecieron un alojamiento temporal en uno de los edificios hasta que encontrásemos un lugar definitivo en la ciudad. Pero no era fácil. Los propietarios querían saber dónde trabajaba yo y, cuando les decía que daba clases en el Spelman, el ambiente se enrarecía de pronto y dejaba de haber apartamentos disponibles. Aquel fue el primer encuentro directo que tuvimos con esa mala voluntad que contamina desde hace tanto tiempo toda América pero que entonces era mucho más visible en los estados del sur.

Lo que para nosotros suponía un inconveniente, para los negros era una humillación diaria e interminable y siempre, detrás de ella, subsistía una amenaza de violencia capaz de llegar al asesinato. No hacía más que diez años que un alguacil de Baker County, Georgia, tras encerrar en la cárcel a un negro, le había golpeado la cabeza con una porra a la vista de testigos. La víctima había muerto. El alguacil en cuestión, Claude Screws, fue exculpado por un jurado local y más tarde declarado culpable por un jurado federal según un estatuto antiguo de los derechos civiles que lo sentenció a seis meses de cárcel. Un día, al revisar la lista de los componentes del cuerpo legislativo de Georgia, encontré el nombre de Claude Screws.

En aquellos tiempos, en la ciudad de Atlanta existía una segregación tan rígida como en Johannesburgo, África del Sur. Peachtree Street, calle del centro de la ciudad, era blanca, mientras que Auburn Avenue («la dulce Auburn», como se la conocía en la comunidad negra), estaba situada a una distancia de cinco minutos en coche del centro de la ciudad y era negra. Si se veía a un negro en el centro de la ciudad era porque trabajaba para los blancos o iba a hacer unas compras en los almacenes de Rich, comercio frecuentado por ambas razas, si bien la cafetería estaba reservada tan solo a los blancos. Como un blanco y un negro transitasen por una misma calle, sin una indicación clara de que el negro era un sirviente de algún tipo, el ambiente de la calle se volvía de pronto tenso y amenazador.

Comencé mis clases. En el Spelman no había estudiantes blancos. Mis alumnas, cuya piel presentaba una rica variedad de matices, llevaban nombres tan maravillosos como Geneva, Herschelle, Marnesba, Aramintha. Eran muchachas oriundas de todo el país, pero la mayoría eran del sur y no habían tenido nunca un profesor blanco. Se mostraban curiosas pero tímidas, timidez que desapareció así que empezamos a conocernos. Algunas eran hijas de la clase media negra, sus padres eran maestros, clérigos, asistentes sociales, pequeños comerciantes, trabajadores especializados. Otras eran hijas de sirvientas, mozos, jornaleros, agricultores arrendatarios.

La educación superior era para aquellas jóvenes asunto de vida o muerte. Una de mis alumnas me dijo un día sentada en mi despacho: «Mi madre me dice que tengo que estudiar porque de momento ya tengo dos cosas en contra: soy negra y soy mujer. Otra más y se acabó».

Así pues, aceptaban —o hacían como que aceptaban— el ambiente severo y represor del Spelman College, donde debían vestir de una determinada manera, caminar de una determinada manera y servir el té de una determinada manera. La asistencia a la capilla era obligatoria seis días por semana. Las alumnas debían firmar a la entrada y a la salida de los dormitorios y tenían que retirarse a las diez. Los contactos con chicos estaban muy vigilados; las autoridades de la escuela estaban decididas a impedir problemas con chicas negras promiscuas, ya no digamos los problemas que pudieran causar muchachas negras solteras y embarazadas. Las estudiantes de primer año no estaban autorizadas a frecuentar la biblioteca de la universidad de Atlanta, situada al otro lado de la calle, donde habrían podido relacionarse con los chicos del Morehouse College. Las visitas a la ciudad de Atlanta estaban sometidas a una estricta supervisión.

Era como si existiese un pacto no escrito ni verbalizado entre la estructura del poder de Atlanta, monopolizada por los blancos, y las administraciones de las instituciones educativas negras. Nosotros, los blancos, dejaremos que vosotros, los negros, tengáis una bonita universidad. Podéis educar a vuestras chicas de color para que sirvan a la comunidad negra, conseguir que sean profesoras y asistentas sociales, incluso médicos o abogados. No os molestaremos. Hasta os dejaremos que tengáis algún profesor blanco. Es posible que, en Navidad, algunos ciudadanos blancos visiten el campus del Spelman para escuchar el famoso coro de la escuela. A cambio, vosotros no os interferiréis en nuestra forma de vida.

Era un pacto cuyo símbolo era el muro de piedra de cuatro metros de altura que rodeaba el campus, sustituido en algunos puntos por alambre de espino. Al poco tiempo de haberme trasladado con mi familia a un apartamento del campus situado cerca de la valla de espino, nuestro Jeff, que tenía entonces ocho años y parecía ser experto en la materia (en aquella época solía entretener sus ocios relacionándose con las personas que trabajaban en los edificios y terrenos del campus), nos indicó que el alambre de espino estaba torcido de modo que no permitía tanto mantener fuera a los intrusos como dentro a las alumnas del Spelman.

Día llegaría en que las alumnas saltarían aquel muro y atravesarían la cerca de espino, pero en el otoño de 1956 aún no se evidenciaba signo alguno de un desafío de tales proporciones. Un año antes, el boicot del autobús de Montgomery, Alabama, había terminado en victoria. El año anterior a este hecho, el Tribunal Supremo había decidido admitir que la Enmienda Catorce prohibía la segregación racial en las escuelas públicas. Pese a todo, se había hecho muy poco para obedecer esta decisión. La orden del Tribunal Supremo estipuló «deliberada toda rapidez», pero allí la palabra clave no era «rapidez».

Pronto hube de descubrir que, debajo de la cortesía y comedimiento de mis alumnas, se escondía toda una vida de indignación reprimida. Al pedirles que pusieran por escrito sus primeros recuerdos en relación con los prejuicios raciales, todos sus sentimientos se liberaron a borbotones.

Una contó que, siendo adolescente, una vez se sentó en la parte delantera de un autobús junto a una mujer blanca. «La mujer se levantó airada del asiento y, pisoteándome y golpeándome pies y piernas, se apartó murmurando insultos en voz baja. Otros pasajeros blancos también hablaban por lo bajo. En mi vida me había mirado nadie con tanto odio. Jamás había experimentado de manera tan directa un rechazo tan fuerte, la sensación de ser una criatura venenosa, un ser cargado de ponzoña».

Una alumna de Forsyth, Georgia, escribió: «Supongo que, si procedes de una pequeña ciudad de Georgia, como es mi caso, puedes afirmar que tu primer encuentro con los prejuicios raciales se remonta al día en que naciste… Mis padres no consiguieron que vivieran sus hijos gemelos porque la única incubadora del hospital estaba en la zona "blanca"».

Todas las chicas, sin excepción, habían vivido experiencias similares. Muchos años antes de ir a vivir a Atlanta, había leído el poema titulado *Incidente*, escrito por Countee Cullen:

Una vez paseando por Baltimore,
Corazón y cabeza llenos de alegría,
Vi que alguien me miraba
No me sacaba el ojo de encima.

Yo era pequeño, solo ocho años,
No muchos más él que yo contaba,
Yo le sonreí, él sacó la lengua
Y oí que «¡negro!» a mí me llamaba.

No hubo nada en Baltimore que por ver dejara,
De mayo a diciembre no me perdí nada,

Pero de las cosas que allí me pasaron
Tan solo este suceso mi memoria guarda.

Este poema, que leí cuando yo tenía unos diecinueve años, me impresionó profundamente. En mi corazón se agolpó de pronto todo lo que sabía sobre prejuicios raciales; de pronto me convertí en aquel niño de ocho años. Si reaccionamos con tanta presteza ante las injusticias contra los niños es seguramente porque nos acordamos de aquella inocencia desvalida que fue la nuestra cuando éramos niños, una época en la que uno es particularmente vulnerable a la humillación. Las anécdotas que me refirieron mis alumnas en relación con hechos que databan de su infancia me afectaron de la misma manera.

Los hechos que han jalonado mi vida, mi infancia de niño pobre, el trabajo en los astilleros, mi participación en la guerra, habían alimentado en mí una fuerte indignación contra los prepotentes del mundo, los que se sirven de la riqueza o de su fuerza militar o de su condición social para aplastar a los demás. En aquel momento me veía en una situación en la que unos seres humanos, ya fuera por causas accidentales o por nacimiento, eran tratados como seres inferiores debido al color de su piel. Yo sabía que no me correspondía a mí, dada mi condición de profesor blanco, erigirme en abanderado de su causa. Pese a todo, me sentía abierto a secundar cualquier iniciativa de mis alumnas porque me negaba a aceptar la idea de que un profesor debe limitar sus enseñanzas a la materia que imparte en clase cuando hay tantas cosas en juego fuera de la misma.

Llevaba seis meses en el Spelman cuando, en enero de 1957 mis alumnas y yo tuvimos un encontronazo con la asamblea legislativa del estado de Georgia. Habíamos decidido asistir a una sesión de la misma. Lo único que nos proponíamos era visitar la asamblea legislativa en funciones. Sin embargo, y como no podía ser de otro modo, así que llegamos observamos que en la galería había un pequeño sector con un rótulo lateral que indicaba: «color». Las alumnas se detuvieron un momento a hablar y acto seguido decidieron ignorar el letrero y sentarse en el sector más amplio, ya que estaba prácticamente vacío. Después de escuchar unos minutos a los legisladores, que hablaban con voz monótona sobre los derechos de pesca en los ríos de Georgia, comprendimos por qué la galería estaba vacía.

Pero nuestro grupo, formado por unas treinta chicas, apenas había tenido tiempo de acomodarse en sus asientos cuando surgió el pánico. La ley sobre la pesca cayó en el olvido y fue como si el presidente de la Cámara acabase de sufrir un ataque de apoplejía. Precipitándose sobre el micrófono comenzó a gritar: «¡Vosotras, las negras, sentaos donde os corresponde! ¡En el estado de Georgia tenemos segregación!».

De pronto todos los miembros de la asamblea se irguieron en sus asientos y también empezaron a gritar, sus palabras arrancaban extrañas sonoridades a las bóvedas de la Cámara. La cuestión que era la causa de la reunión había caído en el olvido y no tardó en aparecer la policía, que avanzó con aire amenazador hacia nuestro grupo.

Lo hablamos entre nosotros mientras crecía por momentos la tensión reinante. Las alumnas todavía no estaban preparadas para que la policía las detuviera, eran años en que aún no se había levantado todo el sur en masa. Decidimos, pues, salir al vestíbulo y después volvimos a entrar y nos instalamos en el sector destinado a la gente de «color», yo incluido.

Lo que ocurrió a continuación fue una de esas paradojas frecuentes en el sur, tan racista como cortés. Se me acercó un agente que me miró fijamente, como si no viera con claridad si yo era «blanco» o de «color», y seguidamente me preguntó de dónde venía el grupo de visitantes. Se lo dije. Un momento después, el presidente de la Cámara se dirigió al micrófono, volviendo a interrumpir al legislador que tenía en aquel momento la palabra, y dijo en tono cantarino: «Los miembros de la asamblea legislativa de Georgia quieren hacer extensiva su cálida bienvenida a la delegación del Spelman College, que hoy nos visita».

Nos acompañaban en aquella visita unos cuantos alumnos varones del Morehouse College. Uno era Julian Bond, hijo del distinguido educador y antiguo presidente de la universidad de Lincoln, Hornee Mann Bond. Julian era un visitante ocasional del Spelman y nos había dado a conocer los discos de Ray Charles y a veces nos leía sus poemas. (Diez años más tarde, Julian, que se convertiría en famoso líder de los derechos civiles, ocuparía un puesto en la asamblea legislativa de Georgia y, como una curiosa repetición de la experiencia que nosotros habíamos vivido sería expulsado por sus colegas por haber manifestado abiertamente su oposición a la guerra de Vietnam. Una decisión del Tribunal Supremo, que respaldó su derecho a la libertad de expresión, lo restableció en su puesto).

A principios de 1959, sugerí a la junta del club de Ciencias Sociales del Spelman, de la que yo era asesor, que podía ser interesante emprender algún proyecto que comportara un cambio social.

El debate fue muy reñido. Alguien dijo: «¿Por qué no intentamos poner remedio a la segregación en las bibliotecas públicas?». Y dos años antes de que las sentadas se convirtieran en hecho habitual en todo el sur y el Movimiento pusiera en pie a la nación, un puñado de muchachas del Spelman College decidieron iniciar un ataque contra la política racial de la primera biblioteca de Atlanta.

Fue un ataque totalmente exento de violencia. Unos estudiantes negros entraron en la biblioteca Carnegie y, ante la mirada atónita de los asistentes, pidieron a los bibliotecarios el *Ensayo sobre la comprensión humana* de John Locke o bien *Sobre la libertad* de John Stuart Mill o bien *El sentido común* de Tom Paine. Rechazados con evasivas («Enviaremos un ejemplar al departamento negro»), no por ello dejaron de persistir en su empeño y pidieron a continuación la Declaración de la Independencia, la Constitución de Estados Unidos y otras obras que tuvieron la virtud de poner muy nerviosos a los bibliotecarios más susceptibles.

Se intensificó la presión sobre las bibliotecas y a continuación hicimos saber que presentaríamos una demanda. Una de los querellantes fue una profesora de francés del Spelman, la doctora Irene Dobbs Jackson, perteneciente a una notable familia de Atlanta. Su hermana era Mattiwilda Dobbs, la distinguida cantante de ópera, y su padre, John Wesley Dobbs, gran orador dentro de la vieja tradición sudista. (Una vez que asistí a la iglesia baptista de Wheat Street escuché a John Wesley Dobbs, que arrancó con sus palabras un rugido de entusiasmo de los feligreses. Con su voz de trueno, expuso lo siguiente: «Pidieron a mi Mattiwilda que cantara aquí en Atlanta, pero ella contestó: "¡No, no será mientras mi padre tenga que sentarse en el gallinero!"». Años más tarde, el hijo de Irene Jackson, Maynard Jackson, fue elegido alcalde de Atlanta, hecho que habría sido imposible en los tiempos en que nosotros luchábamos por un derecho tan absurdamente elemental como el de que los negros pudieran entrar en la biblioteca).

Cuando nos encontrábamos en plena campaña, cierto día en que yo estaba en el despacho de Whitney Young, decano de la escuela de la Obra Social, de la Universidad de Atlanta, que trabajaba con nosotros, de pronto sonó el teléfono. Hablábamos en aquel momento de cuál iba a ser la acción que emprenderíamos a continuación. Quien llamaba era un miembro de la junta de la biblioteca. Whitney lo escuchó y seguidamente oí que decía: «Gracias», y colgó. Con una sonrisa me anunció que la junta había decidido poner fin a la política de segregación racial que regía en la biblioteca de Atlanta.

Pocos días después, cuatro de nosotros nos dirigimos a la biblioteca Carnegie. El grupo estaba formado por la doctora Irene Jackson; Earl Sanders, un joven profesor de música del Spelman; Pat West, la mujer de Henry West, blanca y nacida en Alabama, que enseñaba filosofía en mi departamento del Spelman, y yo. Al tender a Irene Jackson su nuevo carnet de socia de la biblioteca, la bibliotecaria le habló con voz tranquila pero sin poder evitar que le temblara ligeramente la mano. Era consciente de que acababa de escribirse un nuevo capítulo de la historia.

Pat y Henry West, sureños blancos que habían escandalizado a sus respectivas familias por haberse instalado en una comunidad negra, tenían un hijo de tres años que fue el primero y único niño blanco de la guardería del Spelman. En Navidad era tradicional que los niños de la escuela fueran a visitar al Santa Claus de los almacenes Rich del centro de la ciudad, donde tenían que hacer cola para ir sentándose por turno en las rodillas de Santa Claus y musitarle al oído qué regalos querían que les hiciese. Santa Claus era un blanco que estaba en paro que no tenía nada que objetar al hecho de que unos niños negros se sentaran en sus rodillas. Cuando se le subió al regazo Henry West, Santa Claus lo miró fijamente, clavó después los ojos en los demás niños, volvió a mirar a Henry y le murmuró al oído:

—Oye, niño, ¿tú eres blanco o de color?

La maestra estaba al lado escuchando y oyó que Henry le respondía:

—Quiero una bicicleta.

Si he hablado de la modesta campaña para abolir la segregación en las bibliotecas de Atlanta ha sido porque la historia de los movimientos sociales suele limitarse a relatar los grandes acontecimientos, los momentos cumbre. Es típico en la historia del movimiento de los derechos civiles que se centre en la decisión del Tribunal Supremo en el caso Brown, el boicot de los autobuses en Montgomery, las sentadas, las Marchas de la Libertad, las manifestaciones de Birmingham, la Marcha sobre Washington, la Ley de los Derechos Civiles de 1964, la marcha desde Selma a Montgomery, la Ley del Derecho al Voto de 1965.

De ese tipo de historia acostumbran a faltar las incontables acciones modestas de gente desconocida que condujeron a esos grandes momentos. Cuando nos percatamos de esto, advertimos que los humildísimos actos de protesta en los que participamos pueden llegar a convertirse en las invisibles raíces del cambio social.

Una noche, sentados en la sala de estar del Spelman, el doctor Otis Smith, médico, habló de que acababa de abandonar una población agrícola de Fort Valley, Georgia, un pueblo de doce mil habitantes donde él, negro, era el único médico.

—Tuve que huir por piernas. Parece una historia sacada de un *western*—dijo.

El doctor Smith había sido un atleta puntero del Morehouse College y, posteriormente, alumno de la Escuela de Medicina de

Meharry, Nashville. Aceptó el ofrecimiento de la Junta de gobierno de Georgia, que se brindaba a pagarle el último año de la carrera de medicina a cambio de pasar quince meses en una zona rural de Georgia. Fort Valley, en Peach County, parecía un lugar idóneo. Hacía varios años que había muerto el último médico negro de la ciudad, dejando a sus pacientes negros (el sesenta por ciento de la población) a merced de las humillaciones que acostumbran a acompañar, en el Sur Profundo, las relaciones que se establecen entre médicos blancos y pacientes de color: entrada por una puerta lateral, sala de espera especial para la gente de color y a veces la pregunta «¿dispone usted de dinero?» antes de acudir a la casa de un enfermo.

Otis Smith hizo un pago a cuenta para disponer de casa, colgó un letrero en la puerta y no tardó en tener el consultorio lleno. Pero cuando se presentó en el Fort Valley Hospital para realizar su primera intervención como ginecólogo, las dos enfermeras blancas clavaron sus ojos en él y abandonaron la habitación, pese a que en la camilla había una mujer negra que estaba con los dolores de parto. Gracias a la ayuda de un asistente negro, pudo atender aquel parto.

Una noche, mientras hablaba por teléfono con un paciente que reclamaba su ayuda, una mujer blanca interrumpió la comunicación y le ordenó que pusiera fin a la conversación porque ella necesitaba usar el teléfono. Él le dijo que era médico y que estaba hablando con un paciente. Pero ella le replicó:

—¡Deja de ese teléfono, negro!

Tal vez un médico negro de la vieja escuela habría respondido de otra manera, pero el doctor Smith era joven y dijo:

—¡La que tiene que dejarlo eres tú, puta!

Al día siguiente fue detenido y conducido ante un tribunal antes de que su abogado tuviera tiempo de enterarse de que iban a juzgarle. Fue condenado a ocho meses en la cuerda de presos por haber dirigido palabras obscenas a una mujer blanca. Ya en la cárcel y ante la expectativa de tener que incorporarse a la cuerda de presos, se le ofreció la libertad a cambio de abandonar inmediatamente la ciudad. El día siguiente la población negra de Fort Valley se quedó sin médico.

En Georgia, al igual que en todo el sur, en aquellos años «tranquilos» que precedieron a las sentadas, hubo actos individuales —oscuros, discretos, a veces aparentemente inútiles— que mantuvieron vivo el espíritu de desafío. Fueron las más de las veces experiencias amargas, pero sirvieron para alimentar la ira que acabaría por estallar un día con gran fuerza y cambiaría el sur para siempre.

2. «MUCHACHAS EN LOS PIQUETES»

Visto superficialmente, en los años cincuenta el sur parecía estar en paz. Sin embargo, en los cinco años que median entre el boicot de Montgomery y las históricas sentadas de 1960 hubo sentadas en dieciséis ciudades. Como tantos actos de resistencia que se suceden de continuo en ese gran país, no merecieron la atención de la nación. Los medios, como los políticos, no tienen en cuenta las revueltas hasta que son demasiado importantes para ser ignoradas.

En el Spelman College, en el Morehouse College, al igual que en los otros cuatro colegios de la universidad de Atlanta de aquellos años, todo parecía tranquilo y, vistas las cosas superficialmente, no parecía sino que la situación seguiría de la misma manera. Una de las cosas importantes que hube de aprender en el Spelman fue que es fácil confundir el silencio con la aceptación.

A principios de febrero de 1960, la radio, la televisión y la prensa difundieron la noticia de que cuatro universitarios negros de Greensboro, Carolina del Norte, se habían instalado en los taburetes del mostrador de Woolworth y se negaban a desalojarlos y que ya estaban proliferando «sentadas» parecidas en otras ciudades de Carolina del Norte, Virginia, Tennessee... y, poco después, de Florida, Carolina del Sur, Alabama y Texas.

En Atlanta, Julian Bond y otro alumno de Morehouse, la estrella del fútbol Lonnie King, se sumaron a la demostración. Se habían puesto en contacto con otros colegios negros de la universidad de Atlanta —Spelman, Clark, Morris Brown, Theological Center— y habían empezado a hacer planes.

Los presidentes de dichos colegios, al enterarse de la noticia, tomaron las medidas oportunas para frenar la militancia de los alumnos. Estaban decididos a evitar las sentadas, las manifestaciones y los piquetes. Aconsejaban, en cambio, que los estudiantes insertaran un anuncio a toda página en el *Atlanta Constitution* y expusieran en el mismo sus agravios. Para animarlos a obrar en este sentido, los presidentes prometieron aportar el dinero necesario para costear el importe de dicho anuncio.

Los estudiantes aceptaron el ofrecimiento, si bien decidieron en secreto que utilizarían el anuncio como trampolín para la acción directa. La presidenta de los estudiantes del Spelman, Roslyn Pope, alumna mía y, además, amiga de la familia, vino a mi casa un día para servirse de nuestra máquina de escribir.

El año anterior, poco después de su regreso de París, donde había residido un año gracias a una beca, había sido detenida conmigo una noche en que yo la acompañaba en mi coche desde el campus a casa de sus padres, que vivían en Atlanta. Tras registrar con las luces de sus linternas el interior del coche, dos policías nos obligaron a subir al coche patrulla.

—¿Por qué nos detienen? —les pregunté. (Pero Roslyn no dijo nada. Supuse que debía de estar haciendo una comparación de la diferencia moral entre Atlanta y París).

—Por conducta inconveniente.

—¿Se puede saber qué tiene de inconveniente nuestra conducta?

Golpeándose la palma de la mano con la linterna, dijo:

—¿Está en un coche con una negra y me pregunta qué tiene de inconveniente su conducta?

Pasarnos en la cárcel gran parte de aquella noche, encerrados en celdas separadas, cada uno con un diferente batallón de desgraciados personajes de todas las edades y condiciones. (Las cárceles estaban sujetas a una doble segregación: sexo y raza). Cuando pedí que me dejaran llamar por teléfono —derecho sagrado de todo detenido según la mitología de la justicia americana—, el guardia me indicó con el dedo un desvencijado teléfono de pago situado en un rincón. No disponía de monedas, pero uno de mis compañeros de cárcel me proporcionó una de diez centavos. El aparato se la tragó, pero no funcionaba. Tras observarlo vi que tenía los cables cortados. Juntando los dos extremos del cable con una mano y marcando el número con la otra conseguí ponerme en contacto con Don Hollowell, un abogado negro al que había tenido ocasión de admirar por su desenvuelto proceder ante un tribunal. A primera hora de la mañana se presentó en la comisaría y consiguió sacarnos. Posteriormente se retiró la acusación.

Cuando Roslyn Pope nos visitó un año después, estaba redactando un primer borrador de la declaración planteada por los líderes estudiantiles. Roslyn era especialista en lengua inglesa, escribía muy bien y vimos inmediatamente que aquel prometía ser un documento extraordinario.

Tuvo una publicación espectacular a toda página, el 9 de marzo de 1960, en *Constitution* donde, debajo de un gran titular que anunciaba: «LLAMAMIENTO A LOS DERECHOS HUMANOS», el texto del artículo provocó enorme sensación:

«Hemos… unido nuestros corazones, nuestras mentes y nuestros cuerpos en la causa por la consecución de unos derechos inherentes como miembros que somos de la raza humana y como ciudadanos de los Estados Unidos…

No estamos dispuestos a esperar pacientemente a que nos concedan unos derechos que tanto legal como moralmente son nuestros ni que nos los vayan otorgando poco a poco de forma paulatina… Queremos manifestar de manera clara e inequívoca que no vamos a tolerar, en una nación que se declara democrática y en una sociedad que se tiene por cristiana, las condiciones discriminatorias en que hoy, en Atlanta, Georgia, viven los negros».

El llamamiento proseguía con la enumeración específica de los agravios contra los negros perpetrados por el sistema segregacionista en el terreno de la educación, el trabajo, la vivienda, el voto, los hospitales, los conciertos, el cine, los restaurantes y en la aplicación de la ley. Terminaba con unas palabras que eran, para los estudiantes, una invitación a planificar la acción: «Afirmamos de manera abierta que nos disponemos a utilizar todos los medios legales y no violentos que tenemos a nuestro alcance para conseguir plenos derechos de ciudadanía como miembros de esta gran democracia que es la nuestra».

El gobernador de Georgia, Ernest Vandiver, se puso fuera de sí. Según él, el llamamiento era «un documento antiamericano... que evidentemente no había sido escrito por los estudiantes». Y añadía:

«...no tiene visos de haber sido escrito en este país».

Cinco días más tarde, mi esposa y yo asistimos a una fiesta estudiantil en la que me fue comunicado, en un aparte, el plan que se proponían llevar a la práctica: el día siguiente, a las once de la mañana, centenares de estudiantes se sentarían en cafeterías del centro de Atlanta. Querían que yo telefoneara a la prensa unos minutos antes de las once a fin de que la policía no la pusiera sobre aviso.

El día siguiente por la mañana, a eso de las diez, se presentaron en nuestra casa del campus seis alumnas del Spelman para pedirnos el coche. Nos dijeron con una sonrisa que lo necesitaban «para ir al centro». Esperé a las once en punto para hacer la llamada. Oí al editor que, desde el otro extremo de la línea, daba órdenes a los periodistas para que se presentaran en las cafeterías cuyos nombres les facilité.

Fue un acto maravillosamente bien organizado. Varios centenares de estudiantes se presentaron en pequeños grupos en diferentes cafeterías del centro y, así que sonaron las once, tomaron asiento y se negaron a levantarse. Hubo setenta y siete detenidos, entre ellos catorce alumnas del Spelman. De las catorce, trece eran oriundas del Sur Profundo —procedían de lugares como Bennettsville, Carolina del Sur; Bainbridge, Georgia, y Ocala, Florida—, esas pequeñas poblaciones que son escenario de las novelas de Faulkner, representativas de la sumisión negra más tradicional.

Entre las «chicas Spelman» detenidas se contaba otra de mis alumnas, Marian Wright. Una foto que circuló por todo el país muestra a Marian sentada tranquilamente detrás de unos barrotes leyendo el libro de C. S. Lewis, *The Screwtape Letters* (*Las cartas de Screwtape*).

Los estudiantes fueron puestos en libertad bajo fianza, sobre ellos pesaban múltiples acusaciones: conspiración, alteración del orden, intimidación a propietarios de restaurantes y negativa a abandonar los locales. Las posibles condenas de cárcel sumaban un total de noventa años. Pero la avalancha de sucesos ocurridos en Atlanta y en todo el sur colapsaron de tal forma el sistema que los casos no llegaron a ser juzgados.

Era el inicio del asalto a la segregación racial en Atlanta y también a una larga tradición de mansedumbre, silencio y evitación de toda lucha social, que había sido la característica del Spelman College durante sus setenta y cinco años de existencia. Las «chicas Spelman» ya no volverían a ser nunca las mismas. Las manifestaciones, los boicots y los piquetes pasarían a convertirse en parte de la vida de aquellas jóvenes negras, lo que causaría muchas inquietudes entre los administradores y dirigentes del colegio, que se distinguían por su conservadurismo.

Pero no todo eran alegrías entre el personal docente. Un profesor negro que enseñaba ciencias políticas escribió una carta al *Atlanta Constitution* deplorando la acción de los estudiantes y advirtiéndoles que, faltando a las clases, no hacían más que perjudicar su educación. A mi modo de ver, en cambio, con aquel proceder beneficiaban más su educación que con una docena de clases de ciencia política.

Marian Wright, en el momento de máximo apogeo que siguió a las sentadas, vino a vernos un día a nuestro apartamento del campus con un letrero que pensaba colgar en su dormitorio. El letrero era un perfecto compendio del pasado y presente de la «chica Spelman». Decía: «Jóvenes Dispuestas a Formar Piquetes. Se ruega firmar abajo».

(Marian ingresaría más tarde en la facultad de Derecho de Yale, sería la primera abogada negra de Mississippi, se casaría con el abogado de los derechos civiles Peter Edelman, pondría en marcha en Washington, D. C., el Fondo de Defensa de la Infancia y se convertiría en voz poderosa y elocuente que resonaría en toda la nación en defensa de los derechos de los niños y de las madres contra las exigencias impuestas por una economía de guerra. Nuestra amistad se ha mantenido a través de los años).

Nuestra vida de familia en Atlanta no era «normal». En nuestro apartamento del campus había siempre reuniones de algún tipo mientras nuestros hijos hacían sus deberes escolares encerrados en sus habitaciones. Dado que en Atlanta todavía imperaba el sistema escolar de segregación, y Jeff seguían yendo a escuelas reservadas a los blancos no lejos del Spelman.

Roz y yo éramos muy conscientes de que los problemas raciales en tiempos de conflicto constituyen una pesada carga para los hijos, razón por la cual nos sentíamos muy orgullosos de los nuestros por su firmeza, ya que Jeff llevaba a sus compañeros blancos al campus para jugar con los chicos negros del vecindario y Myla tenía una buena amistad con la primera chica negra admitida en el instituto de secundaria al que ella iba.

Procurábamos que no se sintieran héroes políticos, pero no había manera de evitar que notaran la presión resultante de «obrar con rectitud» en aquellos años de tensión que vivía el sur, en los que todos los días se planteaban dilemas morales. Procurábamos no pronunciarnos cuando veíamos que guardaban distancias con las cosas que ocurrían a su alrededor, tal vez a manera de desafío a la intensa participación de sus padres. Pero era bueno que de vez en cuando nos sorprendieran. En el otoño de 1962, durante la crisis de los misiles cubanos, cuando planeaba en el aire la amenaza nuclear, formamos un piquete en el centro de Atlanta reclamando una solución pacífica. Myla tenía entonces quince años. Como su madre, hacía teatro, y en aquella época se encargaba del papel principal de *El diario de Ana Frank*. Su nombre había aparecido en la publicidad del periódico anunciando la inminente representación de la obra, por lo que suponíamos que no querría complicarse la vida involucrándose en las controversias políticas imperantes.

Sin embargo, aquel día apareció de pronto en el piquete. Los periodistas que cubrían la noticia se apelotonaron a su alrededor para ver de sacarle algún comentario, pero ella se limitó a decir que su presencia hablaba por sí sola.

Roz conectó inmediatamente con los estudiantes y profesores de las universidades negras. La extraordinaria compañía de teatro conocida con el nombre de Atlanta-Morehouse-Spelman Players le encargó el papel de la profesora británica blanca que instruye a los hijos del rey en el musical *El rey y yo*.

El papel de rey de Siam corría a cargo de un muchacho negro alto y fornido, notable jugador de fútbol del Morehouse, llamado Johnny Popwell. La cabeza totalmente afeitada le daba un aire particularmente soberbio. La noche del estreno, en aquella famosa secuencia en que el rey dice: «no es así cómo bailan los europeos»- Johnny Popwell rodeó con fuerza la cintura de Roz para bailar con ella y un murmullo perfectamente audible recorrió la sala. En el año 1959 la obra suponía un acontecimiento teatral muy osado.

Gracias a haber vivido en Atlanta durante aquellos siete años turbulentos, aprendí a no prestar crédito al estereotipo vigente en el norte que considera racistas incorregibles a los sureños blancos. La rectitud yanqui ignoraba la magnitud del odio racista en lugares como Boston o Nueva York. Todo el mundo es susceptible de cambiar cuando las circunstancias cambian. El cambio podía ocurrir tan solo en respuesta a los propios intereses, si bien aquel era un cambio que conduciría a otros cambios más profundos tanto en la forma de pensar como de conducirse.

El interés personal que motiva un cambio en el comportamiento acostumbra a basarse en el tirón simple pero inexorable del beneficio económico. En 1959, por ejemplo, la Asamblea General de Georgia aprobó por abrumadora unanimidad una resolución que exigía la impugnación de las funciones de seis jueces del Tribunal Supremo del país por haber tomado decisiones abiertamente liberales. Poco después se negaba a aprobar una resolución que prohibía los deportes interraciales en Georgia. La resolución de impugnación de los jueces no tenía ningún coste económico;

la prohibición de deportes interraciales habría impedido que el equipo de béisbol de Georgia siguiese en la Liga del Atlántico Sur, lo que habría supuesto una importante pérdida de ingresos para el estado. Igualmente, los bomberos de Atlanta manifestaron que no pensaban trabajar en caso de que en el departamento hubiera mezcla de razas, si bien cuando se incorporaron negros al mismo permanecieron en su puesto.

Otra de las fuerzas que actúan en el cambio de relaciones raciales es el poder político, lo que ocurre cuando los políticos racistas que quieren conseguir votos de los negros cambian de tonada. El gobernador de Alabama, George Wallace conocido por su actitud segregacionista extrema, dio un cambio copernicano cuando se promulgó la Ley del Derecho al Voto. En Atlanta, al ver aumentar el número de votantes negros, el alcalde William Hartsfield, segregacionista de solera, comenzó a modificar sus puntos de vista.

El cambio se hizo evidente sobre todo en la primavera de 1960, cuando la compañía musical que representaba *Fair Lady* actuó en el Auditorio Municipal de Atlanta, donde había un sector especial del anfiteatro destinado a los negros. Media docena de miembros de la compañía Atlanta-Morehouse-Spelman decidieron asistir a la representación, aunque estaban decididos a sentarse en plena platea. Henry West fue al centro a comprar entradas de las primeras filas de los mejores asientos del teatro.

Los actores, entre ellos J. Preston Cochrane, aquel director que parecía Otelo, todos ellos elegantemente vestidos, presentaron sus entradas y se dirigieron, decididos, a sus asientos antes de que el acomodador tuviera tiempo de recuperarse de su sorpresa. Apareció en seguida el administrador del teatro, que les pidió que salieran de la sala, a lo que respondieron mostrándole el resto de las entradas. El hombre les advirtió que no empezaría la representación a menos que se retiraran de la sala. Ellos le contestaron que esperarían y le indicaron que los demás espectadores no armaban tanto alboroto como él. De hecho, los blancos que ocupaban los asientos próximos habían ido allí a ver un musical, no a luchar en la guerra civil.

El administrador, sumamente contrariado, telefoneó desde su despacho al alcalde Hartsfield y le comunicó lo que ocurría. Hartsfield reflexionó un momento y después dijo con voz tranquila:

—Yo le aconsejaría que atenuase las luces.

Se hizo la representación y aquel fue el principio del fin de la segregación racial en el Auditorio Municipal de Atlanta.

Cuando el ambiente comienza a cambiar, la gente se adapta y acaba desechando costumbres inveteradas. Una alumna del Spelman anunció que había subido a un autobús de Atlanta la misma mañana en que un tribunal federal disponía que, en los autobuses públicos, dejaba de ser vigente la separación de razas. Dicha alumna vio que un negro subía al autobús y se sentaba en uno de los asientos delanteros y que una mujer blanca, indignada, exigía al conductor que obligase al hombre a cambiar de sitio. El conductor se volvió a la mujer y le dijo:

—Señora, ¿no lee usted los periódicos?

Pero ella insistió en que parase el autobús y llamó a un policía. El policía subió al autobús, escuchó las razones de la mujer y le dijo:

—Señora, ¿no lee usted los periódicos?

Siempre ha habido sureños blancos que, con grandes riesgos, han abogado en favor del movimiento de justicia racial. He tenido la suerte de conocer a algunos: Myles Horton, fundador de Highlander Folk School, de Tennessee; Carl y Anne Braden, editores del *Southern Courier* de Louisville, Kentucky; Pat Watters y Margaret Long, periodistas del *Atlanta Constitution;* los periodistas Fred Powledge y Jack Nelson. Cuando el movimiento negro comenzó a hacer tambalear algunas cosas fueron muchos los que, tras haber reprimido largo tiempo su indignación, fueron incitados a tomar postura.

Lo conseguido en las últimas décadas con las luchas y sacrificios de tantas personas durante el movimiento de los derechos civiles para cambiar la conciencia tanto de los negros como de los blancos no puede considerarse más que un comienzo. Todos los días ocurren hechos que demuestran la persistencia del racismo en este país. Con todo, si no reconociéramos o si subvalorásemos lo conseguido por este movimiento no haríamos más que disuadir a las nuevas generaciones de participar en la que ha de ser una lucha lenta y larga, no ya por la igualdad (ya que esto supondría que se ha conseguido) sino camino de la igualdad.

Lo que ocurrió en Atlanta fue una combinación de asaltos frontales —sentadas, manifestaciones, detenciones— y un desgaste persistente y contumaz de las anquilosadas normas que regían la segregación racial. Fue una década en la que oímos pronunciar muchas veces la palabra «revolución». Para algunos significaba rebelión armada. Para mí era una combinación de incursiones osadas y de pacientes presiones como las había visto en el sur, «la larga marcha a través de las instituciones», según la describió alguien, es decir, no un hecho acabado sino un proceso en marcha.

Como hube de comprobar, por humilde que fuese el piquete, por escaso público que convocara una concentración, por poco que calara una idea en un público o incluso en un individuo, no podía desdeñarse nada por insignificante que fuera.

No es fácil calibrar la fuerza de una idea atrevida manifestada públicamente como un desafío a la opinión dominante. Esos seres especiales que pregonan a los cuatro vientos sus ideas de modo que no solo hacen tambalear la arrogancia de sus enemigos sino la complacencia de sus amigos son los preciosos catalizadores del cambio.

Recuerdo cierta ocasión en la que fui en coche al aeropuerto de Atlanta (una gran parte de mi historia revolucionaria ha consistido en ir en coche a los aeropuertos) para recoger a E. Franklin Frazier, negro y sociólogo de fama mundial, autor de la obra ya clásica *The Negro Family in America* (*La familia negra en América*). Llegaba de Francia y se disponía a dar unas conferencias en el Centro de la Universidad de Atlanta.

Era un hombre fornido de mediana estatura e iba tocado con una gallarda gorra. Cuando se negaron a servirnos una taza de café en el bar del aeropuerto, dijo con una sonrisa a la camarera:

—Es curioso, la semana pasada tomé café con el presidente de Francia y esta semana se me niega un café en Atlanta.

El viaje de Frazier a Atlanta provocó un gran revuelo. De joven había sido expulsado de la ciudad por haber publicado un artículo que levantó ampollas y que se titulaba «El sureño blanco». Sus amigos de Atlanta lo recordaban como una persona irascible y atrevida que se negaba a acomodarse a la idea que se hacían los blancos de cómo debían comportarse los negros. Fumaba puros, bebía whisky y utilizaba un lenguaje directo y cáustico, a manera de ataque calculado contra aquellos negros que se esforzaban en asimilarse a los blancos y cultivaban las maneras de la gente distinguida y el vocabulario de los pedantes.

Su último libro en aquel entonces, *Black Bourgeoisie* (*Burguesía negra*), fue una mirada crítica y a veces mordaz a los negros acomodados de Estados Unidos y despertó acres controversias en la comunidad negra. Frazier dijo que la clase media negra imitaba el estilo burgués y la religión tradicional de la clase media blanca, de por sí estéril tanto intelectual como culturalmente. Dijo que los negros debían fijar sus ojos en su patrimonio y crear su propia cultura. Cuando, años más tarde, escuché a Malcolm X, me acordé de Frazier.

La sala de conferencias del campus del Spelman estaba abarrotada de público, había gente sentada en los pasillos y en los alféizares de las ventanas. No cabía un alfiler. Frazier fue implacable en su ataque al racismo americano, pero arremetió también contra la actitud de servilismo y conservadurismo que observaba entre los negros. Denunció aquellos periódicos y revistas negros que contribuían a crear un mundo de mentirijillas donde, para ser héroes, había que triunfar en el terreno de los negocios.

Dijo que correspondía a la esfera de la educación acabar con aquel mundo hecho de apariencias y ofrecer a los negros un cuadro realista de sí mismos y del mundo. Dijo a la audiencia que congregó aquella noche: «La mayoría de nuestras escuelas son colegios de señoritas para la clase media negra. Asistí, en la universidad, cuatro años seguidos a clases obligatorias de religión y lo único que escuché en esos cuatro años fue una cháchara empalagosa y sentimentaloide». Nos aseguró que sus palabras no querían ser un ataque a su gente. «No hemos inventado ningún delito o pecado que los blancos no hubieran perfeccionado ya».

En el periodo de tiempo destinado a coloquio alguien preguntó: «¿Por qué, en su libro *Burguesía negra,* se expresa con tanta dureza?» Su respuesta desató las carcajadas y los aplausos del público: «Amigo mío, los blancos nos han embaucado. Los predicadores nos han embaucado. Los maestros nos han embaucado y siguen embaucándonos. ¡Necesitamos que nos desembauque!».

Me impresionó la disposición de Frazier, resuelto a hacer frente, uno detrás de otro, a todos los desafíos, como un David sin miedo ante el Goliat del racismo americano que no quisiese pararse a averiguar si tenía o no seguidores. Confiaba en que, si lo que decía era verdad, por muy impopular que resultara en un primer momento, tendría a quien se pusiese de su parte y, en cuanto a sus ideas, por mucho que al principio fueran desdeñadas, con el tiempo serían aceptadas. En años venideros su ejemplo me infundiría valor.

El movimiento estudiantil planeó una sentada para el mes de junio de aquel año en el comedor de los grandes almacenes Rich. En la barra del comedor no había taburetes, solo mesas y sillas en la sala donde se sentaban los clientes después de pagar lo que pensaban consumir. Roz y yo habíamos convenido que iríamos a la barra, pediríamos dos tazas de café y dos bocadillos cada uno y nos sentaríamos a una de las mesas. Dos estudiantes negros, John Gibson y Carolyn Long, que habían estado mirando discos en un mostrador próximo, se sentaron con nosotros y los cuatro empezamos a comer. Otros cuatro de los nuestros habían hecho lo mismo en otra mesa situado en el extremo opuesto del comedor.

Se nos acercó una persona que nos pidió que abandonáramos la sala, pero no le hicimos ningún caso. Los encargados de Rich no avisaron a la no querían llamar la atención del público adoptando una política que cada día se hacía más ardua de llevar, por lo que se limitaron a cerrar el mostrador, atenuaron las luces y comenzaron a colocar sillas sobre las mesas. A nuestro alrededor se congregó un grupo de clientes blancos que protestaban, indignados, por lo bajo y que nos acusaron de que les impedíamos comer. Entretanto, otros estudiantes negros, entre ellos Lonnie King, se sentaron a nuestra mesa. Estábamos sumidos en la penumbra charlando tranquilamente y allí seguimos hasta casi la hora de cerrar el establecimiento. Después, conseguido nuestro propósito, salimos del local.

Hubo que hacer más sentadas, hubo más detenciones y un boicot a Rich de la clientela negra, pero finalmente, en otoño de 1961, Rich y otros varios restaurantes de Atlanta decidieron poner fin a su política de segregación racial. Lo que parecía inmutable podía cambiar, lo que parecía inamovible podía moverse.

3. «UN PRESIDENTE ES COMO UN JARDINERO»

—Los administradores nos tienen por salvajes y consideran que les corresponde a ellos civilizarnos.

Ese fue el comentario de una de mis alumnas del Spelman, especialista en inglés, ante la falta de libertad de la escuela, las restricciones anticuadas que imperaban en ella, su ambiente de colegio para señoritas, su paternalismo y su control. Y cuando «las chicas Spelman» salieron de la cárcel y volvieron al campus, estaban decididas a no tolerar lo que habían tolerado hasta entonces.

La rebelión alcanzó su momento cumbre en la primavera de 1963, pero fue gestándose durante años. Poco después de mi llegada a la escuela, una estudiante muy notable llamada Herschelle Sullivan (más tarde se doctoraría por la universidad de Columbia y trabajaría para la acción africana de las Naciones Unidas) escribió un editorial para el periódico estudiantil que venía a ser una alegoría en la que recriminaba el proceder de la institución y el control estricto que ejercía sobre las alumnas. Uno de los personajes de la alegoría era un león que hacía de centinela en la puerta y que no dejaba que las jóvenes alumnas exploraran el mundo que se extendía al otro lado de la misma. Herschelle usó la frase «despotismo benévolo». El presidente, Albert Manley, la llamó a su despacho, la reprendió por el editorial y criticó a la editora del periódico por haber accedido a imprimirlo.

Manley, un hombre cortés y de buena presencia, fue el primer presidente negro del Spelman, ya que sus predecesoras habían sido misioneras blancas de Nueva Inglaterra. Manley era un hombre cauto y conservador a quien era evidente que le inquietaban las nuevas corrientes militantes que empezaban a circular por los campus negros. Por otra parte, tenía que responder de sus actos ante el Consejo de Administración, en el que figuraban varios Rockefellers y algunos empresarios blancos del norte.

Después del incidente de Herschelle Sullivan, pensé que la chica necesitaba apoyo y que yo no podía permanecer en silencio cuando una de mis alumnas, tal vez influida por mis clases, se expresaba libremente acerca de las cosas que le molestaban en el campus. Escribí, pues, una larga carta al doctor Manley en la que le decía que en mis clases de historia de América y de la civilización occidental yo había hecho especial hincapié en la necesidad de pensar de forma independiente, de tener valor para enfrentarse con la represión y de que todos los intentos por parte de la administración de socavar la libertad de expresión constituían un atentado a los valores básicos de una educación liberal. No recibí respuesta.

Hubo otros cinco miembros más de la facultad que escribieron al presidente Manley manifestándole la preocupación que sentían al ver las limitaciones que unas restricciones innecesarias imponían al desarrollo intelectual y social de las alumnas del Spelman y apuntando que había que alentar el desarrollo de la autodisciplina más que imponer una discipiina rigurosa. Tampoco recibieron respuesta. Era evidente que estaba gestándose un conflicto.

Cuando en la primavera de 1960 surgió, en Atlanta, el movimiento que dio lugar a las sentadas escribí un artículo para *The Nation* sobre la participación de las alumnas del Spelman, observando de paso que era preciso cuestionarse el interés tradicional del Spelman en formar «señoritas», puesto que ahora podía encontrarse a la nueva alumna del Spelman en los piquetes o en las cárceles. Hube de enterarme de que el presidente Manley se había lamentado de mi artículo por su tono crítico de la institución, en lo cual llevaba, efectivamente, razón.

En la primavera de 1962, las alumnas se entusiasmaron con motivo de la visita de Marian Wright alumna del Spelman que a la sazón lo era de la facultad de Derecho de Yale, quien les dijo que la juventud estaba convirtiéndose en una fuerza impulsora del cambio social. Poco después de su partida, un grupo de alumnas dirigió una petición a la administración Spelman. En ella manifestaban su respeto al «fértil pasado» de la institución, si bien declaraban que «no prepara a la mujer actual para que asuma las responsabilidades de un mundo que está cambiando rápidamente... Es evidente que la adquisición de conocimientos se ve mermada por la ausencia evidente de un ambiente capaz de propiciar la curiosidad intelectual y la consecución de la excelencia». Pedían como «primeros pasos» la creación de un ambiente nuevo, una liberalización de las normas, una modernización del programa y una mejora en el uso de la biblioteca.

Se convocó una reunión con la que se pretendía difundir la petición, que atrajo a una numerosísima audiencia. La petición fue firmada por más de trescientas jóvenes, más de la mitad del contingente estudiantil. El mitin estuvo presidido por Lana Taylor, alumna muy respetada.

El presidente Manley reaccionó de manera airada. Convocó a las líderes estudiantiles, entre ellas a Lana Taylor, y las reprendió enérgicamente por haber dado publicidad a la petición indicándoles que habrían debido utilizar «canales normales». Les dijo además que, si a las alumnas de la escuela no les gustaba el régimen del Spelman, no tenían que hacer otra cosa que irse. Pidió que no imprimieran la petición en el número siguiente del periódico estudiantil según tenían planeado hacer. Como manifestaría más tarde su editora:

—Fue como una orden... vi que no tenia más remedio que obedecer.

Durante aquel verano de 1962 Lana Taylor recibió una carta de la escuela donde se le informaba de que se había denegado la beca que había solicitado por haber demostrado una «deficiente ciudadanía». (En mayo había sido elegida presidenta de la clase superior).

En la primavera de 1963 la situación llegó a su eclosión. El Club de Ciencias Sociales decidió convocar una reunión con el fin de airear ciertas cuestiones de la vida del campus. Aunque yo era consejero del club, la idea no era mía. El tema que se ventilaba aquella noche llevaba por título: «Sobre la libertad en el Spelman». Se invitó a todo el mundo al debate: personal docente, administradores y alumnas. Asistieron doce profesores y algunos administradores, pero el doctor Manley se excusó diciendo que tenía un compromiso que no podía eludir. En el aula, que normalmente daba cabida a unos treinta o cuarenta alumnas, se había congregado una multitud de más de doscientas. La reunión estuvo presidida por Dorcas Boit, alumna de Kenia.

Una tras otra fueron levantándose diversas alumnas para denunciar a la administración por distintas vejaciones —vigilancia excesiva, paternalismo, autoritarismo— y para expresar sus temores.

—Tememos que, si firmamos una petición, se nos vetará el diploma. Tenemos miedo de hablar. Tenemos miedo de que nos llamen la atención.

Unas estudiantes denunciaron que no las habían autorizado a salir de sus habitaciones por no haber asistido a un concierto que se daba en el campus.

Marie Thomas, que había ganado un premio Spelman por sus méritos artísticos y era una de las cinco participantes del grupo de teatro que fue expulsada de la escuela durante un semestre por haber asistido a una fiesta «fuera de horas» (prosiguió con éxito la carrera teatral en los escenarios de Nueva York), envió una carta a la reunión que fue leída en voz alta. En ella hablaba con pasión contra «nuestras costumbres, normas y reglamentaciones tradicionales, anticuadas, medievales y fuera de época… ¿Qué sentido tienen para una chica moderna que vive y se educa normalmente en el mundo moderno actual? Los tiempos han cambiado. Dios nos ha dado fuerza, entendimiento y comprensión para cambiar de acuerdo con ellos». Las alumnas aplaudieron la carta con gran entusiasmo.

En una reunión de profesores celebrada delante del presidente Manley propuse que él y mis compañeros escuchasen una cinta grabada durante la reunión de estudiantes a fin de llegar a una comprensión más exacta de sus protestas. Manley se negó. Era evidente que me veía más como un instigador que como un simple defensor de dichas protestas. Cuando hay unos estudiantes que desafían a la autoridad constituida, los administradores se sienten desbordados por la situación y acostumbran a decir que «tiene que haber alguien detrás de aquello», dando a entender con ello que consideran a los jóvenes incapaces de pensar o de actuar por cuenta propia.

Después de aquella reunión de la facultad fui a ver al doctor Manley en la esperanza de aliviar las tensiones que se habían creado entre los dos. Nuestra vivienda del campus estaba cerca de la de Manley y habíamos cenado varias veces en su casa. Nuestras relaciones eran buenas aunque protocolarias. Saco del diario que llevé durante la primera mitad de 1963 el párrafo siguiente:

«Entrevista con Manley. Se la había solicitado al objeto de propiciar una cierta cordialidad en nuestros encuentros personales después de las tensiones de la última reunión. No hubo cordialidad, tal vez una ligera distensión únicamente, pero ni sombra de acuerdo en nada. Sobre la reunión del Club de Ciencias Sociales. "Habría debido consultarme primero". Le dije que aquello era intolerable, que en todos los campus democráticos cualquier grupo podía reunirse cuando quisiera para tratar el asunto que quisiera sin necesidad de consultar previamente con nadie. No paraba de ir diciendo mientras yo hablaba: "en esto disentimos". Y me dijo: "¿Por qué insiste en estas cuestiones? ¿Por qué no le interesan otras cosas, como las trampas que las alumnas hacen en los exámenes, los robos en los dormitorios? ¿No se ha enterado que constantemente desaparecen cosas? ¿Cómo es que no le interesan estas cosas?". Le dije que la verdad era que no me interesaban demasiado. Que, aunque me interesaba todo, había cosas que me parecían más importantes que otras. De pronto me dijo: "No he sido nunca un cruzado y tampoco pienso serlo ahora". Al final de la entrevista le dije que, cuando había dicho que no era un cruzado, había puesto el dedo en la llaga. A lo mejor yo lo era. De todos modos, prescindiendo de lo que fuera cada uno, ¿debíamos hacer callar a aquellas estudiantes que sí tenían algo de cruzados? No me respondió».

En cierto modo, sentía algo de simpatía por el presidente Manley. Aquel hombre estaba sometido a presiones desde todos lados: el Consejo de Administración, otros presidentes, tal vez personas importantes de la comunidad negra... De hecho, yo no lo sabia con exactitud. Lo que a mi me conmovía era la valentía de las alumnas, aquellas chicas que tenían el valor de sacar lo que llevaban dentro. Una alumna, que había hecho frente al intento de un administrador de la escuela de censurarla mientras estaba hablando, dijo:

—El Spelman es como un ataúd. Hay que encogerse o alargarse para encajar en él. No puede sobresalir nada: ni un dedo, ni una mano, ni un cabello.

Otra alumna, que abandonó la escuela cuando estaba en el último año, escribió una carta explicando por qué se había ido:

«Me cansé de reprimendas y de que me encerraran... Me gustan las chicas del Spelman, pero no tengo ningún cariño a la escuela porque no me ha ofrecido nada digno de amor... Una escuela es, para mí, un lugar donde los alumnos pueden desarrollarse. Pero, ¿cómo se desarrollará una sin convertirse en un ser deforme cuando las condiciones son deformes?».

A finales de abril se celebró una cena testimonial en honor del doctor Manley para conmemorar su décimo año en el Spelman. Entré en el comedor al lado de Charles Merrill, un profesor de Boston que patrocinaba las becas al extranjero para las alumnas más distinguidas del Spelman. Tal vez la suya era la única voz liberal del Consejo de Administración del Spelman. Mantenía un trato cordial con él desde hada años y, al entrar, me dijo en tono de broma:

—¿Puedo entrar contigo o te van a poner solo en una mesa?

El orador principal de la noche era el presidente de los directivos del Spelman, Lawrence McGregor, banquero de Nueva Jersey, que aludió en su discurso a lo que ya se estaba avecinando (este fragmento procede también de mi diario):

«Un presidente es como un jardinero. Debe asegurarse de que todo crece en su sitio. Y cuando hay una planta que no crece donde tiene que crecer, se arranca».

Dos meses más tarde, en junio de 1963, terminado el semestre y cuando las alumnas ya se habían ido a sus casas y el campus había quedado desierto, nos metimos con toda mi familia en nuestro viejo Chevy con la intención de pasar aquel verano en el norte. Instalados en el coche, les pedí que esperaran un momento mientras iba a recoger la correspondencia en el buzón.

Encontré en ella una carta procedente de la oficina del presidente. En ella me anunciaban lo siguiente: «La escuela no tiene previsto renovarle el cargo después del actual trimestre, por lo que queremos notificárselo... En consecuencia, queda relevado de todas sus obligaciones con la escuela a partir del 30 de junio de 1963, razón por la cual esperamos que deje libre su apartamento después del 30 de junio de 1963. Encontrará adjunto un cheque de la escuela en concepto de finiquito». En el sobre había un cheque de siete mil dólares, el salario de un año.

La sorpresa fue grande. Pese a los conflictos, que habían sido intensos, no me lo esperaba. Ahora comprendía por qué se habían retrasado dos meses con diversas excusas las cartas que confirmaban los nombramientos del curso siguiente. Manley había esperado a que las alumnas ya no estuviesen en el campus a fin de poder proceder con absoluto sigilo.

Volví al coche y dije a Roz y a los chicos que, antes de marchar, teníamos que hablar. Abrimos de nuevo el apartamento y, sentados en la sala de estar, les leí la carta. Roz se quedó petrificada. Myla y Jeff se pusieron furiosos. Myla, que desde hacía años quería convencernos de que nos fuéramos de Atlanta, ahora dijo:

—¡Pues no nos iremos!

Staughton Lynd, nuestro vecino del campus y mi compañero en el departamento, al ver nuestro coche delante de la puerta, entró. Staughton acababa de llegar del hospital con su esposa Alice, venían de ver a su hijo, que había sufrido heridas muy graves a consecuencia de una caída.

Dije a Staughton que ya tenía bastantes preocupaciones y que se ocupara de atender a su familia. Pero él, sin dar su brazo a torcer como tiene por costumbre, se dirigió al teléfono para divulgar la noticia y recabar ayuda. La reacción se diversificó de acuerdo con unas líneas generacionales. Los profesores más veteranos no se atrevían a pronunciarse. Los profesores negros más jóvenes no dudaron en acudir en mi ayuda: Louis Moreland, de mi departamento, activista de NAACP; Samuel DuBois Cook, profesor de ciencias políticas de la universidad de Atlanta y antiguo compañero de clase de Martin Luther King Jr. en Morehouse; Shirley McBay, excelente profesora de matemáticas nueva en la escuela y por ello especialmente vulnerable. (Más adelante, Moreland se quedaría en el Spelman; Cook pasaría a ser presidente de una escuela de Nueva Orleans; McBay sería decana de los estudiantes en el M. I. T.).

Unos cuantos colegas blancos del departamento de inglés se unieron a la campaña por la anulación de mi despido, entre ellos Renate Wolf, novelista nacida en Alemania, y Esta Seaton, poeta. Pero el presidente Manley se mostró irreductible. A las delegaciones que fueron a verle les dio una explicación que no había hecho constar en la carta: yo me había «insubordinado». (Supongo que era verdad).

Yo estaba dispuesto a pelear por mi puesto y tenía la seguridad de moverme en un terreno legal favorable. Era jefe de mi departamento, profesor de pleno derecho en ejercicio y, de acuerdo con todas las normas de la profesión, no me podían echar a la calle de aquella manera. Cuando me puse en contacto con Don Hollowell a fin de recabar su consejo legal me dijo que le parecía que Manley había violado el contrato que yo tenía con la escuela. También me dijo que estaba dispuesto a hacerse cargo del caso. Llamé también a la Asociación Americana de Profesores Universitarios, con sede en Washington, y me comunicaron que con toda seguridad se habían violado mis derechos de profesor en ejercicio y que enviarían un comité a investigar el caso.

Pero yo tenía plena conciencia de la brecha existente entre ley y justicia. Sabía que la letra de la ley cuenta menos que la persona que ejerce el poder en todas las situaciones de la vida. Yo podía pleitear, pero el pleito tardaría años en fallarse y exigiría un dinero que yo no tenía. La A. A. U. P. podía investigar y tal vez, transcurridos unos años, podía publicar un informe dando cuenta de que en el Spelman se había violado la libertad académica en mi persona, pero en realidad aquello supondría muy poco. No tardé en decidir que no quería sacrificar mi vida a aquella lucha. Y al decidirlo, aunque a contrapelo, me doblegué a la realidad. «La norma legal» en casos como aquél significa normalmente que aquel que puede permitirse pagar a unos abogados y esperar acaba llevándose el triunfo, pero significa también que la «justicia» cuenta poco.

Las alumnas se habían ido a sus casas y el verano las había dispersado. La noticia, sin embargo, se propagó. Varias de las que se habían convertido en amigas nuestras nos escribieron o nos llamaron por teléfono ofreciéndonos ayuda. Una era Betty Stevens, presidenta del estamento estudiantil, una joven serena y enérgica (que se echó a llorar cuando se enteró de que me habían despedido). Sería la pritnera sureña negra que ingresaría en la facultad de Derecho de Harvard. Esta muchacha escribió una carta al presidente Manley: «La competencia del doctor Zinn como profesor es incuestionable… El doctor Zinn goza de la admiración, el respeto y el cariño de todas las alumnas del Spelman… Ese hombre no solo es un maestro, sino también un amigo de las estudiantes. Es una persona a quien todas las alumnas se sienten en libertad de acercarse… Nadie, para él, es insignificante». Y terminaba la carta de esta manera: «La humanidad me ha decepcionado».

(Que a uno le despidan del trabajo presenta algunas de las ventajas de la muerte sin la desventaja suprema: la gente dice de ti cosas maravillosas y puedes oírlas).

Otra alumna que se ofreció inmediatamente a ayudarme fue Alice Walker. Había conocido a Alice en una cena en honor de los estudiantes de primer año. Nos tocó estar de lado en una de aquellas mesas inmensamente largas. Recuerdo la primera impresión que tuve de ella: era bajita, delgada, pero de aspecto fuerte, un color de piel no muy oscuro, una mirada en la que un ojo guardaba silencio mientras el otro te miraba inquisitivo y con ganas de reír. Sus maneras eran educadas, pero no al estilo convencional de las «chicas Spelman» sino con un tinte de cortés ironía. No era falta de respeto, sino simplemente franqueza. Hablamos y nos gustamos casi de inmediato.

Vino a mi curso de historia de Rusia, en clase estaba callada pero muy atenta. Yo procuraba animar el estudio de la historia recomendando a las alumnas que leyeran a Gogol, a Chejov, a Dostoyevski, a Tolstoi. Comenzaron a llegarme trabajos escritos y leí, maravillado, el de Alice Walker sobre Dostoyevski y Tolstoi. No solo no había leído nunca un ensayo literario escrito con tal inteligencia crítica, sino que en raras ocasiones había leído un ensayo literario con tanta gracia y tanto estilo. La chica tenía diecinueve años y procedía de una familia de campesinos de Eatonton, Georgia.

Cuando Alice llegó al Spelman estaba a punto de darse otra oleada de sentadas y manifestaciones, en todo lo cual se encontró metida Alice.

Alice venia a nuestra casa a menudo y estableció una estupenda relación con nuestros hijos. Su estilo literario seguía impresionándome. Cuando, a primeros de junio, recibí la carta de despedida, Alice se encontraba en el norte pasando el verano en casa de su hermano, que vivía en Boston. Pero alguien la llamó dándole la noticia y me escribió inmediatamente: «He intentado imaginar el Spelman sin usted… me resulta imposible… Anoche me encontraba demasiado trastornada para terminar la carta».

Aquel verano Roz y yo estuvimos en Greenwood, Mississippi, donde me dirigí a un grupo de estudiantes integrados en el movimiento estudiantil con vistas a mi libro sobre SNCC (Student

Nonviolent Coordinating Committee, Comité Estudiantil de Coordinación No Violenta). En otoño estábamos en Boston, donde alquilamos una casa por un año, mientras yo estudiaba una oferta de trabajo de la universidad de Boston.

Alice Walker planeaba dejar el Spelman. Nos escribió desde Atlanta: «Aquí no hay nada que me interese... me siento enterrada en vida. Estar aquí es como huir de mi persona —mi persona— o como perderme en un sitio extraño, irreal».

En octubre hicimos un viaje de regreso a Atlanta para acordar el envío de nuestras pertenencias a Boston y visitar a amigos nuestros. Fuimos a la oficina del SNCC y la encontramos atestada. Había más de cien estudiantes del Spelman que querían demostrar su adhesión. Fue una reunión muy emotiva.

Gracias a aquellas estudiantes y a muchísimas más, los años pasados en el Spelman, pese a tantos contratiempos —y pese incluso a mi expulsión de la escuela—, constituyen una época maravillosa y muy querida. Ver el cambio que se operó en pocos años en aquellas estudiantes, ser testigo de su actitud de desafío a la autoridad establecida tanto en el campus como fuera de él, me hizo patente las extraordinarias posibilidades de cambio que encierra todo ser humano y todas las razas en cualquier momento.

4. «MI NOMBRE ES LIBERTAD»: ALBANY, GEORGIA

Un día de verano de 19620 aquel profesor de historia de treinta y nueve años que yo era, que había empezado a salir del aula para ser testigo de la historia, entró en el despacho del comisario Cull Campbell, de Daugherty County, en la ciudad de Albany, población enclavada en el sudoeste de Georgia, rodeada de campos de algodón y pacana.

Visité al comisario Campbell como una fase del encargo que me había hecho el Southern Regional Council, grupo de prospección liberal de Atlanta. En el invierno de 1961 y primavera y verano de 1962, la población negra de Albany, para sorpresa de sí misma y del mundo entero, se levantó contra la segregación racial. A mí me habían encargado que observara de cerca los disturbios de Albany y escribiera un informe en relación con los mismos.

Si quería hablar con el comisario era porque, en su jurisdicción, había ocurrido recientemente algo que me interesaba dilucidar. Un activista blanco en el campo de los derechos civiles llamado Bill Hansen, que había sido detenido junto con otras dieciséis personas por estar rezando delante del ayuntamiento y negarse a moverse de su sitio, fue encerrado con un preso blanco debidamente instruido: «Es uno de esos tipos que quiere hacernos entrar en vereda», le habían dicho. Hansen, encontrándose en su celda, sentado en el suelo y leyendo un periódico, fue objeto de ataques y que lo dejaron inconsciente. Resultó con la mandíbula partida, el labio abierto y fractura de varias costillas.

Aquella misma tarde, un joven abogado, C. B. King, natural de Alabama y el primer abogado negro en la historia de la ciudad, fue al despacho del comisario Campbell para recoger información sobre el caso Bill Hansen. Sin duda que aquello que más lo solivió fue que un negro, un «chico» que había crecido en aquella ciudad y que más tarde había ido a la facultad de derecho, entrase en su despacho con traje y corbata como un abogado blanco para interesarse por su cliente. Su respuesta fue:

—Oye, negro, ¿no te he dicho que esperases fuera?

Y sacando un bastón que tenía en una cesta, descargó un terrible golpe en la cabeza de King. El abogado salió tambaleándose de su despacho, por la cara le corrían regueros de sangre que le goteaban sobre la ropa. Cruzó la calle para ver al jefe de policía Pritchett y este solicitó ayuda médica.

El comisario Campbell, que me invitó a ir a su despacho unas semanas después de ocurridos estos hechos, volviéndose hacia mí, me dijo:

—No estará usted con esos condenados negros, supongo.

Opté por no contestar y le dije que me explicase qué le había ocurrido a King. Me miró fijamente y dijo:

—Sí, le di fuerte a ese hijo de puta y volvería a darle. Quería que las cosas le quedasen claras: yo soy blanco y él no es más que un jodido negro.

Mientras escuchaba al comisario, me fijé en la cesta con los bastones que tenía junto a la mesa. Sobre la misma había un letrero que decía que aquellos eran bastones para ciegos y que su precio era de cincuenta centavos. De pronto se me apareció la imagen fugaz y macabra de un negro fabricando aquel bastón para ciegos que había servido para golpear a C. B. King.

Crucé la calle en dirección al despacho de Pritchett, el jefe de policía. Pritchett había sido objeto de elogios encomiásticos de los periódicos por haber sabido mantener el «orden» en Albany. Un periodista del *Herald Tribune* de Nueva York dijo que Pritchett había «introducido en Albany un nivel profesional difícil de superar en una situación en que se imponía el orden frente a la violencia».

Pritchett se había ganado esos elogios de la prensa institucional por el simple hecho de haber metido en la cárcel («sin violencia», según alardeaba) a todos los hombres, mujeres y niños de la ciudad de Albany que intentaban ejercer sus derechos constitucionales de libertad de expresión y reunión. Él y el comisario Campbell formaban la típica pareja de policías compuesta del bueno y el malo: Campbell dejaba medio muerto al detenido y Pritchett avisaba a la ambulancia.

Pregunté a Pritchett que por qué no detenía al comisario Campbell, puesto que era evidente que era culpable de agresión. Sonrió y no dijo nada. Entró su secretario.

—El siguiente ya está aquí.

Pritchett se levantó y me estrechó la mano. Salí y entró el siguiente. Era el doctor Martin Luther King. Nos saludamos (habíamos coincidido en varios actos de Atlanta) y salí justo en el momento en que Pritchett —el policía bueno— estrechaba cordialmente la mano de King.

De regreso a mi habitación de un motel de Albany, antes de ordenar las notas de mi informe, me paré a reflexionar unos momentos acerca de todo lo ocurrido en los ocho meses transcurridos desde diciembre de 1961.

Detención por parte de Pritchett de activistas de SNCC que se habían trasladado en tren a Albany desde Atlanta y, a su llegada, se habían sentado en la sala de espera «de los blancos». El SNCC, Comité de Estudiantes de Coordinación no Violenta, era una organización de creación reciente, compuesta primordialmente de universitarios negros que el año anterior habían participado en sentadas en toda la zona sur y habían decidido desafiar la segregación racial en las regiones más duras y violentas del país: Georgia, Alabama y Mississippi.

Detención de cuatrocientos estudiantes negros de nivel secundario y superior, que habían desfilado cantando por el centro de la ciudad en protesta por la detención de los «Jinetes de la Libertad, miembros de SNCC.

Detención de otros setenta negros de Albany, que se habían arrodillado y habían rezado delante del ayuntamiento.

Detención de trescientas personas más, que habían protagonizado una marcha hasta el ayuntamiento y de otros doscientos cincuenta (entre los que figuraba Martin Luther King Jr., recién llegado a la zona), que habían desfilado cantando por toda la ciudad.

Detención de otras personas por haberse sentado ante la barra de algunos comedores y por negarse a desalojar el local sin que los atendieran.

Pritchett dijo a los periodistas:

—No podemos tolerar que NAACP ni SNCC ni ninguna organización de negros tome la ciudad con sus manifestaciones masivas.

Para el informe del Southern Regional Council yo había buscado un foco importante. Y allí, en forma concentrada, había encontrado el racismo, toda la brutalidad de la segregación que imperaba en el sur. Bastaba un ejemplo: la señora Slater King (cuñada de C. B. King), con tres hijos y en el sexto mes de gestación, había intentado llevar comida a una persona que estaba en la cárcel. Un ayudante del comisario la había tratado a puntapiés y la había derribado. La mujer se había desmayado y, unos meses después, perdía el niño.

Había una pregunta que no paraba de irritarme: ¿Cuál era el papel del gobierno de Estados Unidos en aquellas cuestiones?

Yo había dado clases de derecho constitucional, pero no era preciso aquel bagaje para darse cuenta de que, en Albany, se violaban de forma pertinaz los derechos de la Enmienda Catorce de la Constitución de los Estados Unidos, es decir, la libertad de expresión, la libertad de reunión, la protección equitativa dispensada por la ley. Conté un mínimo de treinta violaciones. Sin embargo, allí brillaban por su ausencia tanto el presidente —que había jurado que haría observar la Constitución— como todos los organismos del gobierno de Estados Unidos que estaban a su disposición. ¿Acaso Albany, Georgia, o acaso todo el sur del país quedaban al margen de la jurisdicción de Estados Unidos? ¿No sería que la Confederación había ganado la guerra civil y tanto moral como efectivamente se había separado?

Estaba enterado de que una ley posterior a la guerra civil, aprobada para reforzar la Enmienda Catorce, convertía en delito federal el cometido por un funcionario que atropellase los derechos constitucionales de un ciudadano. En la capital de la nación acababa de entrar en funciones una administración demócrata y liberal. John F. Kennedy era presidente, Robert F. Kennedy era fiscal general, jefe del Departamento de Justicia, y encargado por tanto de hacer que se cumpliesen las leyes federales. Pero estas eran cosas que no rezaban en Albany, Georgia.

El informe que presenté al Southern Regional Council se convirtió en primera página del *New York Times*. En él yo hacía hincapié en el hecho de que el gobierno nacional se abstenía de proteger los derechos constitucionales. *I. F: Stone's Weekly* publicó algunos extractos y en *The Nation* apareció un artículo mío que daba cuenta de los hechos ocurridos en Albany titulado «Kennedy o la emancipación renuente».

Los periodistas preguntaron a Martin Luther King Jr. si estaba de acuerdo con el informe. Dijo que sí y manifestó que en el FBI había racismo. Parece que el comentario sulfuró particularmente a J. Edgar Hoover, quien se había declarado a sí mismo «caballero blanco» del patriotismo y «héroe» de la lucha americana contra la delincuencia y el comunismo, un hombre nada acostumbrado a las críticas. La prensa contribuyó a aumentar la indignación de Hoover echando leña al fuego a las críticas contra el FBI, pero no pasó a más, mientras que mi informe iba más allá del FBI y alcanzaba al Departamento de Justicia y a la Casa Blanca. Era un ejemplo más de un fenómeno común en el periodismo americano (o quizá de la crítica social en general), que se centra de una manera superficial en individuos o en funcionarios a fin de enmascarar un análisis más profundo que podría revelar los fallos de todo un gobierno o, de hecho, de todo el sistema político.

En la gran Marcha sobre Washington de 1963, el presidente del Comité de Estudiantes de Coordinación no Violenta, John Lewis, dirigiéndose a las mismas masas que acudieron un día a escuchar a Martin Luther King cuando pronunció aquellas palabras: «He tenido un sueño», estaba dispuesto a hacer la pregunta fundamental. Y la pregunta era: «¿En qué bando está el gobierno federal?» Pero los organizadores de la marcha eliminaron de su discurso aquella frase por miedo a ofender a la administración Kennedy, pese a que Lewis y sus compañeros del SNCC habían experimentado en sus propias carnes la extraña pasividad del gobierno nacional ante la violencia del sur, pasividad realmente extraña teniendo en cuenta la frecuencia con que aquel mismo gobierno se mostraba presto a intervenir fuera del país, a menudo con un gran despliegue de fuerza.

John Lewis y el SNCC tenían motivos para estar indignados. John había sido brutalmente apaleado por una multitud blanca en la primavera de 1961, en Montgomery, por su condición de Jinete de la Libertad. El gobierno federal había dejado en manos de la policía de Alabama, famosa por su racismo, la protección de los jinetes, y lo único que había hecho era dejar que los agentes del FBI tomasen nota de los acontecimientos. En lugar de subrayar el derecho que asistía a blancos y negros a compartir los autobuses, la administración Kennedy instó a «un periodo de calma», una moratoria en las reivindicaciones de libertad.

Cuando los participantes en el movimiento insistieron en proseguir las marchas en Mississippi, el fiscal general Kennedy hizo un trato con el gobernador de Mississippi: los Jinetes de la Libertad no serían maltratados, solo detenidos. A finales de aquel verano se había detenido a trescientas personas, que tuvieron que sufrir las cárceles de Mississippi porque el gobierno de Estados Unidos no consideraba oportuno proteger sus derechos.

Aquellas marchas de la libertad empujaron al Departamento de Justicia a instar a la Interstate Commerce Commission a emitir una reglamentación que prohibía la segregación racial en trenes y terminales y que se impuso el 1 de noviembre de 1961. Los militantes del SNCC decidieron poner a prueba aquella ley en la terminal del ferrocarril de Albany, Georgia. Pero fueron detenidos y denunciados al Departamento de Justicia que, con su silencio, impidió aquella verificación.

El SNCC (conocido por sus simpatizantes con el nombre de «Snick») se constituyó en la primavera de 1960, en ocasión de que los veteranos de las recientes sentadas se reunieran en Raleigh, Carolina del Norte. Inspiradora y supervisora de sus inicios fue la extraordinaria Ella Baker, veterana de las luchas de Harlem y otros lugares. Cuando se volcaron a las calles centenares de negros de Albany para protestar por las detenciones de los Jinetes de la Libertad de Albany y fueron detenidos a su vez, Ella Baker estuvo presente en los actos y, meses más tarde, cuando el SNCC me pidió que formara parte de su comité ejecutivo como uno de los dos «asesores adultos» junto con Miss Baker (como la llamaban los militantes del movimiento), me sentí muy honrado.

En diciembre de 1961, en la primera de mis visitas a Albany, acababan de conceder la libertad a centenares de presos. Muchos habían sido despedidos del trabajo por sus patronos blancos y se habían congregado en la iglesia baptista de Shiloh en demanda de ayuda. Ella Baker estaba sentada en un rincón de la iglesia, pluma en ristre y tomando notas. Era una mujer de mediana edad, guapa, cuya voz tenía resonancias de escenarios teatrales. Sabía moverse con discreción en los movimientos de protesta del sur, haciendo aquellas cosas para las cuales no tenían tiempo los famosos. Allí sentada, hora tras hora, iba tomando nota pacientemente de los nombres de las personas que formaban cola ante ella para darle noticia de su domicilio, su profesión y sus necesidades económicas más perentorias.

Hablé con los que, sentados en uno de los bancos, aguardaban turno para ver a Miss Baker. Me hablaron de las experiencias que habían tenido en la cárcel. Una mujer me dijo:

—Éramos ochenta y ocho en una celda con literas de hierro sin colchones. El comisario nos destinó a Camilla. En el autobús nos dijo: «Nada de cantos, ni de oraciones, ni de palmoteos».

Una casada joven que era alumna de la Escuela Estatal de Albany comentó:

—No sabía que estuviera penado con la cárcel arrodillarse a rezar delante del ayuntamiento.

Las personas que conocí en Albany aquellos días me hicieron pensar en las reservas de valor y sacrificio que atesoran muchas personas que no salen nunca en los titulares de los periódicos, pero que representan a millones de seres humanos.

Pienso en Ola Mae Quarterman, una chica de dieciocho años que se sentó en la zona frontal de un autobús urbano y se negó a levantarse cuando se lo ordenaron. Expresándose en un lenguaje nuevo al parecer para la cultura blanca-negra de Albany, dijo:

—He pagado los malditos veinte centavos que vale el billete y me sentaré donde me dé la gana.

La detuvieron por emplear palabras soeces.

Pienso en Charles Sherrod. Era «secretario de campo» del SNCC y uno de aquellos jóvenes que fueron a las ciudades más duras del sur profundo para abrir Hogares de la Libertad y contribuir a que la gente de la localidad tuviera una nueva vida. Sherrod fue un Jinete de la Libertad que sufrió cárcel en Mississippi. Él y Cordell Reagon, otro militante del SNCC, viajaron a Albany a ver qué podían hacer. (Sí, eran «agitadores forasteros», ¿qué habría sido, sin ellos, de los grandes movimientos sociales?) Sherrod me contó:

—Recuerdo haber recorrido durante semanas enteras caminos polvorientos sin nada que comer. Recuerdo haber pasado dos y tres noches seguidas sin dormir escribiendo, haciendo estarcidos, copias con el mimeógrafo y preguntándome: ¿hasta cuándo?

Sherrod era uno de los que acababan de salir de la cárcel cuando llegué a Albany. Había dicho al comisario:

—No por estar en la cárcel hemos dejado de ser seres humanos.

Le respondió con una bofetada.

Pasaron veinticinco años y el comisario ya había muerto, pero Sherrod seguía en Albany organizando cooperativas de trabajadores del campo.

Pienso en Lenore Taitt, una de las ocho Jinetes de la Libertad que fueron a Albany y cuya detención puso en marcha muchas manifestaciones. Fue una de mis alumnas del Spelman, una jovencita encantadora, nada que ver con la seria agitadora del mito... una Jinete de la Libertad feliz y de ánimo inmarcesible. Me dirigí caminando a la cárcel del condado, un pequeño edificio de piedra rodeado de alambre de espino y solicité hablar con ella. El auxiliar del comisario que estaba de servicio me dijo que era imposible:

—Grite desde la alambrada, como todo el mundo —me dijo.

Grité el nombre de Lenore dirigiéndome a una ventana cubierta de malla de acero que imposibilitaba ver el interior y oí la voz de Lenore, increíblemente ronca. Me dijo que se había quedado sin voz porque había estado toda la noche pidiendo a gritos que atendiesen a una mujer enferma que compartía la celda con ella.

Pienso en Bob Zellner, uno de los pocos secretarios de campo blancos del SNCC, oriundo de la costa de Alabama que mira al golfo, que fue detenido junto con Lenore Taitt y otros Jinetes de la Libertad. Yo estaba con la multitud de los que esperaban saludarlos cuando salieron de la cárcel pero, así que estuvo en la calle, Bob volvió a ser detenido por el comisario:

—Hay otra acusación contra usted —le dijo.

Bob le dedicó su imperturbable sonrisa irónica y, saludando con la mano a sus compañeros, volvió a entrar.

Más tarde me contó que se había llevado dos libros a la cárcel. Uno era *Trópico de Cáncer* de Henry Miller, que el comisario le dejó entrar después de echarle una ojeada, y el otro era una novela de Lillian Smith que trataba de los amores de un negro y una blanca, sobre la cual el comisario, tras quedarse con ella, hizo el siguiente comentario:

—Este es obsceno.

Pienso también en Stokely Carmichael, al que conocí en Albany una noche bochornosa, sentados los dos en los escalones de una iglesia donde se celebraba un mitin y con un grupo de niños de la vecindad congregados a su alrededor. Era un hombre que habría ido al infierno tranquilo y con la sonrisa en los labios sin dejar de filosofar un momento. Había dejado la universidad de Howard para afiliarse a los Jinetes de la Libertad y lo metieron en la cárcel cuando llegó a Jackson, Mississippi, donde tuvo que abrirse camino entre una multitud de personas que lo abucheaban, insultaban y le arrojaban cigarrillos encendidos. En la prisión estatal de Parchman volvió locos a los funcionarios con su actitud de desafío y cuando, pasados cuarenta y nueve días, fue puesto en libertad, respiraron aliviados. Ahora estaba en Albany trabajando para el SNCC.

Y pienso en Bernice Johnson, organizadora del grupo Cantores de La Libertad de Albany, expulsada de la escuela estatal de Albany por su actitud de decidida militancia. Intervine para hacerla entrar en el Spelman, pero tanto la escuela como su famoso grupo musical eran pequeños para su espíritu y su voz. Nos lo dijo un día, en la sala de estar de nuestra casa, y después, con su magnífica y profunda voz, cantó para nosotros. (Más adelante obtendría el doctorado en historia, si bien estas son cosas que solo muy de lejos reflejan toda la fuerza que llevaba dentro. Con el tiempo se convertiría en infatigable conservadora de la historia oral en el Smithsonian, sería inspiradora de muchos públicos y cantaría en el Carnegie Hall y en todo el país con su grupo Sweet Honey in the Rock).

Pienso en aquel muchachito de Albany que estaba en la cola de los negros en el ayuntamiento después de una manifestación de protesta.

—¿Cuántos años tienes? —le preguntó el jefe de policía Pritchett.

—Nueve.

—¿Cómo te llamas? —prosiguió.

—Libertad. Libertad —contestó el chico.

—Vete a casa, Libertad —le dijo Pritchett.

Periodistas y estudiosos han afirmado a menudo que Albany, Georgia, supuso la derrota del movimiento, porque no hubo en la ciudad una victoria inmediata sobre la segregación racial. A mí esta me ha parecido siempre una afirmación superficial, un error frecuente en la evaluación de los movimientos de protesta. Los movimientos sociales pueden sufrir muchas «derrotas», es decir, es posible que a la corta no consigan los objetivos que persiguen, pero la lucha va erosionando la fuerza del antiguo orden y la mentalidad de la gente empieza a cambiar. Puede ocurrir que aquellos que protestan de momento se crean derrotados, pero no por esto quedan aplastados, sino que su capacidad de reaccionar les levanta el ánimo y les devuelve el valor. Pritchett, el jefe de policía, podía enviar el niño a su casa, pero aquel niño no era el mismo de un mes antes. Por mucho que las aguas parecieran haberse aquietado cuando la situación recuperó la calma, Albany había experimentado un cambio decisivo después de los tumultuosos acontecimientos de 1961 y 1962.

Tal vez la población blanca no se viera afectada por aquellos sucesos y a lo mejor, a partir de entonces, hasta hubo blancos más empeñados que nunca en su defensa de la segregación, pero también hubo quien empezó a pensar de otra manera. Y en cuanto a la población negra, es un hecho que su cambio fue radical después de haberse levantado por vez primera en una acción masiva, de haber medido su valor, de haber llegado al convencimiento de que, si había conseguido hacer tambalear el orden establecido, también podía derribarlo.

En efecto, en 1976, quince años después de haber sido detenido, la comisión ciudadana de Albany eligió a Charles Sherrod para que formara parte de la misma. A los pesimistas, les respondía:

—Hay quien habla de fracaso. ¿Dónde está el fracaso? ¿No estamos integrados en todos los aspectos posibles? ¿Acaso fallamos en algún momento? ¿Consiguió paramos algún requerimiento judicial? ¿Consiguió pararnos algún blanco? ¿Consiguió pararnos algún negro? No, en Albany, Georgia, no nos paró nada. Fue una lección para el mundo.

Lo que hicieron entonces los negros de Albany, hombres, mujeres y niños, fue heroico. Superaron un siglo de pasividad sin que el gobierno nacional les tendiera la mano. Aprendieron que, pese a la Constitución, pese a todas las promesas, pese a la retórica política del gobierno, todo lo que consiguiesen en el futuro tendría que salir de ellos.

Un día salí en coche de Albany y, tras recorrer muchas carreteras polvorientas, fui adentrándome en Lee County para ir a ver a James Mays, nuestro y campesino, y hablar con él. La noche anterior habían disparado treinta balas contra su casa, los proyectiles se habían estrellado en los muros y poco había faltado para que alcanzaran a sus hijos pequeños, que dormían plácidamente en el interior.

James sabía que no habría servido de nada acudir al Departamento de Justicia. Había ido a él en muchas, muchísimas ocasiones. Al amanecer hizo un letrero con el que quería divulgar su protesta y se plantó, solo, en la carretera general que conducía a la sede del condado. Era evidente que, aunque ciudadano de una nación cuyo poder se extendía por todo el globo y hasta a través del espacio, este era un poder que no representaba nada para él. Él y su gente estaban solos.

Cuando un grupo que ha sufrido unos perjuicios se percata de que tiene que confiar solo en sí mismo, aun cuando este convencimiento pueda ir acompañado de amargas pérdidas en un sentido inmediato, a la larga se fortalece para luchas futuras. El espíritu de desafío nacido en Albany en aquellos tiempos de disturbios perduraría más allá de la «derrota» momentánea que tanto la prensa como sus corifeos lamentaron entonces de forma tan miope.

Era un espíritu que se resume en aquella frase pronunciada por Ola Mae Quarterman, una muchacha de dieciocho años:

—He pagado los malditos veinte centavos que vale el billete y me sentaré donde me dé la gana.

5. SELMA, ALABAMA

En octubre de 1963 viajé a Selma, Alabama, en calidad de procurador del SNCC para observar la campaña de registro de votantes, que había estado acompañada de numerosos actos de intimidación y violencia. La ciudad era la sede del condado de Dallas, cuya población era negra en una proporción del 57 % y contaba con un 1 % de votantes registrados. (La proporción de blancos era del 64 %).

La cifra del 1 % era comprensible teniendo en cuenta el proceso utilizado en el registro. Los votantes no se registraban sino que solicitaban registrarse. Primero debían contestar un largo cuestionario y pasar a continuación un examen oral. Las preguntas eran diferentes según uno fuera negro o blanco. Una pregunta típica que se hacía a los negros era: «Haga un resumen de la Constitución de los Estados Unidos». (Como no podía ser de otro modo el encargado del registro del condado era un experto en el tema de la Constitución). Después el interesado recibía una postal donde se le comunicaba si había resultado aprobado o suspendido.

Selma había sido mercado de esclavos antes de la guerra de Secesión, ciudad de linchamientos en la época del cambio de siglo y, en los años sesenta, un sitio donde toda persona joven y negra no podía por menos de decirse, como me dijo un abogado negro oriundo de Selma que vivía en Tennessee:

—Tengo que irme de esta ciudad.

Poco antes de mi llegada se habían quedado sin trabajo treinta y dos maestros de escuela por haber intentado registrarse como votantes y John Lewis había sido detenido por encabezar un piquete ante el palacio de justicia del condado. (Aquella fue una de sus muchas detenciones y una de las brutales palizas que sufrió. En los años ochenta sería elegido miembro del Congreso de Estados Unidos por Georgia). Worth Long, otro miembro del SNCC, también fue detenido y apaleado por un delegado del comisario en la cárcel del condado. Una joven de dieciocho años, sentada en un taburete, fue sacada a empujones y castigada con sacudidas eléctricas mientras estaba inconsciente tendida en el suelo. Bernard Lafayette, organizador de campo del SNCC, cuya labor consistía en registrar votantes negros, fue apaleado con un garrote cuando se paró en la calle para ayudar a un blanco que le había rogado que empujase su coche.

Los hechos que viví en Albany me convencieron especialmente de la participación federal en el mantenimiento del racismo. Todas las administraciones nacionales desde 1877, ya fueran demócratas o republicanas, liberales o conservadoras, se han caracterizado por la abstención sistemática del cumplimiento de la ley de derechos civiles. El racismo no era una política exclusiva del sur, sino una política nacional. Selma era una ciudad americana.

Pese a todo, en Selma había una atmósfera de irrealidad. Como si un productor de Hollywood hubiera querido reconstruir en ella una ciudad sureña anterior a la guerra de Secesión: edificios ruinosos, calles embarradas, pequeños cafés y una mula tirando de un carro cargado de algodón haciendo camino calle abajo. Resaltaba en aquel cuadro el enorme edificio de ladrillo rojo del Hotel Albert, cuya construcción parecía haber tomado como modelo un palacio veneciano de la época medieval.

En todas las ciudades del sur que visité y que respondían a este esquema encontré siempre a una familia negra que era el pilar de roca de todos los movimientos de libertad. En el caso de Selma, la familia era la de la señora Amelia Boynton. En su casa hablé con tres compañeros de la localidad:

—¿Conocéis a algún blanco de Selma, uno solo, que simpatice con vuestra causa? —les pregunté.

Suponían que había un tendero judío que simpatizaba secretamente con ellos, pero solo conocían a un blanco que apoyaba de forma abierta el movimiento. Era un sacerdote católico de treinta y siete años, el padre Maurice Ouillet, el cual tenía a su cargo en Selma la Misión de St. Edmonds, un hombre que había recibido llamadas telefónicas conminatorias y amenazas de muerte.

El SNCC había elegido como fecha el 7 de octubre para el Día de la Libertad. La idea era atraer a centenares de personas al registro de votantes en la esperanza de que, cuanto mayor fuera el número, menor sería el miedo. Pero el miedo era muy grande. John Lewis y otras siete personas seguían en la cárcel. El *sheriff* Jim Clark, hombre corpulento y fanfarrón, había formado un grupo armado que estaba en pie de guerra. Antes del Día de la Libertad, a fin de darse ánimos, la gente se congregaba noche tras noche en las iglesias. Estas se encontraban abarrotadas de gente, que escuchaba los sermones, rezaba y cantaba.

Dos noches antes del Día de la Libertad, fui a una reunión que se celebraba en una iglesia llena a rebosar de gente para escuchar a Dick Gregory, que acababa de llegar a Selma. Su esposa Lillian estaba detenida por haber asistido a una manifestación. Delegados armados llamaron a la puerta y tres oficiales de policía blancos tornaron asiento entre el público y se dispusieron a tomar nota. Gregory, con gran decisión, les dijo algo que hasta entonces no se había escuchado nunca en Selma: que era posible desafiar a los blancos.

En aquellos tiempos yo viajaba con una grabadora de tres al cuarto. Había escrito a mi universidad *alma mater*, la de Columbia, que tenía un proyecto de historia oral, y les había sugerido que, en lugar de entrevistar a tantos antiguos generales y antiguos ministros, enviasen a alguien al sur dispuesto a registrar la historia que día a día hacía la gente humilde. Una de las universidades más ricas del país me contestó diciendo algo así como:

—¡Excelente idea! Lo que pasa es que carecemos de los recursos necesarios.

Así pues, con mi aparatito de tres al cuarto grabé la intervención de Gregory.

Habló dos horas seguidas y, con el ingenio extraordinario que lo caracteriza, fustigó con pasión a la sociedad sureña blanca. Nunca en la historia de esta región un negro se había atrevido a denunciar y a poner en ridículo desde un estrado público a los funcionarios blancos ante sus propias narices. La multitud quedó encantada y aplaudió a rabiar en repetidas ocasiones. Dijo que era irónico que los blancos maltratasen a los negros, de cuyo trabajo esforzado dependían para mantener su nivel de vida. Dijo que ojalá que la raza negra desapareciera de un día para otro.

—¡Entonces nos buscarían como locos!

La multitud aplaudió y lo aclamó con entusiasmo. Gregory, de pronto, bajó la voz y se puso muy serio:

—Pero parece que tendremos que hacer las cosas de la manera difícil, mantenernos en nuestro puesto e irlos educando.

Después de él habló Jim Forman. Era director ejecutivo del SNCC, trabajaba en la oficina de Atlanta, pero a menudo se trasladaba a primera línea y daba muestras de extraordinario valor y ecuanimidad. Era oriundo de Chicago, pero se había criado en Mississippi, había pasado cuatro años en las Fuerzas Aéreas y tenía una licenciatura universitaria. Ahora se disponía a organizar a los que se encontraban en la iglesia con vistas al Día de la Libertad.

—Muy bien, veamos el listín telefónico… Armaos de un bocadillo de salchichas y de un vaso de agua fresca y dedicadle un día entero.

Y después, señalando el gran cartel del estrado, que decía: ¿QUIERES SER LIBRE?, prosiguió tras hacer una pausa:

—¿Quién hace la A?

La velada terminó con el Coro de la Libertad de Selma, formado por niños, algunos adolescentes y un muchacho al piano, las mejores voces que he oído nunca desde las reuniones masivas de Albany. (Es algo imposible de expresar con palabras… cantos, siempre cantos... en las iglesias, en reuniones laborales, en todas partes... para elevar el nivel emocional e infundir ánimo a los presentes y, siempre, al final, se conozcan o no, todos cogidos de la mano).

Después todos se fueron a sus casas tras atravesar las grandes puertas que se abrían a la calle, donde esperaban en la oscuridad a que terminase la velada dos coches con hombres blancos dentro.

Aquella noche algunos esperamos en casa de la señora Boynton a que llegara James Baldwin. Vino a Birmingham en avión y miembros del SNCC lo llevaron en coche a Selma, ya que venía como observador del Día de la Libertad. Mientras lo esperábamos, charlamos en la cocina. Jim Forman, hombre experimentado, preparaba unos huevos revueltos con una mano mientras gesticulaba con la otra dando explicaciones.

Baldwin llegó después de medianoche acompañado de su hermano David. Nos sentamos todos en la sala de estar y esperamos a que hablara. Nos dedicó una amplia sonrisa:

—Compañeros, hablad vosotros. Yo aquí soy nuevo. Solo he venido a ver qué pasa.

Tomé notas del Día de la Libertad casi minuto a minuto. Empecé a las nueve y media de la mañana y me aposté en la calle cerca del palacio de justicia del condado de Dallas mientras la cola de negros que esperaban para entrar crecía hasta contar con centenares de personas. El editor del periódico local me dijo que el proceso de la presentación de solicitudes era lento. Calculé que, al paso que iba, los negros tardarían diez años en atrapar a los blancos en lo tocante a porcentaje de votantes registrados.

A las once de la mañana había doscientas cincuenta personas en la cola, que recorría el bloque en toda su longitud, doblaba la esquina y bajaba media calle. Junto a los que estaban en la cola, en la que había ancianos y ancianas y madres jóvenes con hijos en brazos, había una guardia permanente de hombres con casco, porra y armas, el cuerpo de vigilancia formado por el comisario Jim Clark. Incluso estaba el *sheriff* en persona, hombre barrigudo de metro ochenta de estatura, bandera confederada y medallón dorado con el águila en el casco verde, además de estrella de oro en la camisa, charreteras en los hombros y pistola al cinto.

Al otro lado de la calle, enfrente mismo del palacio de justicia del condado, se levantaba el edificio federal. En el primer piso del edificio estaban las oficinas del FBI, cuyas ventanas daban al palacio de justicia del condado. En la calle, testigos de los acontecimientos del día, había cuatro agentes del FBI y dos abogados del Departamento de Justicia, uno blanco y otro negro.

A las once cuarenta minutos de la mañana no había una sola persona que hubiera salido del palacio de justicia tras haber pasado por el procedimiento de registro. Me encontraba con Jim Forman y otro miembro del SNCC cuando se nos acercó el *sheriff* Clark.

—Despejen de aquí, hagan el favor. Están impidiendo el paso.

Un hombre pertrechado con todo lo necesario se dirigió a James Baldwin, que lo miró con ojos muy abiertos y altaneros:

—Parece que el gobierno federal no hace lo que tendría que hacer —le dijo.

Era casi mediodía, el sol pegaba fuerte y Forman estaba discurriendo la manera de distribuir agua a la gente, que llevaba casi tres horas en la cola. Miré al edificio federal. Vi en la escalinata a dos militantes del SNCC que sostenían unos carteles de cara a la cola del registro. Uno, con mono y fedora, sostenía un cartel que decía: REGÍSTRATE PARA VOTAR.

Crucé la calle para tener mejor panorámica. Justo cuando cruzaba la calle también la atravesaron a toda prisa el *sheriff* Clark y tres agentes con casco. Pasaron junto a los dos abogados del Departamento de Justicia y los dos agentes del FBI, subieron los peldaños del edificio y apresaron a los dos hombres del SNCC. Clark les gritó:

—Quedan detenidos por reunión ilegal.

Los agentes obligaron a los dos hombres a bajar la escalera y los empujaron hacia el interior de un coche policial. Un tercer hombre situado en una entrada lateral del edificio, que sostenía también un letrero invitando a registrarse para votar, fue igualmente detenido.

Difícilmente se habría podido dar una violación más flagrante del Acta de Derechos Civiles de 1957, que prohíbe cualquier impedimento del ejercicio del derecho a votar, por no hablar además del derecho a la libertad de expresión de la Primera Enmienda. Y el hecho había ocurrido en los mismos peldaños del edificio que representaba al gobierno de Estados Unidos, ante las mismas narices de sus funcionarios. Me volví hacia el hombre del Departamento de Justicia que estaba a mi lado.

—¿Este es el edificio del gobierno federal? —le pregunté, indignado.

—Sí —repuso volviéndose hacia el otro lado.

El coche de policía, con los tres hombres del SNCC dentro, aceleró la marcha.

Jim Forman me dijo que la noche anterior había cablegrafiado al Departamento de Justicia solicitando refuerzos federales porque estaba convencido de que se producirían disturbios. El Departamento de Justicia no había contestado.

Corrió la voz de que los encargados del registro habían hecho una pausa para ir a comer. La gente seguía en la cola y Forman comenzó a pensar en la manera de distribuir comida. Acababa de llegar al palacio de justicia una caravana de soldados. Habían alineado junto al bordillo los coches con reflectores en lo alto y ocupaban la calle de un extremo al otro. Cuarenta soldados con cascos azules, porras y armas, se apostaron a lo largo de la cola. Al frente de los mismos estaba el coronel Al Lingo, matón veterano de Birmingham. Algunos hombres iban provistos de aguijadas eléctricas.

A la una y cincuenta y cinco minutos (la gente llevaba cinco horas haciendo cola), Jim Forman y la señora Boynton se acercaron al *sheriff* Clark para hablar con él.

—*Sheriff*, querríamos repartir algo de comida entre esta gente —dijo Forman.

—No se les puede molestar en modo alguno —replicó Clark.

—No queremos molestarlos, solo queremos darles comida y hablar con ellos acerca del registro —dijo Forman.

—¡Pues como lo haga, lo detendremos! —gritó Clark—. No se puede molestar a esta gente en modo alguno y esto incluye hablar con ellos.

Forman y la señora Boynton volvieron a cruzar la calle en dirección al callejón que bordeaba el edificio federal, donde se había estacionado una furgoneta comercial con bocadillos y una bombona de agua. Se llamó a los periodistas. Forman les dijo que había cablegrafiado al Departamento de Justicia y que había obtenido la callada por respuesta. La señora Boynton dijo:

—Estamos decididos a suministrar comida a la gente de la cola.

A las dos de la tarde miré las ventanas del palacio de justicia del condado y vi muchas caras de empleados atisbando detrás de los cristales.

Fui a hablar con el abogado del Departamento de Justicia:

—¿Hay alguna razón para que un representante del Departamento de Justicia no pueda hablar con los soldados y les haga entender que estas personas tienen derecho a comer y a beber? —le pregunté.

La pregunta pareció turbarlo. Calló un momento. Después dijo:

—No seré yo quien vaya a hablar con ellos —hizo otro silencio—. Creo que tienen derecho a recibir comida y agua, pero yo no haré nada porque no serviría de nada. Washington no me respaldaría.

Había dos secretarios de campo del SNCC con los brazos cargados de bocadillos junto a la furgoneta. Uno era Avery Williams, natural de Alabama; el otro era Chico Neblett, de Carbondale, Illinois. Los dos habían dejado la universidad para trabajar en el SNCC.

Chico entregó su cartera a Forman a manera de rendición final y de aceptación de la cárcel y, dirigiéndose a Avery, le dijo:

—Venga, vamos.

Se encaminaron a la esquina y cruzaron la calle (la gente del SNCC tenía la prudencia de no cruzar la calle en las ciudades del sur). Todos los ojos estaban fijos en ellos. Un grupo de los nuestros

—fotógrafos, periodistas y demás— cruzaron la calle al mismo tiempo. Eran las dos y veinte minutos.

Cuando Chico y Avery se acercaban a la cola, un agente muy corpulento con puro en la boca y casco azul (que se nos había identificado como el comandante Smelley) les ladró (¿soy injusto con él?, ¿debería utilizar otro verbo más suave?):

—¡Circulen!

Ellos siguieron en dirección a la cola de los que iban a registrarse. El comandante gritó:

—¡Cogedlos!

Lo que vi a continuación fue a Chico Neblett tendido en el suelo y rodeado de agentes. Oí sus gritos y vi su cuerpo debatiéndose y dando saltos convulsivos. Estaban picándolo a él y a Avery con las aguijadas. Seguidamente los levantaron agarrándolos por los brazos y piernas y arrojaron sus cuerpos en el interior de la furgoneta verde de los detenidos, arrimada al bordillo.

Los soldados y agentes arremetieron entonces a empujones contra nuestro grupo para evitar que se sacasen fotografías. En el grupo había un joven periodista del *Montgomery Advertiser* con su cámara. Se la machacaron a porrazo limpio, lo inmovilizaron contra una de las camionetas aparcadas y le rasgaron la camisa. Uno de los agentes le pegó un codazo en la boca. Aquella era una operación militar y la seguridad nacional exigía un estricto secreto.

La furgoneta verde con los detenidos dentro se puso en marcha. Chico y Avery nos saludaron con la mano. El abogado del Departamento de Justicia tornó el nombre del fotógrafo que había sido agredido. James Baldwin y yo nos dirigimos a las oficinas del FBI para hablar con el jefe. Baldwin estaba furioso, indignado.

—¿Por qué no detiene al *sheriff* Clark y a los demás por violación de la ley federal? —le pregunté.

(Después de mi experiencia de Albany estaba en condiciones de citar la ley, sección 242, título 18 del Código de los Estados Unidos: «Aquel que, amparándose en cualquier ley… o costumbre, someta de forma deliberada… a un habitante… a la privación de cualquiera de sus derechos… concedidos o protegidos por la Constitución… será multado… o encarcelado»).

El jefe del FBI nos miró.

—No tenemos derecho a detener a nadie en estas circunstancias —dijo.

Lo que acababa de decir era absurdo. La sección 3052, título 18 del Código Administrativo de los Estados Unidos, confiere poder a los agentes del FBI para practicar detenciones sin necesidad de mandamiento «cuando se cometa una ofensa contra los Estados Unidos en su presencia». El FBI practica detenciones en casos de secuestro, robos de bancos, delitos de drogas y casos de espionaje. ¿Por qué no en casos que atentan contra los derechos civiles? Esto quiere decir entonces no solo que los negros son ciudadanos de segunda clase sino que la ley de los derechos civiles es una ley de segunda clase.

Nos sentamos cuatro en los escalones del edificio federal y hablamos: éramos James Baldwin, yo, el abogado del Departamento de Justicia y un joven abogado negro de Detroit que había venido como observador del Día de la Libertad. El abogado de Detroit dijo:

—Aunque esos polis se hubieran cargado a los trescientos negros de la cola seguiría sin haber ocurrido nada.

El juez estaba a la defensiva. Preguntó a Baldwin en qué estaba trabajando en aquellos momentos. Le respondió que en una obra de teatro. ¿Qué título tenía? Baldwin le contestó que se llamaba *Blues para Míster Charlie*.

Las puertas del palacio de justicia del condado se cerraron a las cuatro y media. La cola empezó a dispersarse. El abogado de Detroit contempló a los hombres y mujeres que se alejaban lentamente. Le temblaba la voz cuando dijo:

—Habría que darles una medalla a todos. Nos dirigimos a las oficinas del SNCC.

Años más tarde, un día me encontraba en la Cámara de Representantes de Washington cuando me tropecé con el abogado de Detroit.

—¿Qué haces aquí? —me preguntó.

—Es por la guerra de Vietnam —le contesté—. ¿Y tú?

Se sonrió.

—He sido elegido para el Congreso.

Era John Conyers, en años venideros sería un defensor de la justicia y un detractor de la guerra en su función de miembro del Congressional Black Caucus.

Aquel día se convocó una reunión masiva a las ocho de la noche en una iglesia. Faltaban cinco minutos para las ocho y la iglesia estaba abarrotada de gente. No había un asiento libre. Junto a las paredes había gente de pie. Entre el público estaba el padre Ouillet y otro sacerdote católico. Del techo abovedado colgaba una inmensa lámpara con veinticinco bombillas encendidas. Un hombre de setenta y tres años, veterano de la Primera Guerra Mundial, me dijo:

—Nunca había ocurrido en Selma nada parecido. Nunca… hasta que vino el SNCC.

Jim Forward dijo al público congregado.

—Hay que estar contento porque hoy hemos hecho una cosa grande.

Pero subsistía la amargura de pensar que negros desarmados del condado de Dallas hubieran tenido que defender la Constitución contra Jim Clark y su cuadrilla sin que el gobierno de Estados Unidos les prestara ninguna ayuda. Pese a ello, había trescientas cincuenta personas exultantes porque habían permanecido en la cola sin comer ni beber desde la mañana hasta la noche, delante de hombres armados que mandaban en el condado de Dallas, y no se habían rendido.

El coro de voces jóvenes cantaba:

—¡Oh, esa luz de libertad que haré brillar!

A James Baldwin, de pie en el púlpito, le brillaban los ojos que tenía fijos en el público.

—El *sheriff* y sus delegados… han sido creados por los blancos buenos que están en la colina… y en Washington. Han creado un monstruo que no pueden dominar… No ha sido Dios. Ha sido la República Americana quien lo ha creado y lo ha hecho con toda deliberación.

La reunión se cerró como siempre, todo el mundo con los brazos enlazados y cantando «Venceremos», jóvenes y viejos, mujeres con sus hijos en brazos, miembros del SNCC y sacerdotes católicos. En el otro lado de la iglesia vi al abogado negro del Departamento de Justicia, también con los brazos enlazados y cantando como todo el mundo.

Escribí una breve reseña sobre el Día de la Libertad para *New Republic* que ellos encabezaron con el titular siguiente: «El registro de votantes en Alabama: los negros son desposeídos de sus derechos federales ante la mirada del FBI». Al Departamento de Justicia no le gustó mi artículo. El jefe de la División de Derechos Civiles, Burke Marshall, escribió una larga carta a *New Republic* en la que decía que el remedio adecuado para los sucesos de Selma era el «litigio» y que el Departamento de Justicia tenía pendientes en Selma dos juicios por derecho al voto. Dijo que no podía haber «acción sumarial». (Marshall optó por ignorar, al igual que había hecho el jefe del FBI, la facultad que tenían los agentes del FBI de detener a una persona, que podían invocar en caso «de cualquier ofensa» cometida en su presencia).

Alrededor de un año más tarde, Marshall escribió un librito donde elaboró su defensa de la abstención federal en casos como el de Selma. Hablaba en él del «sistema federal», con su división de poderes entre nación y estados. Era una argumentación sorprendente, como si la Enmienda Catorce no hubiera alterado de forma permanente aquella división al otorgar al gobierno federal enorme poder para actuar cuando los funcionarios locales se abstenían de proteger los derechos constitucionales. La sección 333, título 10 del Código de Estados Unidos, dejaba claro de qué poder se trataba.

Un día recibí junto con la correspondencia un ejemplar de *University of Chicago Law Review* con una crítica del libro de Marshall. Estaba firmada por un profesor de leyes llamado Richard Wasserstrom y su razonamiento era demoledor. Me sorprendió... y al mismo tiempo me complació. Richard Wasserstrom era el abogado del Departamento de Justicia que yo había conocido en Selma y hube de enterarme entonces de que había abandonado el departamento después de los acontecimientos de Selma, había sido nombrado después decano del Tuskegee Institute de Alabama y era ahora profesor de derecho y filosofía en la Universidad de California. Más o menos en aquella misma época supe también que el abogado negro del Departamento de Justicia que había conocido en Selma y que había cantado «Venceremos» con nosotros también había abandonado el departamento.

Aquella 110 fue la última experiencia que tuve en Selma. A principios del año 1965, Selma se convirtió en piedra de escándalo nacional y en motivo de vergüenza internacional para la administración Johnson. Las manifestaciones contra la segregación racial fueron sofocadas con detenciones masivas, una mortal paliza a un ministro universalista unitario, un blanco llamado James Reeb, la muerte de un negro por disparo de arma de fuego, un tal Jimmie Lee Jackson, y unas soberanas y sangrientas palizas a negros que se disponían a desfilar a través de un puente a la salida de Selma en dirección a Montgomery, la capital del estado.

Johnson acabó pidiendo al Congreso que aprobase una contundente ley sobre el derecho al voto y ordenó a la Guardia Nacional federada de Alabama que protegiera la proyectada marcha de Selma a Montgomery en favor de los derechos civiles. Sería un recorrido de unos setenta y cinco kilómetros, una marcha triunfal después de tantas palizas y tanta sangre.

Yo estaba escribiendo a la sazón un artículo para el número conmemorativo del centenario de *The Nation* basado en la idea de una revisión del sur un siglo después del final de la guerra civil, razón por la cual me desplacé a Lynchburg, Virginia, John's Island, Carolina del Sur y Vicksburg, Mississippi. Seguidamente me uní a la marcha de Selma a Montgomery en el tramo final de veintisiete kilómetros hasta la capital de Alabama.

Llegué la noche anterior y encontré a los participantes en la marcha instalándose junto a la autopista principal. Aquel día había llovido con gran intensidad y el campo donde habíamos previsto acampar para pasar la noche era un verdadero lodazal en el que se hundían los zapatos. El barro nos llegaba a los tobillos.

Nos facilitaron sábanas de plástico y sacos de dormir. Tumbado en la oscuridad, oía el zumbido de los generadores portátiles y veía a gente que salía de la carretera principal, controlada por dos corpulentos «guardias de seguridad», además de dos sacerdotes episcopalianos jóvenes con los cuellos vueltos para arriba y provistos de *walkie-talkies*.

La sábana de plástico que tenía debajo del cuerpo se hundía en el barro y el cieno, pero el interior del saco de dormir estaba seco. A unos sesenta metros de distancia, debajo de un gran arco que se levantaba en pleno campo, los soldados que harían guardia durante toda la noche habían encendido unas hogueras. Costaba creerlo, pero el movimiento había conseguido la protección federal que había pedido.

Me desperté poco antes del amanecer, entre las nubes asomaba el cuarto de la luna. Las hogueras que habían encendido los soldados ahora estaban casi a ras de tierra, pero ardían todavía. Cerca de mí, la gente empezaba a despertarse.

Se formó una cola para conseguir gachas de avena calientes, huevos duros, café. Seguidamente todo el mundo volvió a congregarse para continuar la marcha. Junto al camino vi a una muchacha negra que, descalza, se lavaba las zapatillas en un arroyo. Vi a su lado a un sacerdote con la chaqueta manchada de barro. Una negra sin zapatos tenía los pies envueltos en plástico. Andy Young se ponía en contacto con Montgomery a través del transmisor principal:

—Necesitamos zapatos. Cuarenta pares de zapatos de todas las medidas para mujeres y niños. Llevan veinticuatro horas caminando descalzos.

A las siete en punto de la mañana, con un helicóptero del ejército planeando sobre nosotros, se inició la nurcha a través de la carretera principal en dirección a Montgomery, con Martin Luther King, Andy Young y miembros del SNCC a la cabeza. A ambos lados de la multitud, hacia adelante y hacia atrás hasta allí donde alcanzaba la vista, se veían muchos soldados.

Tenía a mi lado a Eric Weinberger, pacifista legendario y veterano, victima de torturas en las cárceles del sur y también de palizas y aguijadas, que en una ocasión había pasado treinta y un días de ayuno en la cárcel. De marcha los dos, Eric me señaló con el dedo a los soldados que se ocupaban del orden y me preguntó:

—¿Tú estás de acuerdo con esto?

—Sí, mejor que estén aquí —le dije, aun cuando entendía su postura.

Él se atenía al principio pacifista-anarquista que preconiza que no hay que servirse de los instrumentos del Estado ni siquiera cuando son favorables, como tampoco hay que servirse de la coacción, ni siquiera contra los racistas violentos. Con todo, yo no era tan radical en lo referente a la utilización del Estado cuando, movido por la presión popular, se convertía en fuerza útil. Acordamos estar en desacuerdo.

Con un sol hermoso resplandeciendo sobre nuestras cabezas, se oía cantar:

—¡Libertad! ¡Libertad! Ya llega la libertad, ya no puede tardar.

Tardaría, sin embargo, ¿pero, acaso importaba si la gente sabía que avanzaba y que la distancia, por grande que fuera, se estaba acortando?

Hasta la entrada de Montgomery había veinticinco kilómetros, aquella caravana dispersa inicial formada por trescientas personas iba engrosándose a medida que pasaban las horas y se sumaban a ella blancos y negros que venían de todo el país. El sol brilló casi todo el rato, pero de camino nos sorprendieron tres o cuatro chaparrones. En el porche de una barraca, a poca distancia de la carretera, ocho niñitos negros en hilera nos saludaron con la mano. Recuerdo un caballo de madera en el patio delantero de su vivienda.

Un irlandés enorme de rostro rubicundo, recién llegado de Dublín, enfundado en su trenca, iba cogido de la mano de un niño negro que, descalzo, caminaba a su lado. Un autobús de la línea Greyhound cargado de niños negros pasó junto a nosotros camino de la escuela. Asomados a las ventanas nos saludaron gritando: «¡Libertad!». Un joven blanco que caminaba con muletas porque solo tenía una pierna, tocado con un gorro negro sobre sus cabellos pelirrojos, caminaba rápido con todos nosotros.

Unos obreros blancos que trabajaban en la carretera nos contemplaron en silencio. A medida que íbamos acercándonos a las afueras de Montgomery, iban apareciendo, cada vez más numerosos, estudiantes negros de un instituto que se alineaban en las calles, nos saludaban y cantaban al vernos pasar. Se oyó el zumbido de un avión, que todo el mundo saludó levantando los brazos al cielo y gritando: «¡Libertad! ¡Libertad!».

Ya en la ciudad, abandoné la marcha. Sabía que habría una formidable manifestación en el Capitolio que congregaría a una enorme multitud, sabía que hablaría King y otros, pero tenía ganas de volver a casa. Me dirigí al aeropuerto y allí me tropecé con Whitney Young, mi antiguo compañero de la universidad de Atlanta, ahora jefe de la Liga Urbana Nacional. Acababa de bajar de un avión y se disponía a unirse al acontecimiento.

Whitney y yo fuimos a la cafetería del aeropuerto y nos sentamos a tomar café. Expresamos las dudas que teníamos con respecto al resultado de todo aquello. Debíamos de hacer una extraña pareja, no solo por pertenecer a razas diferentes sino porque Whitney, alto y elegante como siempre, llevaba traje oscuro, camisa blanca y corbata, mientras que yo iba desaliñado, sin afeitar, manchado de barro después de la marcha.

La camarera que vino a atendernos se quedó mirándonos. No parecía contenta. Vi que llevaba prendido en el delantal el enorme botón con aquella palabra que se había convertido en arrogante consigna de los segregacionistas: ¡NUNCA!

Sin embargo, algo había cambiado en Alabama, puesto que nos trajo el café que habíamos pedido. Era un hecho que, aunque lo que cantaba la gente de la marcha —«¡Libertad! ¡Libertad! Ya llega la libertad, ya no puede tardar»— no era verdad del todo, lo que reivindicaba la enseña de la camarera era totalmente mentira.

6. «YO ME QUEDO», MISSISSIPPI

Cuando, en verano de 1963, Roz y yo fuimos a Greenwood, Mississippi, hacía dos años que el SNCC trabajaba en aquel estado. Sin embargo, la palabra «trabajar» no expresa ni de lejos la realidad de lo que hacía. Mississippi era un lugar que los negros tenían calificado como Estado de la Muerte.

Bob Moses me facilitó un informe detallado. Yo iba provisto de mi pequeña grabadora; había convenido en que escribiría un libro sobre el SNCC para Beacon Press, de Boston. (Al principio el libro que me habían encargado tenía que ser sobre el NAACP. Yo les dije: «No, la historia auténtica del sur hoy está representada por el SNCC»). De regreso a Albany y a Selma, había empezado a comprender que aquello que se entiende por historia suele silenciar la realidad de la gente corriente, su lucha, su secreto poder.

Bob era un joven universitario de veintinueve años procedente de Harlem que se había trasladado al sur para militar en el SNCC, había instalado en Mississippi y había empezado a trabajar con la población negra local primordialmente para asesorarles en la cuestión del registro de votantes. En mi libro sobre el SNCC lo describí como un muchacho «de estatura mediana y constitución robusta, piel negra de tinte claro y algunas pecas junto a la nariz. Te mira directamente con sus ojos tranquilos, habla lentamente con voz pausada y, en plena calle de Mississippi, tiene la misma serenidad de una montaña que contemplase el mar».

La perspectiva de que los negros pudieran llegar a votar había sembrado la inquietud en la estructura de los blancos. Los negros constituían el 43 % de la población total pero, como solo había un 5 % de votantes registrados, su poder político era nulo, nivel que el poder constituido estaba muy interesado en mantener. La riqueza del estado estaba en manos de un reducido número de blancos, que usaban una mínima parte de sus haberes para pagar los salarios de millares de pequeños funcionarios locales, encargados de mantener el sistema tal como estaba y de recurrir, en caso necesario, a la fuerza.

Así pues, cuando Bob Mases comenzó a hablar a la gente de Mississippi, lo que hizo por vez primera en la pequeña población de McCornb, en la parte sur del estado, fue encarcelado, apaleado, acuchillado y amenazado de muerte en diferentes ocasiones. Cuando dos muchachos de dieciocho años tomaron asiento en la barra del comedor de Woolworth, en McComb —primer acto de desafío en la historia de la zona—, fueron detenidos y sentenciados a treinta días de cárcel. Cuando seis estudiantes de secundaria, a la cabeza de los cuales se encontraba una muchacha de quince años, Brenda Travis, hicieron lo propio, fueron condenados a ocho meses de cárcel y la chica fue expulsada de la escuela.

Hacía mucho tiempo que Bob no había vuelto a Mississippi cuando lo llamaron para que examinara el cadáver de un granjero llamado Herbert Lee, padre de nueve hijos, que había sido abatido de un disparo por un blanco. Habían discutido y el blanco se le había acercado y le había pegado un tiro en la cabeza. El jurado constituido por el juez de instrucción absolvió al asesino después de que uno de los testigos, un negro, declarara por miedo que el blanco había disparado en defensa propia. Pero unas semanas más tarde, aquel testigo decidió decir la verdad, lo que le costó la vida, ya que murió abatido de tres disparos en la entrada de su casa.

En protesta contra estos hechos, más de cien alumnos de secundaria de McComb no asistieron a la escuela. Pese a que proseguían los encarcelamientos y las palizas, la población negra de McComb había decidido, finalmente, que quería un cambio en su vida.

Después de McComb, Bob Moses, a quien se unieron otros militantes del SNCC, decidió viajar al norte, al delta del Mississippi, y visitar diversas ciudades. La ciudad de Greenwood, en el condado de Leflore, se convirtió en foco especial de atención. El delta pasó a ser zona de guerra.

Sam Block fue un soldado sin armas. Era un muchacho de veintitrés años, alto y enjuto, procedente de una pequeña ciudad de Mississippi, hijo de un obrero de la construcción. A Sam le gustaba cantar, pero era poco hablador. Pese a todo, comenzó a llamar a las puertas del barrio negro de Greenwood y a hablar a la gente de las cosas que la gente necesitaba. Como en su recorrido le andaba siguiendo un coche policial, la gente comenzó a asustarse y acabaron por no abrirle la puerta. Un día tres blancos cayeron sobre él y le pegaron una paliza. Otro día se salvó de que un camión lanzado a toda velocidad acabara con su vida gracias a la protección de un poste de teléfono.

Sam quiso ocuparse del caso de un chico de catorce años que fue detenido por la policía acusado de haber penetrado en una casa para robar. El muchacho declaró que era inocente, puesto que estaba en los campos de algodón el día en que se había cometido el robo, pero la policía se lo llevó a la comisaría, lo hicieron desnudar, lo tumbaron en el suelo de cemento y le azotaron el cuerpo desnudo a base de puñetazos, porrazos y martillazos. Sam interrogó al chico, tomó nota de sus declaraciones y, adjuntando fotos de su cuerpo lesionado, lo envió todo al Departamento de Justicia de Washington. Pero fue como arrojarlo en un pozo sin fondo o sin cubo.

—A partir de entonces —me dijo Bob Moses— ha sido Sam contra la policía.

La valentía de Sam Block era contagiosa. En la oficina del SNCC de Greenwood comenzó a presentarse gente que quería ir al palacio de justicia del condado porque tenía intención de registrarse para votar. Una noche, Sam y otros dos trabajadores del SNCC que se habían quedado hasta tarde en las oficinas se libraron por pelos de caer en manos de un grupo de intrusos armados con pistolas y cadenas, y consiguieron escapar a través de la ventana y huir por los tejados del vecindario. Cuando, al día siguiente, volvieron a la oficina, la encontraron destrozada.

Pero Sam no se amilanó. Aquel invierno se dedicó primordialmente a recoger comida para gente que pasaba hambre. En el condado había veintidós mil personas que dependían para su subsistencia del excedente de comida que tenía el gobierno, pero las autoridades del condado habían dejado de distribuirla.

Un día, cuando acompañaba a unas personas negras a registrarse en Greenwood, Sam Block fue detenido por el *sheriff* y la conversación que mantuvo con él (de la que fue testigo otro militante del SNCC) se desarrolló en estos términos:

—Negro, ¿de dónde eres?

—Soy de Mississippi.

—Yo conozco a todos los negros de aquí.

—¿Dice que conoce a todas las personas de color?

(El *sheriff* le escupió).

—Tienes tiempo hasta mañana para largarte.

—Si no quiere volverme a ver por aquí, haga las maletas y váyase, porque yo me quedo.

La guerra continuó y continuaron los disparos contra casas de negros y coches aparcados. Dispararon trece balas del calibre cuarenta y cinco contra el coche en que viajaba Bob Moses con otro hombre del SNCC, Jimmy Travis, que fue alcanzado por los proyectiles en el hombro y cuello y estuvo a las puertas de la muerte. Cuando, después del tiroteo, se organizó una marcha de cien negros, formada por hombres, mujeres y niños, que se dirigieron cantando y rezando hacia el palacio de justicia del condado de Leflore, aparecieron los policías con cascos amarillos, porras antidisturbios y perros policía. Uno de los perros atacó a Bob Moses. Marian Wright, que fue testigo de la escena, dijo más tarde que, pese a que a Bob le daban miedo los perros, se negó a huir y siguió caminando en dirección a los animales.

Cuando, aquel verano de 1963, Roz y yo fuimos a Greenwood, acababan de poner en libertad a cincuenta y ocho personas encarceladas gracias a una marcha de protesta contra la brutalidad de la policía. El Consejo Nacional de las Iglesias se encargó de pagar la fianza. Aquella noche, las oficinas centrales del SNCC se convirtieron en un fantasmagórico hospital de campaña después de una batalla. Abundaban los muchachos de dieciséis y diecisiete años, recién salidos de la cárcel y tendidos en los rincones. Había dos chicos tumbados en estrechas literas a los que unas chicas del SNCC les lavaban los ojos con una solución de ácido bórico. La deficiencia de la dieta alimentaria de la cárcel les había afectado los ojos. Un chico padecía una infección en una mano. Otro tenía el pie hinchado (lo habían encerrado en la «caja caliente» de la Penitenciaría de Parchman). En la cárcel se habían negado a prestarle atención médica.

Un muchacho llamado Fred Harris nos contó lo ocurrido:

—Me tuvieron ciento sesenta horas metido en el agujero... en la caja caliente... Tengo diecisiete años. Entré en el movimiento en 1960... tenía catorce años entonces. Del movimiento me habló Sam Block. Al momento le dije que sí, que quería cooperar... Al principio mi madre no quería... pero después vio que era lo mejor tanto para ella como para mí... Y me dijo que adelante.

En la puerta de al lado de las oficinas del SNCC, en Greenwood, vivía una mujer que, según decía la gente, había sido de gran ayuda para el movimiento. Era la señora Ruby Pilcher. Roz y yo le hicimos una visita. Sentados en la cocina de su casa mientras ella planchaba, registré con mi pequeña grabadora todo lo que quiso contarme sobre su vida, su trabajo, su familia, los sentimientos que le inspiraba el movimiento.

Trabajaba en el club de campo de Greenwood:

—Pues mire usted, ayudo en la cocina y sirvo a la gente, ¿sabe usted? Pongo las mesas, recojo platos, ¿sabe usted?... lo que sea... Y resulta que oí lo que van diciendo por ahí, ¿sabe usted? [el registro de votantes]... Una mañana me entero de lo que andaban diciendo, decían que habían quemado el despacho ese donde unos agitadores forasteros habían abierto una oficina... Pero nosotros no sabíamos qué pensar...

»No sabíamos qué pensar de todo aquello porque es que estaban ocurriendo cosas que aquí no habían ocurrido nunca. Yo no he hecho otra cosa en mi vida que trabajar para los blancos, coger lo poco que me dan, hacer lo que me mandan. Yo no me había parado a pensar nunca en la libertad. Y me preguntaba que qué querría decir esto de libertad, ¿sabe usted?...

»Repartieron comida en una iglesia de por aquí. Y vino la policía y los cogió a todos... a mí me entró mucho miedo... Había uno... creo que era Dick Gregory como se llamaba... estuvo también por aquí. Dijo que él iría delante de la marcha... Sí, también estuve en el mitin. Aquella noche él le dijo a una señora, una señora mayor que vive al final de esa calle... que se pusiera delante, con él. Él le dijo: "Esté aquí a las siete". Y ella le contesto: "Puedo estar a las seis"».

Nos enseñó una foto en la que aparecía con sus dos hijos y sus dos hijas.

—Mi hija tiene diecisiete años. Antes a ella eso del movimiento le daba mucho miedo, ¿sabe usted?... pero ahora no. Ahora le gusta. Me dijo: «Mama, eso que está pasando me gusta, espero que llegará el día en que lo conseguiremos».

«Mire usted, a mí eso del movimiento me gusta o sea que... a nosotros nos parece que lo que podamos hacer por el movimiento estará bien... Y lo haremos, por nosotros no lo haríamos, nosotros lo dejaríamos como está, ¿sabe usted?, podemos continuar sin que ocurra nada... Ellos no tenían ni un hornillo para hacer café, ¿sabe usted? Y aquella mañana hacía un frío... Yo les dije: "Cuando termine de haceros café os voy a hacer unas pastas... cantidad de pastas"».

Siempre me ha interesado saber qué indujo a una persona a involucrarse en el movimiento. Muy a menudo la cosa empieza con un simple encuentro, un hecho que no tiene la más mínima importancia, pero que activa unos sentimientos que se han ido acumulando a lo largo de toda una vida.

Pocos meses después de nuestra visita a Greenwood, asistí en Greenville a una reunión de miembros del SNCC y hablé con una mujer de cuarenta y siete años, madre de dos niños, que había sido toda su vida aparcera en Ruleville, Mississippi. Era una mujer baja y robusta, su piel era del color del cobre viejo y tenía unos ojos grandes de mirada dulce. Era ligeramente coja porque de niña había tenido poliomielitis. Así era la señora Fannie Lou Hamer.

Cantaba con hermosa voz y, cuando me contó cómo había ingresado en el movimiento, fue salpicando sus frases con canciones. Se enteró de la reunión en una iglesia de Ruleville.

—Aquella noche hablaba James Bevel y, si quiere que le diga la verdad, pensé que todo lo que decía tenía sentido. También estaba Jim Forman.

Cuando hubieron dicho todo lo que tenían que decir quisieron saber quién iría a registrarse aquel viernes en particular. Yo levanté la mano.

«El treinta y uno de agosto de 1962, el mismo día que fui al palacio de justicia a registrarme, al volver a casa me encontré con aquel hombre para quien había trabajado dieciocho años como aparcera, que me dijo que tenía que marcharme... Yo le dije que no quería registrarme por él sino por mí... que no tenía más remedio que hacerlo porque, por una vez, aspiraba a que las cosas cambiasen».

Entonces fue expulsada de la plantación y tuvo que irse a vivir a casa de una amiga. Diez días más tarde se paró un coche delante de la casa y alguien disparó dieciséis balas en la habitación donde dormía. Resultó, sin embargo, que ella aquella noche estaba en otro sitio y nadie resultó herido.

La señora Hamer me dijo que hacía unos meses, cuando ella y otras cinco personas que militaban en el movimiento volvían a Greenwood de un mitin que se había celebrado en Carolina del Sur, el autobús se paró un rato en Winona, Mississippi, y ellas entraron en la sala de espera «blanca». Las detuvieron, las condujeron a la cárcel y las encerraron en celdas aisladas. Annelle Ponder, licenciada por el Clark College de Atlanta (una hermana suya más joven había sido alumna mía del Spelman), recibió una paliza fenomenal y resultó con la cara tan hinchada que casi no podía pronunciar palabra. La señora Hamer sufrió golpes en todo el cuerpo.

—Mire usted —dijo en tono reflexivo—, dijeron que había venido gente de fuera que había agitado a los de aquí, que hasta entonces vivían felices y contentos. Pero, que yo recuerde, yo no vivía feliz y contenta.

Al preguntarle si pensaba continuar fiel al movimiento, me respondió con las palabras de una canción:

—Les dije que, si no me encontraban en el movimiento ni tampoco en parte alguna, quería decir que estaba muerta y enterrada, que me buscasen en la tumba.

Volví a ver a la señora Hamer el 21 de enero de 1964. Era el Día de la Libertad y el sitio era Hattiesburg, en la zona sur de Mississippi. El SNCC se había propuesto que hubiera centenares de negros de Mississippi registrados para votar en un condado donde no había podido registrarse ni un solo negro.

Asistí a la sesión estratégica del Día de la Libertad. Aquella noche habría un gran mitin y al día siguiente el palacio de justicia sería rodeado por un piquete. Habría detenciones, era indudable. Habían enviado un telegrama a Robert Kennedy, entonces fiscal general, que decía: «Mañana por la mañana habrá centenares de ciudadanos de Hattiesburg que tratarán de registrarse como votantes. Exigimos la presencia de agentes federales para protegerlos. Exigimos también que se detenga y juzgue a los agentes de la policía local que impidan ejercer sus derechos constitucionales. Firmado, Bob Moses». Todos sabíamos que no habría respuesta.

Llegaron de Atlanta en tren Ella Baker y John Lewis para hablar en el mitin que se celebraría en una iglesia, en la que se congregaron millares de personas que la inundaron con sus cantos: «No, no nos moverán». También estaban representados los otros grupos que abogaban por los derechos civiles: Annelle Ponder por la Conferencia de Liderazgo Cristiano del Sur de Martin Luther King, Dave Dennis por el Congreso de Igualdad Racial. Como representante de una delegación de cincuenta clérigos que tenían intención de incorporarse al piquete habló un rabino.

Habló también Ella Baker que, como siempre, trascendió lo inmediato para ir a lo fundamental:

—Aunque desaparezca la segregación, necesitamos ser libres, debemos ocuparnos de que todo el mundo tenga trabajo. Aunque todos podamos votar, mientras haya alguien que pase hambre, seguiremos sin ser libres... No basta con cantar. Necesitamos escuelas y necesitamos aprender... Recordad que no luchamos solo por la libertad de los negros, sino por la libertad del espíritu humano, una libertad más amplia que abarca a toda la humanidad.

Terminado el mitin, los edificios volcaron la gente a la oscuridad. Seguían cantando. Era casi medianoche. En la Casa de la Libertad se habían instalado literas para pasar la noche. En un largo mostrador, media docena de personas estaban pintando las pancartas que exhibiría el piquete por la mañana.

Era la una de la madrugada y algunos no teníamos sueño. Yo debía compartir una litera con otro blanco del SNCC de nombre Mendy Samstein. Nos conocíamos de Atlanta, donde él había enseñado durante breve tiempo en Morehouse tras acabarse de licenciar en la universidad de Chicago, que después abandonó para trabajar con el SNCC. Habíamos coincidido en una curiosa sentada de la que años más tarde nos reiríamos: junto con dos amigos negros habíamos hecho una sentada en Leb's, una charcutería suiza del centro de Atlanta el día de la Pascua judía.

Pero resultó que nos encontramos con que alguien ya estaba roncando en nuestra litera. Se nos juntaron otros dos: Osear Chase, licenciado en derecho por la facultad de Yale, pero que estaba trabajando en el SNCC (con los años sería profesor de derecho en la universidad de Nueva York) y Avery Williams, que todavía conservaba las cicatrices en las piernas provocadas por las aguijadas que le habían aplicado en Selma. Alguien nos tendió un trozo de papel con una dirección. A las tres de la madrugada llamamos, no sin ciertos titubeos, a la puerta de una casa que estaba totalmente a oscuras. Acudió a abrirnos la puerta un hombre en pijama que nos recibió con una amplia sonrisa.

—¡Pasad! —nos invitó.

Y a través de la oscuridad, dirigiéndose a su dormitorio, gritó:

—¡Mira, cariño! ¿A qué no sabes quién está aquí?

Se encendieron las luces y apareció su mujer.

—¿Os preparo algo, chicos? —preguntó.

Le dijimos que no y nos disculpamos por haberlos hecho levantar a aquellas horas. El hombre hizo un gesto con la mano.

—Bueno, ya faltaba poco para levantarme —dijo.

El hombre sacó a rastras un colchón.

—Ahí tenéis, dos pueden dormir en el colchón, otro en el sofá y aquí tenemos un catre pequeño para el otro.

Cuando me desperté ya estaba amaneciendo y, en la penumbra, observé a mis compañeros todavía dormidos. Entonces me di cuenta de lo que me había despertado. Al principio creí estar soñando, pero no, estaba despierto y seguía oyendo aquella voz de mujer, clara y penetrante, que entonaba en voz baja las palabras.

Pensé que tal vez la voz viniera de fuera, pero al poco rato pude comprobar que salía del dormitorio. El hombre había ido a trabajar, pero su esposa seguía en su cuarto salmodiando una oración:

—¡Oh, Señor Dios! ¡Haz que todo vaya bien, Jesús!… ¡Haz que vean las cosas claras, Jesús!… ¡Demuéstranos tu amor, Jesús!… ¡Hace tanto tiempo que dura, Jesús!… ¡Oh, Señor! ¡Oh, Jesús!…

Avery se despertó. Se oía una radio con música de baile a todo volumen. En la cocina se encendió una luz. Mientras nos vestíamos, miré a través de la puerta del cuarto del matrimonio, que estaba abierta, y vi que la cama estaba sin colchón. Nos habían cedido su colchón.

La mujer nos preparó un desayuno fastuoso: huevos y puré de maíz, tocino, bollos calientes y café. Nos dijo que su marido salía de casa todas las mañanas temprano porque trabajaba en las pesquerías del golfo. A ella no tardaría en venir a recogerla un camión para trasladarla a su trabajo. Era camarera. Cuando ya nos disponíamos a salir, Avery Williams echó una ojeada a la calle y exclamó:

—¡Está lloviendo!

Cuando llegamos al palacio de justicia del condado ya estaba formado el piquete. Había dos hileras de policías a todo lo largo de la calle. Se arrimó al bordillo un coche policial con un altavoz en lo alto que lanzó un aviso: «Aquí el Departamento de Policía de Hattiesburg. Les rogamos que se dispersen. Despejen la acera». John Lewis y yo estábamos en la acera de enfrente, delante de Sears Roebuck. Nadie hizo intento de marchar. Acababan de llegar unos cincuenta negros más para sumarse al piquete.

La gente que se disponía a registrarse formaba una cola que recorría la escalera hasta la puerta encristalada de la entrada, custodiada por un *sheriff*. El Departamento de Justicia había emitido un mandamiento contra la discriminación de los encargados del registro. Era lo máximo que se conseguiría. El encargado del registro tuvo que ceder... un mínimo. Entraban cuatro personas por hora, el resto de la cola tenía que esperar en la calle bajo la lluvia. A las doce del mediodía se habían rellenado doce solicitudes.

A las diez de la mañana la llovizna se convirtió en chaparrón. Jim Forman estaba en el lado de la calle de la puerta de cristales del palacio de justicia. Llevaba el cuello de la camisa abierto debajo de la gabardina, sostenía la pipa con la mano derecha y gesticulaba con la izquierda, hombres y mujeres negros se apelotonaban a su alrededor. Estaba pidiendo al *sheriff* que dejaran entrar a la gente de la cola para resguardarse de la lluvia.

Alguien dijo que acababan de detener a Bob Moses. Lo acusaban de estar de pie en la acera delante del palacio de justicia y de negar a marcharse.

La hilera de los que formaban el piquete se mantuvo durante toda la tarde. Vi la figura peculiar de la señora Hamer, moviéndose de aquí para allá con su característica cojera y empuñando un cartel. La lluvia le resbalaba por la cara, que tenía vuelta hacia arriba, como si dirigiese la canción al cielo: «¿De qué lado estás tú?». Un rato después, cogí yo el cartel y me dediqué a pasear a lo largo de la cola mientras ella descansaba sentada en los peldaños.

Más adelante, durante el verano de 1964, la señora Hamer apelaría a la Convención del Partido Democrático de la Ciudad de Atlanta junto con otros ciudadanos negros de Mississippi para pedir a los gerifaltes demócratas la entrada de representantes negros en la delegación de blancos de Mississippi. La señora Hamer apareció en la televisión y conmovió a la nación entera con su indignación… aunque no a los demócratas.

—¡Estoy harta y cansada de estar harta y cansada! —dijo.

Poco después me visitaría en Boston, camino de una audiencia con el cardenal Cushing, previamente instruida para dirigirse a aquella personalidad llamándolo «Su Eminencia»; me dijo riendo que tenía miedo de equivocarse y de llamarlo «Su Enemigo».

A las cinco de la tarde finalizó la misión del piquete delante del palacio de justicia de Hattiesburg. Había sido una victoria: no se habían practicado detenciones ni había habido palizas.

Circuló otra noticia. Oscar Chase había sido detenido. Había pegado un topetazo con su coche a un camión aparcado sin que se produjeran lesiones de ningún tipo. Pero esto no importaba, se lo llevaron igual a la cárcel «por haber abandonado el lugar del accidente».

Aquella noche dormí en la Casa de la Libertad. Por la mañana vino alguien a decir que había telefoneado Oscar Chase desde la cárcel. La noche anterior le habían pegado una paliza y quería que lo sacasen con fianza. Fui con dos de los sacerdotes visitantes para ver de conseguirlo.

Cuando entramos en la cárcel, pocos minutos antes de las ocho, oímos gruñir y ladrar a los perros policías encerrados en las perreras. Entregamos el dinero de la fianza.

Al cabo de un momento vimos a Oscar que se acercaba por el pasillo. No iba escoltado. Unos minutos antes el pasillo estaba lleno de policías, pero en aquel momento no se veía un alma. Oscar llevaba sus ajados pantalones de pana, sus botas viejas, terrones de barro pegados a la ropa. Su camisa de trabajo de color azul estaba salpicada de sangre y la camiseta que llevaba debajo estaba manchada de rojo. El lado derecho de su cara estaba muy hinchado. Daba la impresión de que tenía la nariz fracturada. Tenía un coágulo de sangre seca sobre el ojo. Nos contó lo que había ocurrido. Habían encerrado en su celda a un prisionero que estaba muy agitado, profundamente afectado por la manifestación del palacio de justicia. Había sido paracaidista durante la Segunda Guerra Mundial y dijo a Oscar que «antes mataría a uno de esos que quieren a los negros que a un nazi o a un japonés». Lo primero que hizo fue aplastarle un cigarrillo en la cara y decirle que le quemaría los ojos. Oscar llamó al funcionario y le pidió que sacaran a aquel hombre de la celda, pero el exparacaidista le preguntó si Oscar era «uno de esos que quieren a los negros», a lo que el funcionario asintió con la cabeza. Acto seguido Oscar se encontró tendido en el suelo. Había estado inconsciente, cuando volvió en sí le estaban pegando puntapiés, estaba sangrando. Llegó la policía, que sacó al exparacaidista de la celda. Oscar llamó entonces por teléfono.

Conseguimos llevarlo a uno de los dos médicos negros que había en la ciudad, pero primero yo y dos abogados quisimos que el FBI viera el estado en que se encontraba. Esperamos los cuatro en la oficina del FBI hasta que salió el agente que debía interrogarlo, que tomó nota de los detalles relativos a la paliza. Los dos abogados iban impecablemente vestidos: John Pratt, abogado del Consejo Nacional de las Iglesias, era alto, rubio, esbelto y llevaba un traje oscuro a rayas finas; Robert Lunney, del Comité Legal de Derechos Civiles, tenía el cabello oscuro perfectamente cortado y vestía como corresponde a un abogado que trabaja para un gabinete importante de Wall Street. Yo no estaba a su altura (la lluvia del día anterior me había borrado la raya del pantalón), pero me acababa de afeitar y mi aspecto no era totalmente deleznable.

Oscar estaba sentado junto a nosotros tal como lo habíamos visto al salir de su celda, con el rostro hinchado y la ropa manchada de sangre. El agente del FBI salió del interior de su despacho y cerró la puerta tras él. Después de observarnos a los cuatro con mirada profesional, hizo la siguiente pregunta:

—¿A cuál de ustedes han pegado?

A las cuatro de la tarde se reunió el Tribunal Municipal de Hattiesburg para ocuparse del caso de Robert Moses, sometido a juicio por haber obstruido la circulación al persistir en permanecer en la acera y negarse a moverse pese a que un policía le había ordenado que la desalojara. Habíamos decidido de antemano que nosotros nos «integraríamos» al palacio de justicia, si bien todos los intentos previos fueron saludados con detenciones. Tomé asiento en el lado «de color» junto con otros blancos, mientras que un número igual de negros se sentaban en el lado «blanco». Junto a la pared había nueve agentes de policía.

El juez hizo entrada en la sala y todos los presentes se pusieron de pie. Para sorpresa de los circunstantes, era una mujer, Mildred W. Norris, una dama afable que con una sonrisa posó para los fotógrafos al acercarse al estrado y seguidamente hizo un gesto al público para indicar que tomasen asiento. Dirigiendo una amable sonrisa a los asistentes, hizo una breve pausa y después, con voz suave, dijo:

—Que los agentes tengan la bondad de segregar la sala.

Todo el mundo guardó silencio. Los guardias se nos acercaron. La juez continuó:

—Les ruego que se coloquen en el lado de la sala que les corresponde o que abandonen la misma. En caso de no obedecer, demostrarán que desprecian las normas del tribunal y serán detenidos.

No se movió nadie. Loa agentes se acercaron un poco más.

Al ver que se me acercaba uno de los guardias, levanté la mano. El hombre se paró y, no sin un cierto titubeo, preguntó:

—¿Quiere manifestar algo?

—Sí —le repliqué.

Entonces intervino la juez:

—Está autorizado a hablar. Me puse de pie y dije:

—Señoría, el Tribunal Supremo de Estados Unidos ha dictaminado que es inconstitucional la segregación en los palacios de justicia. ¿Cumple usted esta norma?

Se oyó un murmullo en la sala. La juez vaciló un momento. John Pratt, abogado del movimiento, solicitó una interrupción de unos minutos y la juez se la concedió.

Durante la pausa nadie cambió de asiento. La juez volvió a reunir al tribunal y la sala quedó sumida en el más absoluto silencio.

La juez observó la situación, dirigió una mirada a los agentes que volvían a estar junto a la pared y dijo:

—Aquí en Mississippi tenemos un estilo de vida propio que mantenemos desde hace centenares de años y yo obedezco las leyes de Mississippi. Les he pedido que observasen la segregación o que abandonasen la sala, ya que de lo contrario serían detenidos. Habríamos estimado que obedecieran el ruego —hizo una pausa— pero, puesto que no lo han hecho, les dejaremos permanecer en sus sitios siempre que no ocasionen disturbios.

Nos quedamos atónitos. Se inició el juicio: *John Quincy Adams versus Robert Moses*. (Adams era el oficial que había practicado la detención de Moses, el caso acabó siendo denominado Adams versus Moses). Tres policías manifestaron en sus declaraciones que Moses había obstruido el tráfico pedestre por haber insistido en permanecer en la acera. A lo largo del interrogatorio John Quincy Adams admitió que ningún peatón se había lamentado de que la acera estuviera obstruida y que él no había visto que se impidiera el paso a nadie.

En la sala hacía un calor sofocante, la juez se abanicaba con un letrero de cartón que estaba sobre la mesa y que resultó ser uno de los carteles exhibidos en la manifestación, un letrero del piquete que demandaba con grandes letras: «LIBERTAD AHORA».

Bob Moses subió al estrado para someterse al interrogatorio de un feroz abogado. Bob Moses contestaba con voz tranquila, imperturbable, señalando pacientemente una vez y otra al abogado las interpretaciones erróneas que hacía de sus respuestas y parpadeando de cuando en cuando debido al resplandor de las luces de la sala, pero mirando muy serio y con aire decidido a la persona que lo interrogaba.

Al terminar las declaraciones del día, la juez dictaminó que Moses era culpable y lo condenó a una multa de doscientos dólares y a sesenta días de cárcel, por lo que el agente John Quincy Adams volvió a acompañarlo a su celda.

(Cuando las aguas del movimiento volvieron a su cauce, Bob Moses fue a Tanzania unos años con otra veterana de las luchas de

Mississippi, Janet Lamott, y en África hizo de maestro y nacieron sus cuatro hijos. Después volvió a Harvard para estudiar filosofía oriental y participar en la organización de nuevos métodos de enseñar matemáticas a los niños pobres de todo el país).

Moses salió a los pocos días de la cárcel bajo fianza y, junto con el SNCC y otras organizaciones de derechos civiles, se lanzó a hacer planes para el gran Verano de la Libertad en Mississippi en colaboración con mil estudiantes llegados para ayudar en las tareas de registro de votantes y otras cuestiones. Por vez primera desde la Reconstrucción, un grupo de negros de Mississippi se anunciaron como candidatos al Congreso. Entre ellos estaba la señora Fannie Lou Hamer, de Ruleville.

Aquel Verano de la Libertad, Roz y yo volvimos a Mississippi, donde ella colaboró en el trabajo de oficina de Jackson. Yo era uno de los muchos maestros que enseñaban en las Escuelas de la Libertad, donde dos mil jóvenes negros, reunidos en sótanos de iglesias de todo Mississippi, vivieron la extraordinaria anticipación de un experimento de educación democrática. También tuvieron ocasión de leer y escribir poemas y cuentos, componer y representar dramas y musicales, interpretar psicodramas ilustrativos de casos de racismo, dialogar sobre el Proyecto de Ley de Derechos y dedicar una mañana entera a la palabra «escéptico». Las Escuelas de la Libertad fueron un momentáneo atisbo de una nueva forma de educación, no ya solo de Mississippi, sino de todo el país.

Fue un verano de violencia. En la ciudad de Filadelfia, Neshoba County, fueron detenidos tres militantes de la lucha por los derechos civiles, dos blancos y uno negro. Los soltaron por la noche, pero los siguieron y los mataron a tiros. Todavía no se habían localizado sus cuerpos cuando un grupo de los nuestros, obedeciendo un impulso ciego, nos dirigimos a la Feria del Condado de Neshoba. Juzgado el hecho globalmente, fue una experiencia alucinante. En un momento determinado nos encontramos a pocos metros del *sheriff* y de su delegado; estábamos seguros de que ambos habían participado en la desaparición de los tres hombres.

Fue un verano después del cual Mississippi ya no volvería a ser nunca como antes, pese a que la victoria final sobre la pobreza y el racismo estaba aún muy lejos, demasiado lejos. Fue un verano ejemplar tanto para los negros como para los blancos, tanto para los que militaban en el movimiento como para los que estaban fuera del mismo. La vida de muchos cambió por completo.

Veinticinco años después, la segregación oficial, por fin, ha desaparecido. Y la segregación no oficial es combatida en todos los frentes. Pero el racismo, la pobreza y la brutalidad de la policía siguen siendo realidades vigentes en la vida de los negros de Estados Unidos.

Una realidad que se hizo patente incluso en los años sesenta, periodo en el que estallaron repetidas revueltas en muchos guetos negros del país, precisamente el mismo periodo en que se aprobaban las leyes referentes a los derechos civiles. Se puso de relieve en los años noventa, en ocasión de la paliza que propinó la policía a un negro desarmado cuya situación laboral era la de parado: Rodney King, de Los Angeles. El lance se grabó en vídeo y pudo contemplarlo todo el país. Cuando la población negra de la ciudad protagonizó un estallido de indignación, quedó claro que la causa más profunda, por encima de la brutalidad policial, era la pobreza generalizada y la indiferencia de la nación.

Lo conseguido por el movimiento fue un hecho histórico, pero no tardó mucho en estrellarse contra obstáculos mucho más formidables que las enseñas y símbolos esgrimidos por la segregación racial. El primero, un sistema económico que, si por un lado recompensa con esplendidez a algunos y da a otros lo suficiente para ganarse su lealtad, por otro condena a una parte sustancial de la población a una situación de miseria que se perpetúa de generación en generación. Y perpetúa al mismo tiempo una ideología nacional impregnada históricamente de racismo que conduce de forma inevitable a que aquellos que no son blancos se conviertan en el contingente más numeroso de pobres a perpetuidad.

Y el resultado fue que el movimiento por los derechos civiles que se levantó contra esos obstáculos, pese a ser tan valiente y a que sus líderes sabían abarcar con la mirada lejanos horizontes (tanto Martin Luther king Jr. como Malcolm X entendieron que la profundidad del problema rebasaba el hecho de la segregación), a la hora de la verdad se comprobó que estaba falto de preparación.

Lo que demostró el movimiento, sin embargo, fue que aun cuando a las personas puedan faltarles aquellos atributos que normalmente acompañan al poder —dinero, autoridad política, fuerza física—, como fue el caso de los negros del Sur Profundo, la indignación acumulada, el coraje y la inspiración que surgen de una causa compartida por muchos que dedican mente y cuerpo a la misma, acaba creando una fuerza que puede salir vencedora. Se trata de un fenómeno que la historia de los movimientos populares que se levantan en todo el mundo frente a la injusticia ha registrado una vez y otra.

No hay signos de la existencia de tal movimiento a principios de los años noventa. Pero la necesidad del mismo es clara y los ingredientes que lo componen están al alcance, a la espera de que se recurra a ellos. Hay una nueva generación de jóvenes militantes negros, dotados de una energía enorme, que con demasiada frecuencia se desaprovecha o incluso desperdicia pero que podría movilizarse si se diera el momento y las condiciones precisas. Son millones los seres humanos, blancos y no blancos, que cada vez sienten mayor impaciencia al ver que el gobierno, por mucha diligencia que ellos pongan en su actividad, no les ofrece una seguridad laboral, una vivienda digna, unas atenciones sanitarias y educativas justas.

Pero por lo menos el movimiento ha conseguido poner algo en marcha. Un aspecto de la vida nacional en particular ha demostrado que se había producido un cambio: la cultura. Algunos que se mueven en los campos de la música, el cine y los deportes se han convertido, a pesar del antagonismo racial que pueda rodearlos, en pioneros de la convivencia racial. Ese cambio cultural, tan opuesto a los resentimientos íntimos que anidan en la ciudad, tal vez prepare el camino hacia el arcoíris de una coalición que conseguirá desafiar el sistema político y económico.

En qué momento ocurrirá es algo que no se sabe. Tampoco se sabe si ocurrirá. Pero no creer en la posibilidad de que pueda producirse un cambio espectacular sería olvidar que han cambiado algunas cosas, por supuesto no las suficientes, pero sí bastantes para demostrar que el cambio es posible. La historia ya nos ha sorprendido otras veces. Quizá vuelva a sorprendernos. Es más, tal vez seamos nosotros los que sorprendamos a los demás.

La recompensa que reserva la participación en un movimiento que aspira a la justicia social no es la perspectiva de una futura victoria. Es la inmensa satisfacción de unirse a otras personas, de correr riesgos todos juntos, de disfrutar de pequeños triunfos y de sobrellevar fracasos que podrían ser desalentadores... pero juntos.

Cuando ahora asisto a reuniones del SNCC y, juntos, cantamos y rememoramos algunos de los hechos ocurridos, todos decimos lo mismo, cada uno a su manera: que aquellos días que vivimos en el sur militando en el movimiento fueron días terribles, pero también los más grandiosos de nuestra vida.

PARTE SEGUNDA
LA GUERRA

7. UN VETERANO DE LA GUERRA CONTRA LA GUERRA

Me alisté en el ejército del Aire a principios de 1943. Tenía veinte años y estaba ávido de pelear contra los nazis. Habría podido quedarme en los astilleros de la Marina de Brooklyn, donde había trabajado tres años y donde la construcción de barcos y de buques de transporte y desembarco nos eximía del servicio militar, pero no podía permanecer al margen de una guerra contra el fascismo. Veía aquella guerra como una noble cruzada contra el concepto de la superioridad racial, el militarismo, el nacionalismo fanático y el expansionismo.

Sin decírselo a mis padres (ellos estaban a favor de la guerra, pero uno de mis hermanos ya estaba en el ejército y se encontraba en el otro lado del mar, razón por la cual mis padres querían que yo me quedase en el país), solicité el ingreso en las Fuerzas Aéreas. Pasé con éxito todas las pruebas que me permitirían ser cadete de aviación. Jugaba entonces a baloncesto y estaba en buena forma física, era delgado (más que delgado, yo me veía flaco, pero a los militares no pareció importarles), tenía una vista perfecta y los exámenes escritos no fueron ningún problema. Seguidamente me puse en contacto con la junta de reclutamiento local y me acogí a un programa llamado de «incorporación voluntaria» porque creía que me facilitaría el permiso de incorporación militar. Para asegurarme de que se cursaría, pedí al empleado de la junta que me dejara echar la carta al correo y yo mismo la deposité en el buzón delante de la oficina.

Antes de ser oficialmente cadete de aviación, debía pasar por una formación básica obligatoria en infantería que duraba cuatro meses y que debía realizar en los cuarteles Jefferson Barracks, Missouri. Constaba de marchas forzadas con los pertrechos y equipo de campaña, numerosos ejercicios gimnásticos, entrenamiento con armas de fuego, fusiles, carabinas y metralletas y aprender a distinguir los olores de los gases venenosos. Después me trasladaron a un aeródromo situado en las afueras de Burlington, Vermont, donde aprendí a pilotar un Piper Cub (ridículo avión de juguete, no me parecía apto para pilotado en serio). Y a continuación me mandaron a Nashville para determinar, a través de unos exámenes, qué puesto era el más idóneo para mí, si el de piloto, el de navegador o el de bombardero.

Sabía que mis ejercicios con el Piper Cub habían sido pésimos. Mi instructor era la caricatura del instructor arrogante y fanfarrón cuya admonición didáctica favorita consistía en gritarme: «¿Quieres sacar de una vez la cabeza del culo?». (Debo admitir, sin embargo, que estuve varias veces a punto de matarlo aprendiendo a salir de una caída en barrena). Salí airoso de las pruebas de matemáticas, lo que me calificaba para navegador, y también de las pruebas de coordinación de reflejos, requisito necesario para los bombarderos, por lo que no me sorprendió lo más mínimo cuando me clasificaron como bombardero pero me pusieron también en reserva con vistas a formarme como navegador. Después nos metieron a todos en un tren militar con destino a un lugar de Santa Ana, California, donde nos prepararían para emprender el vuelo.

Después de Santa Ana pasé seis semanas en una escuela de artillería en las afueras de Las Vegas aprendiendo a desarmar y a volver a montar con los ojos vendados una ametralladora del calibre cincuenta, disparando contra platos como si fueran aviones enemigos «principales» y volando después sobre ametralladoras del desierto apuntando a diversos blancos. Por la noche, después de todo aquello (las películas no reproducen el estampido de los disparos ni el mal olor de las armas ni el golpe del culatazo en el hombro cuando disparas), nos relajábamos en Las Vegas, donde nos jugábamos la magra paga que recibíamos y disfrutábamos del grato sonido de los dados y de la ruleta al girar. A continuación, pasé cuatro meses en la población enclavada en el desierto de Deming, Nuevo México, aprendiendo todo lo que había que aprender sobre el secretísimo sistema de bombardeo Norden, teoría y práctica. Volábamos a diferentes alturas y lanzábamos las bombas sobre cabañas instaladas en el desierto. (Sin que supiéramos por qué, en el mapa había dos rectángulos, junto a las ciudades de Alamogordo y Los Alamos, que teníamos que evitar). Conseguí un buen resultado, ya que mi EC (error circular, estimado en número de pies de distancia del blanco) fue bajo y salí de la escuela de bombardeo con los galones dorados de subteniente en el hombro y las alas de bombardero prendidas en el pecho. Me dieron entonces mi primer permiso desde la incorporación: once días para disfrutarlos con mi familia antes de iniciar mis actividades en ultramar. Me subí, pues, al tren que hacía el larguísimo trayecto desde El Paso a Nueva York.

Lo primero que hice después de saludar a mis padres fue ir a ver a la chica con la que me había estado escribiendo y a la que hacía un año y medio que no veía. Los dos habíamos vivido en el mismo barrio de Brooklyn, vecindario mísero pero lleno de vida, si bien no nos conocimos hasta 1942 en ocasión de que un jugador de baloncesto amigo mío que estaba entonces en el ejército me pidiera que me encargase de llevar algunos de sus trofeos a una chica que le gustaba, lo que él no acertaba a hacer personalmente por ser muy tímido. La chica se llamaba Roslyn Schechter. Tras localizar la calle, el piso y la chica, cumplí con el encargo de mi amigo. La muchacha estaba terminando de fregar el suelo de la cocina y, como sus padres estaban en casa, me sugirió que saliésemos a dar un paseo.

Dimos una vuelta a la manzana. La chica tenía una larga cabellera de un color entre caoba y rubio, ojos azules y los rasgos de una beldad rusa. Descubrimos que teníamos muchos temas de que hablar y que los dos éramos aficionados a la lectura. Yo entonces estaba leyendo Marx, Engels y Upton Sinclair, ella leía Dostoyevski y Tolstoi. Comprobamos que compartíamos una misma visión del mundo, la guerra, el fascismo y el socialismo. Dimos bastantes vueltas a la manzana, que me sirvieron para ver que, en realidad, yo no traicionaba a mi amigo porque ella no lo tenía en sus pensamientos.

Unas semanas más tarde invité a Roz a dar un paseo marítimo a la luz de la luna organizado para los jóvenes que trabajaban en los astilleros de la Marina en Brooklyn. Roz lucía con mucha gracia un vestido de algodón que le había hecho su madre. Yo lucía con mala pata una camisa deportiva de color azul, que también me había confeccionado mi madre, y una chaqueta de color mostaza que los dos hemos catalogado en la memoria como ligeramente repulsiva. Pero el cielo estaba constelado de estrellas, la noche era romántica y cuando, pasada la medianoche, se terminó el paseo por el mar, como ninguno de los dos tenía ganas de volver a casa, decidimos ir a jugar a bolos.

La acompañé a su casa alrededor de las cuatro de la madrugada. Su padre la estaba esperando bastante indignado. Aquel hombre no aceptaba que un trabajador del puerto de veinte años y con opiniones políticas radicales fuera el novio apropiado para aquella princesa que era su hija.

Roz y yo salimos unas cuantas veces más, pero a mí me daba la impresión de que yo solo era un chico más en su vida. O sea que cuando, a principios de 1943, me incorporé a las Fuerzas Aéreas, no se puede decir que fuéramos lo que se dice «novios». Sin embargo, yo me sentí muy solo y no podía apartarla de mis pensamientos. Opté, pues, por escribirle una larga carta hablándole de mis andanzas militares. Esperando obtener respuesta, acudía día tras día a la sesión de distribución de la correspondencia, lo que suponía una larga espera antes de llegar a la Z. Pero no hubo carta. Pasaron los meses y, con el alma en los pies, decidí que la chica no quería que me hiciera ilusiones. Como yo sabía que había otros, comencé a devanarme los sesos y a pensar qué podía haber ocurrido en mi ausencia. Pese a todo, le escribí por segunda vez. La respuesta no se hizo esperar. Dijo que no había recibido mi carta anterior. (¿La interceptaron, quizá, sus padres? No lo hemos sabido nunca).

Comenzamos a escribirnos cada vez con más frecuencia. El tono de las cartas fue haciéndose más íntimo. Un día me mandó una foto en la que estaba arrebatadora y la coloqué junto a mi litera. Aunque no lo decía explícitamente, ahora podía vanagloriarme de tener novia.

En los dieciséis meses que duró nuestra correspondencia no hablamos ni una sola vez de matrimonio pero, cuando volví a casa con un permiso de once días tras haber conseguido las alas, en un momento de aquella noche, la primera que pasábamos juntos, algo cegados por la pasión, decidimos casarnos. Cuatro días después, yo de uniforme y Roz vestida con falda y jersey y en presencia de nuestros padres y hermanos, reunidos aprisa y corriendo y un poco desorientados, contrajimos matrimonio en casa de un rabino pelirrojo, espiados por sus nueve hijos que atisbaban desde la escalera. Después de una «luna de miel» en un hotel barato de Manhattan, salí hacia Rapid City, Dakota del Sur, para incorporarme a mi dotación.

Ya estaba en marcha la invasión aliada de Europa —el Día D— y yo sentía tal ansia de entrar en combate que, en el curso de los meses siguientes, intercambié mi puesto con otros bombarderos para conseguir que me incluyeran en la breve lista de los que debían trasladarse a ultramar. Roz, tan antifascista como yo, aprobaba mi actitud. (Años más tarde, un día me preguntaría: ¿estábamos locos?).

En Rapid City, todos los de mi dotación pasamos varias semanas aprendiendo a trabajar juntos, volando en el avión que utilizaríamos en el combate, el B-17 Flying Fortress, con cuatro motores, una torre giratoria para disparar debajo, otra torre para la ametralladora encima, un artillero de cola, un radiotelegrafista, un ingeniero y, asomando delante y debajo del piloto y el copiloto, el terriblemente vulnerable morro de plexiglás que yo compartía con el navegador y que albergaba el visor de bombardeo además de cuatro ametralladoras de calibre cincuenta.

Roz se trasladó en tren a Rapid City y, en el ambiente frío y limpio del invierno de Dakota del Sur, con el monte Rushmore a la vista y a muy poca distancia de las colinas Deadwood y Black Hills, pasamos nuestra verdadera luna de miel. Otros tres miembros de la tripulación recibieron también la visita de sus mujeres. Tal vez aquella sería la última vez que estarían juntos. Se creó una gran intimidad. Cuando los vuelos eran nocturnos, nuestras mujeres se reunían en una de las cabañas y preparaban espagueti. Terminado el «bombardeo» y de regreso a la base, pasábamos zumbando sobre la cabaña para avisarlas de que no tardaríamos en llegar y de que pronto cenaríamos juntos.

Pero nuestras mujeres regresaron a casa y nosotros embarcamos en el Queen Mary con destino a Inglaterra, dieciséis mil soldados metidos en un trasatlántico de lujo. Nos dijeron que el barco era más veloz que los submarinos alemanes, pero no lo creímos.

Los oficiales de a bordo estábamos encargados de la supervisión, a mí me correspondía «mantener el orden» en el inmenso y desordenado vestíbulo donde los soldados hacían cuatro turnos para las dos comidas diarias. Los cuatro mil soldados negros que iban a bordo y que dormían en las profundidades del barco, junto a la sala de máquinas, eran los últimos en comer.

(Por absurdo que parezca, el procedimiento es tan típico de los blancos de este país, que yo no había advertido la ausencia de negros en las sesiones de entrenamiento básico que hacíamos en los cuarteles de Jefferson hasta el día en que, al recorrer la base, me encontré en un ambiente donde todos eran negros. Se me ha quedado grabada en la memoria la imagen de un grupo de soldados negros que se habían tomado un rato de descanso y que, congregados en un espacio de césped, cantaban: «¡No aprenderé a hacer guerras!». Me quedé de una pieza. Jamás les había oído aquella canción a los blancos).

El quinto día que estábamos en el mar se armó un barullo enorme debido a que el último turno irrumpió en el vestíbulo antes de que el anterior hubiera terminado de comer. De pronto aparecieron cuatro mil negros que fueron ocupando los puestos a medida que los otros iban terminando y saliendo. El lugar se convirtió súbitamente en un comedor de integración racial.

—¡Teniente! —me llamó un sargento blanco sentado junto a un negro—. ¡Que salga hasta que yo termine!

Aquella frase me sacó de mis casillas y, por vez primera en mi carrera militar, hice valer mi graduación y moví negativamente la cabeza.

—Si no quiere terminar la comida, haga como guste. ¿Para qué demonios se figura que hacemos esta guerra, sargento?

Como faltaba mucho para la comida siguiente, el sargento se quedó en su sitio y terminó de comer. Aquel incidente me enseñó una cosa que los años que más tarde pasé en el sur acabaron por reforzar: a la mayoría de racistas hay algo que les importa más que la segregación racial, el problema estriba en averiguar de qué se trata.

En aquella travesía del océano se hizo especialmente evidente el sistema clasista que imperaba entre los militares. Nuestro grupo, compuesto de nueve hombres, en el que había surgido una buena amistad —suprimidos los saludos, suprimido el «sí señor, no señor»—, quedó escindido así que estuvimos a bordo. Los cinco hombres de mi dotación comían en el enorme comedor la misma bazofia que se servía a los soldados, mientras que los oficiales lo hacíamos en lo que debió de ser el comedor de primera clase del Queen Mary y teníamos derecho a filetes y asados servidos en manteles de hilo por camareros con chaquetilla blanca debajo de magníficas arañas de cristal. No dejaba de ser curioso teniendo en cuenta que surcábamos unas aguas infestadas de submarinos e íbamos camino del escenario de la guerra.

Así que desembarcamos en Inglaterra, nos trasladaron a nuestra base aérea, que estaba en East Anglia, zona encarada a Holanda y Alemania. A continuación siguió la vida en un barracón quonset, durmiendo en sacos y con agua fría y la comida racionada, y después ya volamos en lo que iban a ser las últimas misiones de la guerra.

Se trató en su mayoría de empresas de escasa envergadura (sin avistamiento del enemigo y con poco ataque antiaéreo desde tierra).

Bombardeamos Berlín, Pilsen y otros lugares de Alemania, Hungría y Checoslovaquia. Pero el día que volamos a Regensberg, el informe de los servicios secretos indicó «ataque antiaéreo denso», queriendo señalar con ello que, a medida que el objetivo se iba acercando, el cielo se llenaba de tal cantidad de negros proyectiles que parecía imposible poder volar entre ellos y salir vivo de la empresa. Aquella mañana tuve que pelearme de forma vehemente con otro bombardero, que se había empeñado en que aquella misión le correspondía a él, pero yo insistí en que me correspondía a mí y al final me salí con la mía. Los dos estábamos locos por la guerra, deseosos de realizar el mayor número de misiones posible, sin comprender por lo visto que, cuanto mayor fuera el número de misiones en las que participásemos, más posibilidades teníamos de morir.

Hasta que realizamos una misión en la que aparecieron los primeros motores de reacción alemanes. Su velocidad era aterradora, en tres pasadas eliminaron de la escena a tres de nuestros doce aviones y desaparecieron después (eran los primeros aparatos de reacción y no podían mantenerse mucho tiempo en el aire).

Era evidente que la guerra tocaba a su fin, solo era cosa de días o semanas, hasta que una noche, a la una de la madrugada, nos arrancaron del sueño para comunicarnos que íbamos a encargarnos de otro bombardeo.

No era como en el cine, donde se ve a Robert Taylor que salta de la cama para meterse seguidamente en la cabina del avión y despegar de inmediato, sino que entre el despertar y el despegue transcurrió un intervalo de cinco horas, destinadas a informarnos: instrucciones para la tripulación, instrucciones para los oficiales, instrucciones para los bombarderos. Y después el desayuno a base de «huevos redondos» (huevos de veras, que en los días que salíamos en una de esas misiones podíamos consumir a voluntad, ya que los otros días comíamos «huevos cuadrados», huevos en polvo en forma de pan de molde). Y estaba también la cuestión del equipo: un traje térmico que funcionaba con electricidad, unas prendas de piel de oveja que había que ponerse encima por si fallaba la electricidad, máscara de oxígeno y micrófono laringófono, un traje de defensa antiaérea (prenda monstruosa de plomo, terriblemente pesada, que no nos poníamos porque nos negábamos a tomarnos tantas molestias para salvar el pellejo) y un casco de defensa antiaérea, también pesado y engorroso (que solo nos poníamos de vez en cuando). Y finalmente había que comprobar el visor de bombardeo, comprobar las ametralladoras, comprobar el funcionamiento del oxígeno, comprobar los paracaídas, comprobarlo todo.

El informador nos explicó en qué consistía aquella misión. Había que bombardear una pequeña ciudad llamada Royan, próxima a Burdeos, a orillas de la costa atlántica francesa. (Una vez terminada la guerra sabría que era una ciudad turística frecuentada por los propios franceses y que Picasso había nadado en sus aguas). Nos miramos. ¿Por qué Francia? Si nuestros ejércitos ya habían recorrido toda Francia y se habían adentrado en Alemania...

Siguió la explicación: había varios miles de alemanes refugiados en las proximidades de Royan a la espera de que terminase la guerra y teníamos que sacarlos de su agujero. Aquella vez no llevaríamos en el compartimento de las bombas la carga habitual de doce bombas de quinientas libras (una de las obligaciones del bombardero, así que el avión entraba en territorio enemigo, consistía en reptar en el interior del compartimento de las bombas y «armarlas», es decir, retirarles la clavija y hacerlas activas). Pero aquella vez, en lugar de bombas, en el compartimento correspondiente llevaríamos un material nuevo: treinta bidones de cien libras de «gelatina de gasolina», una materia incendiaria y pegajosa. Entonces no se utilizaba la palabra pero, mucho después de terminada la guerra, comprendí que fue una primera utilización del napalm.

Así pues, aniquilamos los soldados alemanes (¡mil doscientas Fortalezas Volantes para bombardear a unos miles de soldados alemanes!) y también a la población francesa de Royan. Después de la guerra tuve ocasión de leer un despacho del corresponsal del *New York Times* que enviaba reportajes de la zona en el que se leía: «Salieron trescientos cincuenta ciudadanos civiles arrastrándose entre las ruinas, ciegos y heridos. Decían que aquellos ataques aéreos eran "un infierno imposible de imaginar"».

Desde las alturas en las que volábamos —en torno a los ocho mil metros— no era posible distinguir personas. Allí no se las oía gritar, no veíamos correr la sangre, ni los miembros arrancados del cuerpo. Lo único que recuerdo era una llamarada que prendía de pronto, como la de una cerilla al encenderse, a medida que los bidones iban estrellándose uno tras otro al llegar al suelo. Allí, en el cielo, yo cumplía con «mi deber», la justificación de la historia que se da el guerrero para realizar sus atrocidades.

La guerra quedó terminada en tres semanas. Nadie se planteó ningún interrogante con respecto a aquella incursión de Royan, nadie se preguntó si había sido necesaria. Yo no me lo pregunté. Aquella mañana, en la sala donde se nos informó de la misión, ni por un momento se me habría ocurrido levantarme y preguntar: ¿Qué necesidad hay de matar más gente si la guerra ya está a punto de terminar?

En la última semana de guerra todavía participé en tres misiones aunque no para arrojar bombas. Esta vez el cargamento fue de comida, que debíamos lanzar sobre Amsterdam y Rotterdam, ya que los alemanes habían volado los diques, el país estaba inundado y la población se moría de hambre. Volábamos a cien metros de altitud, tres veces apenas la envergadura de las alas del aparato, en medio de una cierta tensión porque los alemanes habían amenazado con disparar contra los aviones que arrojaran comida y la altura a la que volábamos nos convertía en blancos muy asequibles.

Pero todo transcurrió felizmente y, volando sobre las ciudades, distinguíamos perfectamente las calles y los tejados de las casas, a los que se había subido la gente para saludarnos agitando los brazos. Una de las veces, cuando ya nos alejábamos de Amsterdam en el que sería nuestro último viaje, uno de la tripulación nos dijo a través del interfono:

—¡Mirad abajo!

En un campo de las afueras de la ciudad con miles y miles de tulipanes, habían formado unas letras enormes que decían: GRACIAS.

En un determinado momento de aquella guerra me sentí asaltado por ciertas dudas que ya habían empezado a minar mis pensamientos y que me llevaron a poner en entredicho la rectitud estricta de lo que estábamos haciendo. Hice amistad con un artillero de otro grupo con quien, en el páramo cultural en que nos encontrábamos, compartía ciertas afinidades. Los dos éramos buenos lectores y estábamos interesados en política. Un día me dijo de pronto:

—¿Sabes una cosa? Esta no es una guerra contra el fascismo, sino una guerra imperialista. ¿Qué son Inglaterra, Estados Unidos, la Unión Soviética? No son más que Estados corruptos, no les preocupa el hitlerismo en un sentido moral, lo que quieren es gobernar el mundo. Esta es una guerra imperialista.

—¿Por qué estás aquí, entonces?

—Para decírselo a gente como tú.

Me quedé estupefacto, me impresionó enormemente que arriesgase la vida volando en aquellas misiones solo para exponer a los soldados su visión política y convencerlos de sus puntos de vista. Dos semanas después de aquella conversación tomó parte en una misión sin regreso, ya que el avión en que volaba cayó derribado y, con él, desapareció toda la tripulación.

Aun cuando lo que me dijo entonces no me convenció al momento, me turbó y se me quedó grabado de forma indeleble. Mientras duró la guerra no me di cuenta del cambio que se estaba operando en mi mentalidad pero, así que hubo terminado y reuní mis pertenencias —algunas fotos, los diarios de vuelo y otros recuerdos, entre ellos mi Medalla del Aire y las condecoraciones con dos estrellas—, lo metí todo en una carpeta y, sin pensármelo dos veces, escribí sobre la misma estas dos palabras: NUNCA MÁS.

Una vez conseguida la victoria en Europa, el mismo Día de la Victoria, atravesé el Atlántico con toda mi tripulación en nuestro baqueteado B-17 («Belle of the Brawl»). Disponíamos de un permiso de treinta días antes de salir hacia el Pacífico, esta vez para bombardear Japón. Tomé un autobús con Roz para pasar un día juntos en el campo antes de que se me terminara el permiso cuando, al pasar por delante de un quiosco de periódicos, nos fijamos en un grupo de gente que, muy excitada, hacía comentarios delante de un montón de periódicos que acababan de llegar, en el primero de los cuales se leía con grandes titulares la noticia siguiente: SE HA ARROJADO UNA BOMBA ATÓMICA EN LA CIUDAD JAPONESA DE HIROSHIMA. SE ESPERA QUE SEA EL FINAL DE LA GUERRA.

Recuerdo perfectamente cuál fue nuestra reacción, la felicidad que sentimos. No sabíamos muy bien qué era una bomba atómica, nos figurábamos que solo era una bomba un poco más grande que las lanzadas hasta entonces. Aquello significaba que ya no tendría que ir al Pacífico, la guerra habría terminado y la victoria sobre el fascismo sería absoluta. Podría quedarme en casa para siempre.

No fue hasta que leí el informe escrito por John Hersey con posterioridad al hecho, titulado *Hiroshima*, cuando me enteré de la devastación que causamos en aquella ciudad y pude valorar lo que habíamos hecho en una ciudad habitada por población civil, una ciudad en la que vivían ancianos y niños que iban a la escuela. Fue entonces cuando dejé de ver a los japoneses como unos guerreros crueles y feroces y comencé a verlos como seres humanos. La sensación me llevó a equiparar la infausta «marcha de la muerte» de Bataan, aquella atrocidad japonesa, con aquella otra marcha de la muerte de Hiroshima, aunque esta vez la atrocidad la habíamos cometido nosotros y como consecuencia de ella unos ciudadanos civiles huían despavoridos, cegados, quemados, la carne colgando hecha jirones de su cuerpo, los ojos fuera de las órbitas, los miembros desgajados del tronco, presa de fulminante estupor, corriendo a través de las fantasmagóricas ruinas de la ciudad arrasada, bajo una llovizna de vapor radiactivo.

Cuando, en otoño de 1960, formé parte del Harvard Center dedicado a Estudios sobre el Este Asiático (con un permiso temporal del Spelman), tuve ocasión de hacer investigaciones sobre el lanzamiento de bombas atómicas y publiqué un artículo que titulé «Confusión de muerte y de documentos». La razón de peso esgrimida para justificar los bombardeos de Hiroshima y Nagasaki afirma que sirvieron para salvar las vidas de los muchos que habrían muerto sin remisión con la invasión del Japón. Sin embargo, el informe oficial del Análisis del Bombardeo Estratégico, para el que se interrogó después de la guerra a setecientos funcionarios japoneses, llegaba a la conclusión de que los japoneses estaban a punto de rendirse y que con toda seguridad habrían puesto fin a la guerra en diciembre de 1945 sin necesidad de que se arrojasen las bombas en Hiroshima y Nagasaki e incluso sin la invasión del Japón. Es más, como Estados Unidos se había introducido en los códigos japoneses, se sabía que Japón ya estaba a punto de rendirse.

¿Por qué se lanzaron, pues, aquellas bombas atómicas? Los estudios de un especialista americano, Gar Alperowitz, apuntan razones políticas: el deseo de superar a los rusos en la pugna por derrotar a Japón y de hacer una demostración de fuerza, ya que los rusos se disponían a entrar en aquel momento en la guerra del Pacífico.

Pero la experiencia que yo viví en Royan sirve para añadir algunas razones más: el poderoso ímpetu de una máquina militar, una máquina que revienta de energía; la renuencia a suspender un proyecto que ha exigido cantidades enormes de tiempo, dinero y talento; el ansia de hacer una demostración con un arma nueva; la fría indiferencia ante la vida humana que va gestándose a lo largo de una guerra; la aceptación de cualquier medio, por espantoso que sea, cuando se está en plena guerra y que se encubre diciendo que se trata de una causa noble.

En agosto de 1966, Roz y yo viajamos a Japón en respuesta a una invitación de un grupo pacifista japonés al objeto de establecer contacto con gente procedente de diferentes partes del mundo decidida a rememorar el lanzamiento de la bomba y luchar por la eliminación de las armas nucleares. Nos reunimos en Hiroshima, totalmente reconstruida salvo algunas ruinas dejadas ex profeso como testimonio de lo ocurrido.

Un día fuimos invitados a la «Casa de la Amistad», una especie de centro comunitario destinado a los supervivientes de la bomba. Esperábamos pronunciar unas palabras de saludo a las personas allí congregadas pero, cuando me correspondió hablar a mí, comencé a decir unas palabras antes de mirar a los hombres y mujeres sentados en el suelo, todos con los rostros vueltos hacia mí, unos sin piernas, otros sin brazos, algunos con las cuencas de los ojos vacías o con quemaduras horribles en los rostros y en los cuerpos, y de pronto me vi actuando como bombardero y sentí que me ahogaba. No pude continuar.

Un año más tarde, en el curso de un trayecto en coche desde París a la costa atlántica, Roz y yo visitamos la ciudad reconstruida de Royan, donde hablamos con los supervivientes del bombardeo y revisamos documentos. Descubrimos entonces otra razón más para aquella insensata carnicería: la necesidad, por parte de los militares tanto franceses como americanos, de apuntarse una victoria más antes de que finalizase la guerra.

Hiroshima y Royan constituyen elementos básicos del replanteamiento gradual que fui elaborando dentro de mí de algo que antes había aceptado sin ponerlo en tela de juicio: la moralidad absoluta de la guerra contra el fascismo. En los años sesenta leí con total fascinación *Trampa 22* de Joseph Heller y saboreé los alfilerazos de humor negro y consiguientes desgarrones en la farisaica arrogancia de los «chicos buenos» que lucharon contra Hitler. El loco pero a la vez sensato antihéroe de Heller, el bombardero Yossarian, advierte a un compañero suyo, aviador, que habla siempre del «enemigo» que «enemigo es todo aquel que tiene intención de matarte, independientemente del bando en que se encuentre». Yo sabía entonces que en repetidas ocasiones también nosotros habíamos bombardeado a gente de «nuestro bando», no ya solo a los franceses de Royan sino también a los checos de Pilsen y a los chinos de Hankow y Formosa. A principios de los años setenta, al escribir un libro titulado *Postwar America* (*La América posbélica*), quise con toda ironía poner al capítulo dedicado a la Segunda Guerra Mundial el título de: «La mejor de las guerras».

No ha habido en los tiempos modernos ninguna otra guerra que se haya aceptado universalmente como más justa que esta. El enemigo fascista era tan redomadamente malvado que impide la más mínima vacilación al respecto. Ellos eran los «malos» y nosotros los «buenos» y, una vez establecidas estas premisas no hacía falta reflexión alguna sobre lo que hacíamos. Pero para entonces yo ya había cobrado conciencia, tanto a través de mis reflexiones sobre mis vivencias de la guerra como a través de mis lecturas de temas de historia, de que la atmósfera de guerra hace que un bando acabe confundiéndose con el otro.

Se trataba de una actitud que se remontaba a los griegos: la guerra del Peloponeso, según la describe Tucídides en el siglo quinto antes de Cristo. Atenas, «la cuna de la democracia», el remanso donde floreció un arte y una literatura magníficos, era la «buena». Esparta, la totalitaria, la inflexible, era la «mala». Pero a medida que avanzaba la guerra, los atenienses cometían atrocidades cada vez mayores, entre ellas carnicerías masivas y la esclavización de mujeres y niños.

Durante la Segunda Guerra Mundial, nosotros —Estados Unidos, Francia, Inglaterra, el «mundo civilizado»— proclamamos el horror que nos producían los nuevos fenómenos que había traído consigo la moderna guerra aérea, el bombardeo indiscriminado de la población civil de las ciudades. El bombardeo japonés de Shanghái, el bombardeo italiano de los inermes africanos de Etiopía, las bombas arrojadas en Madrid durante la guerra civil española, los bombardeos alemanes de Coventry y Rotterdam. ¡Pero claro, qué otra cosa se podía esperar de los fascistas!

Pero hete aquí que vino la guerra y nosotros hicimos lo mismo, lo mismo pero a mucha mayor escala. Royan es un suceso de poca monta. El bombardeo de Dresde por obra de aviones británicos y americanos (del que se ocupa Kurt Vonnegut, a su extraña manera, en su inolvidable *Matadero 5*) acabó con la vida de un mínimo de treinta y cinco mil o, quizá, cien mil personas. Las bombas incendiarias absorbieron el oxígeno de la ciudad y desataron unos vientos huracanados que propagaron las llamas a través de las calles y provocaron un fenómeno conocido con el nombre de tempestad de fuego.

El bombardeo de los barrios obreros de las ciudades alemanas —el tributo de quizá medio millón de muertos— fue una política deliberada de Winston Churchill y asesores que contó con la aprobación del alto mando americano y que estaba destinada a minar la moral de la nación alemana.

Cuanto más leo, cuanto más pienso en la Segunda Guerra Mundial, más convencido estoy de que la atmósfera de la guerra embrutece a todo aquel que se involucra en ella y engendra un fanatismo en que el factor moral original (que sin duda existía en la Segunda Guerra Mundial y que estribaba en la oposición a la implacable tiranía, a la agresión brutal) queda enterrado bajo la montaña de atrocidades cometidas por ambas partes.

En los años sesenta, se vino abajo mi antigua fe en la «guerra justa». Llegué a la conclusión de que, aunque sea verdad que la libertad y los derechos humanos tienen muchos enemigos declarados en el mundo, no hay ningún enemigo tan agresivo como la guerra. Y, aunque existan sociedades con motivos para vanagloriarse de ser más liberales, democráticas y humanas que otras, la diferencia que las separa no es tan grande que justifique la carnicería masiva e indiscriminada de la guerra moderna.

¿Por qué no se estudian los verdaderos móviles de los gobiernos? Según ellos, el móvil de todas sus guerras es la lucha por la democracia y la libertad, dicen que ellos se oponen a la agresión. ¿No será esta una manera cómoda de movilizar a la población para inclinarla a la guerra, procedimiento necesario porque las personas, por instinto, no desean la guerra? Por eso me encantan aquellos versos de E. E. Cummings que dicen:

canto a Olaf, feliz y grande,
cuyo amante corazón se encogía ante la guerra:
fue un objetor de conciencia

La evidencia era flagrante: las potencias aliadas —Estados Unidos, Inglaterra, la Unión Soviética— no fueron a la guerra para socorrer a las víctimas del fascismo. Porque Estados Unidos y sus aliados no lucharon contra Japón cuando Japón masacró a los chinos en Nanking, no lucharon contra Franco cuando destruyó la democracia en España, no lucharon contra Hitler cuando envió a los judíos y a los disidentes a los campos de concentración, no intervinieron siquiera «durante» la guerra para salvar a los judíos de una muerte cierta. Solo fueron a la guerra cuando vieron amenazada su potencia nacional.

Las manos de Hitler estaban muy sucias, pero las de Estados Unidos no estaban limpias. Nuestro gobierno había aceptado y seguía aceptando la subordinación de los negros en esa sociedad que nos jactábamos de considerar democrática. Nuestro gobierno encerraba a familias japonesas en campos de concentración amparándose en la suposición racista de que no se podía considerar libre ningún japonés aunque hubiera nacido en este país.

Es evidente que ninguna persona decente podía tolerar el fascismo, pero igualmente intolerable eran el racismo, el colonialismo, los campos de trabajo en régimen de esclavitud. Y en todas las potencias aliadas subsistía alguna de estas cosas en una u otra modalidad. Por supuesto que el fascismo era peor, puesto que no admitía apertura de cambio, pero, ¿acaso la solución estaba en la guerra? ¿La única forma de hacer frente al fascismo había sido un baño de sangre que había dejado un saldo de cuarenta millones de muertos?

Se recurría a la guerra porque se consideraba que la causa era justa, se hacía la guerra para combatir la violencia y la crueldad, pero se pasaba por alto que la guerra de por sí multiplica la violencia, multiplica la crueldad.

Fui, durante la guerra, un bombardero entusiasta, me dejé atrapar por un fanatismo que me llevó a tomar parte en actos atroces sin plantearme su legitimidad. Pero, terminada la guerra, fui cuestionándome de forma paulatina si la guerra, por muy noble que sea «la causa» que la mueve, sirve para resolver algo, pese a que siempre se vista de una sensibilidad moral o de una idea racional.

Al contemplar el mundo que dejó la guerra tras de sí pudo verse que si Hitler y Mussolini habían quedado eliminados de escena y se había derrotado a Japón, no se había conseguido acabar con el militarismo, el racismo, las dictaduras y los nacionalismos histéricos. ¿Acaso los vencedores —sobre todo Estados Unidos y la Unión Soviética— no construían arsenales atómicos que amenazaban con desencadenar una guerra que podía dejar pequeño el holocausto de Hitler?

Era sabido que la no violencia, el pacifismo llevaban implícita una aureola de cuento de hadas, unas connotaciones de suavidad, candidez, romanticismo y falta de realidad. Con todo, en los años setenta y ochenta no había pregunta que me inquietase más que aquella que a veces me hacían mis alumnos:

—Sí, de acuerdo, la guerra es mala pero, ¿qué hacemos con el fascismo?

Hablando con sinceridad, yo no podía arrogarme el privilegio de contar con la respuesta, aun sabiendo que la solución no estaba en la carnicería que provoca una guerra.

Después de las experiencias vividas en el sur con el movimiento de los derechos civiles, me daba mucho que pensar aquella frase que King pronunciara tantas veces, empleada también por el SNCC (Student Nonviolent Coordinating Committee): acción no violenta directa. Es decir, no se trataba simplemente de oponer una actitud no violenta y pasiva, no se trataba por supuesto de rendirse, aceptar, quedarse tranquilo, sino que había que actuar, resistir, comprometerse, decidirse a mantener la violencia a un nivel mínimo. No era realista buscar soluciones de las que estuviera totalmente ausente la violencia, ya que incluso las marchas y protestas no violentas que se hicieron en el sur, los piquetes y las sentadas del movimiento laboral, acabaron en actos violentos.

Mientras escribo estas líneas, en el año 1993, aparecen ante la faz del mundo los niños de Somalia que mueren de hambre, las brutales guerras étnicas de Bosnia. La pasividad ante estos hechos es intolerable, pero la acción militar sería peor. La situación no se diferencia de la que existía en la Segunda Guerra Mundial, hay que recurrir a alguna forma de acción para defender a las víctimas de la violencia, para aliviar el sufrimiento, para crear refugios donde pueda encontrar amparo aquel que se siente amenazado. Hay que orientar la acción de modo que pueda controlarse, que intervenga entre las víctimas y el mal al que se enfrentan sin crear nuevas víctimas. Entretanto habrá que encontrar soluciones negociadas, aunque sea a costa del orgullo nacional. La vida humana es más importante que las fronteras, hemos de comprar tiempo para conseguir que se haga justicia sin tener que recurrir a la guerra.

Lo veo como una cuestión clave de nuestro tiempo: el ingenio humano debe encontrar un sustituto de la guerra, debe buscarlo en la imaginación, el valor, el sacrificio, la paciencia.

Sí, en la paciencia. Recuerdo una obra de Bertolt Brecht. Un hombre que vive solo acude a la puerta en respuesta a una llamada. Encuentra en ella a la Tiranía, poderosa y armada, que le pregunta: «¿Vas a someterte?». El hombre no responde y se hace a un lado. Entra la Tiranía y se adueña de todo. El hombre la sirve durante años. Hasta que un día, de misteriosa manera, la Tiranía enferma debido a una intoxicación provocada por algo que ha comido y la Tiranía muere. El hombre abre la puerta, se desembaraza del cadáver, vuelve a entrar en casa, cierra la puerta tras él y dice con voz firme: «¡No!».

Hube de recordar ese relato en 1989, cuando los regímenes en apariencia tan poderosos de la Unión Soviética y de Europa occidental se desmoronaron frente a las protestas y demostraciones de las masas. Si Estados Unidos se hubiera puesto nervioso en algún momento (el hecho estuvo a punto de ocurrir durante la crisis de los misiles cubanos de 1962), habríamos podido tener una guerra nuclear. Pensé en cómo se supervalora el poder de la tiranía (no a la corta, sino a la larga) y en cómo puede llegar a superarse con la unidad y la decisión de la gente, aparentemente carente de fuerza, como vimos que ocurrió en el sur.

Había terminado la Segunda Guerra Mundial y no puede repetirse. Parece como si todos los hechos de la historia, una vez ocurridos, solo han podido ocurrir de esta manera. No imaginamos otra. Pero yo estoy absolutamente convencido de que la historia no procede de forma tan inamovible, sino que encierra posibilidad de sorpresa. La acción humana tiene potencial para cambiar lo que aparentemente no se puede cambiar.

La guerra se puede evitar por pertinaz que parezca, por mucho que se haya introducido en los asuntos humanos. No surge de una necesidad humana instintiva. Quienes la fabrican son los líderes políticos, que tienen que realizar un despliegue tremendo —alicientes, propaganda, coacción— para movilizar a una población que, en circunstancias normales, sería reacia a la guerra. En 1917, el gobierno de Estados Unidos tuvo que enviar a todo el país a 75.000 conferenciantes que se encargaron de dar 750.000 conferencias para llegar con ellas a millones de personas y convencerlas de que tenían que ir a la guerra. Y en caso de no dejarse convencer, a los que rehuían la obligación les esperaba la cárcel, al igual que a todos aquellos que osasen hablar contra la guerra.

Después de la Primera Guerra Mundial, en la que murieron diez millones de hombres en los campos de batalla por razones que, después, nadie supo explicar, sobrevino el horror a la guerra. Pero la Segunda Guerra Mundial volvió a hacer aceptable la guerra y pasó a convertirse en fundamento capaz de justificar todas cuantas guerras pudieran seguir.

En lo que a mí respecta, el aborrecimiento que despierta en mí la guerra, incluso el replanteamiento que me hice un tiempo con respecto a la legitimidad de «la más justa de las guerras», me llevó a oponerme desde el principio a la guerra de Estados Unidos en Vietnam.

8. «A VECES CALLAR EQUIVALE A MENTIR»: VIETNAM

En el verano de 1964 fui testigo de una dramática colisión entre el movimiento negro sudista y la guerra de Vietnam. A principios de agosto, muchos de los que participamos en el movimiento nos trasladamos desde Jackson, Mississippi, hasta el interior de Neshoba County para asistir a la ceremonia funeraria en memoria de James Chaney, Mickey Schwerner y Andrew Goodman. Sus cuerpos, horriblemente golpeados con cadenas y acribillados a balazos, fueron encontrados a las cinco semanas de haberse detectado su desaparición en las proximidades de la ciudad de Filadelfia.

La ceremonia fúnebre se celebró sobre un montón de escombros, las ruinas de la que fuera un día la iglesia baptista de Monte Sion, cuyo incendio los tres jóvenes habían ido a investigar en la hondonada tranquila y soleada donde antes se levantaba. Todos los pensamientos confluían en la señora Chaney, enlutada por su hijo muerto antes de haber cumplido los veinte años.

Bob Moses habló durante la ceremonia y todos pudimos advertir que aquel día no tenía aquella serenidad tan habitual en él. Sostenía en las manos el periódico de Jackson de aquella mañana y leyó el titular más destacado: «El presidente Johnson, en el golfo de Tonkín, dice: "Disparad a matar"».

La voz de Bob dejaba traslucir una amargura a la que no nos tenía acostumbrados. Dijo que el gobierno de Estados Unidos estaba dispuesto a enviar fuerzas armadas al otro extremo del mundo para defender una causa que nadie entendía, pero que no estaba dispuesto, en cambio, a enviar agentes al Mississippi, como tantas veces se le había pedido, para proteger de la violencia a los que trabajaban por los derechos civiles. Tres de ellos acababan de pagarlo con su vida.

El incidente de Tonkín —el supuesto ataque a unos destructores americanos por parte de unos torpederos de Vietnam del Norte en las proximidades de la costa de Vietnam— fue la excusa esgrimida por la rápida escalada americana de la guerra colonial que los franceses habían perdido en 1954 y que ahora reanudaría Estados Unidos.

El presidente, el secretario de Estado y el secretario de Defensa mintieron entonces a la población americana, puesto que no existen pruebas del supuesto ataque y, en cuanto a los destructores americanos, no estaban haciendo una «patrulla rutinaria» sino que estaban espiando. Sin embargo, tanto el Congreso como los principales periódicos del país, así como la televisión, aceptaron aquella explicación sin rechistar. El Congreso aprobó inmediatamente la Resolución del golfo de Tonkín y facilitó al presidente Johnson un cheque en blanco para que hiciera una intervención masiva en Vietnam.

Aquel otoño, mientras me preparaba para ocupar mi puesto de profesor en la universidad de Boston, vi inmediatamente que la intervención militar en Indochina sería un desastre tanto para la población autóctona como para Estados Unidos.

Cuando yo iba a la escuela me habían enseñado a sentirme orgulloso de la marcha de la nación a través del continente. Le daban el nombre de «expansión occidental». La palabra «expansión» tenía una connotación casi biológica. Era como un crecimiento. El mapa que representaba aquella expansión tenía muchos y vivos colores: la Compra de Florida era verde, la Compra de

Luisiana era azul, la Cesión mexicana era roja. ¡Todo compras y cesiones! Cosas absolutamente inocentes.

Pero un ligero estudio de la historia era instructivo al respecto. Para que el país fuera nuestro, antes y después de la Revolución americana, tuvimos que desalojar o exterminar a la población indígena que vivía en él desde hada miles de años. Si nos expansionamos fue con el uso del engaño y de la fuerza, valiéndonos de incursiones militares en Florida encaminadas a convencer a España de que nos «vendiera» el territorio (no hubo transacción monetaria alguna) e invadiendo México y apoderándonos de casi la mitad de sus tierras.

Más adelante, Estados Unidos se embarcó en la formación de un imperio de ultramar y, aunque hizo una aparición más tardía en el escenario mundial que las potencias imperiales de Europa, no tardó en recuperar el tiempo perdido. Recurrimos a la fuerza militar a fin de establecer la potencia americana en Cuba y Puerto Rico, en Haití y en la República Dominicana, en América Central, en Hawai y en las Filipinas.

Conociendo, pues, estos antecedentes históricos, uno no puede por menos de abrigar serias dudas con respecto a los verdaderos motivos que impulsaron el gobierno americano a posar sus ojos en Vietnam.

Así pues, cuando nuestros líderes, en verano de 1964, anunciaron que habíamos sido atacados en el golfo de Tonkín, aunque yo no sabía qué había ocurrido en realidad, había ciertos hechos que veía muy claros. Nuestros destructores estaban lejos del país, de hecho se encontraban en aguas de Vietnam. Habíamos prestado ayuda militar al ejército francés en Indochina y desde hacía años ayudábamos a nuestro gobierno cliente de Saigón o sea que distábamos mucho de ser inocentes. Éramos la potencia naval más grande del mundo, mientras que la importancia naval de Vietnam del Norte era exigua, lo que hacía inverosímil la afirmación de ser víctimas indefensas de intimidaciones asiáticas. El secretario de Estado Rusk declaró a los periodistas que no sabía explicarse la razón que había impulsado a aquel diminuto país a desafiar a la poderosa flota americana salvo si se hacía la reflexión de que «sus procesos lógicos son muy diferentes de los nuestros».

La historia tiene su utilidad. Si uno cae del nido y no sabe nada del pasado es posible que acepte sin cuestionárselo todo cuanto le dice el gobierno. Sin embargo, si conoce algo de historia, aunque no pueda demostrar de manera absoluta que el gobierno miente al referirse a una determinada situación, puede sentir un cierto escepticismo y esa actitud llevarlo a plantearse algunas preguntas que hagan más probable el descubrimiento de la verdad.

Yo sabía que nuestro gobierno (como tantos otros gobiernos) había inventado excusas para declarar la guerra a un país y siempre había encontrado «incidentes» cómodos al respecto. Nuestra historia está plagada de casos como el de Tonkín.

En la guerra contra México, una escaramuza entre soldados mexicanos y americanos en la frontera entra Texas y México indujo al presidente Polk a declarar que «se ha derramado sangre americana en suelo americano» y a pedir al Congreso que autorizara la guerra. En realidad, el encuentro tuvo lugar en un territorio disputado y, según demuestra el diario de Polk, se quiso buscar una excusa para la guerra al objeto de que Estados Unidos pudiera arrebatar a México unas tierras que ambicionaba poseer: California y toda la zona sudoeste.

La expulsión de los españoles de Cuba (empresa encomiable) a fin de que Estados Unidos pudiera ejercer el control sobre la isla (empresa que no tiene nada de encomiable) estuvo precedida de una anécdota sospechosa, jamás demostrada, según la cual los españoles habían provocado la explosión del barco de guerra americano Maine en el puerto de La Habana.

A la ocupación de las Filipinas (arrebatadas a los filipinos) antecedió un «incidente» falso a todas luces entre soldados filipinos y americanos.

El hundimiento por parte de los alemanes del barco de pasajeros Lusitania durante la Primera Guerra Mundial constituye uno de los ejemplos de «implacable» guerra submarina presentado como justificación de nuestra entrada en aquella guerra. Años más tarde se reveló que el Lusitania no era un barco inocente, sino que estaba cargado de explosivos cuya documentación se había falsificado.

Vayamos a Tonkín. Después se supo que el destructor Maddox no se dedicaba a un reconocimiento rutinario sino que formaba parte de una operación secreta dirigida contra Vietnam del Norte y que Estados Unidos estaba buscando una excusa para librar una guerra a plena escala contra el país.

El incidente del golfo de Tonkín estuvo seguido de una rápida escalada de la fuerza militar consistente en bombardeos en toda regla y en el desplazamiento de centenares de miles de soldados americanos. Las razones que se alegaron fueron que Estados Unidos obraba de esta manera para defender el derecho a la autodeterminación de los vietnamitas del sur, detener la expansión del comunismo soviético y promover la libertad y la democracia.

Pero la historia de la política exterior americana de los últimos veinte años y posterior a la Segunda Guerra Mundial apunta la improbabilidad de estas reivindicaciones. ¿Autodeterminación? Estados Unidos no respetó la autodeterminación de Irán cuando, en 1953, la CIA tramó un golpe dirigido a sentar al shah en el trono a fin de proteger los intereses que, en el capítulo del petróleo, tenían algunas corporaciones americanas. Tampoco respetó la autodeterminación de Guatemala cuando, en 1954, orquestó una invasión para derrocar a un gobierno elegido democráticamente que amenazaba los intereses de United Fruit Company.

En cuanto a la promoción de la libertad y la democracia, la reivindicación era risible si tenemos en cuenta que Estados Unidos sostiene las dictaduras de todo el mundo. Por brutales que sean los tiranos siempre son tolerables con tal de que no sean comunistas. Buen ejemplo de ello son Batista en Cuba, Somoza en Nicaragua, Trujillo en la República Dominicana, Duvalier en Haití, Marcos en las Filipinas. La lista de las sanguinarias juntas militares apoyadas por Estados Unidos es larga.

Era evidente que la Unión Soviética había creado un imperio satélite en la Europa oriental y que Estados Unidos no quería ver más gobiernos comunistas en el mundo. Pero era también evidente que todo gobierno, aun sin ser comunista (Irán y Guatemala son buenos ejemplos de ello), que desafiara los intereses económicos estadounidenses o el poder político de la nación, podía ser derrocado.

En cuanto a Vietnam, difícilmente Estados Unidos habría podido alegar que el deseo que le movía era que los vietnamitas rigieran su propio país cuando había hecho todo cuanto estaba en su mano para ayudar a los franceses a afianzar el control en su antigua colonia. Difícilmente podía alegar que le movía el deseo de que imperase la democracia en el país cuando el gobierno de Vietnam del Sur, con sede en Saigón, había impedido que se celebraran elecciones (siguiendo órdenes de Estados Unidos) y había sofocado con violencia cualquier oposición, ya fuera comunista, liberal o budista. (Los monjes budistas se quemaban en las plazas públicas de Saigón para atraer la atención del mundo sobre la tiranía imperante).

Y ahora, sin contar con una justificación moral de ningún tipo, Estados Unidos bombardeaba e invadía los pueblos de Vietnam, daba muerte a un gran número de ciudadanos civiles y destruía un país verde y fértil.

Yo no me hacía ilusiones con respecto al gobierno comunista de Vietnam del Norte, como tampoco en relación con la creación de una sociedad comunista futura en todo Vietnam. Tampoco esperaba que fuera libre ni democrática, pese a que tal vez habría una distribución más equitativa de tierras, cuidados médicos y educación accesible a los pobres.

Sabía, sin embargo, que cualquiera que fuera el régimen que los comunistas pudieran implantar en el Vietnam, tanto nuestra invasión como nuestros bombardeos, dirigidos de manera indiscriminada contra la población, eran un error. Por esto no dudé ni un momento en sumarme muy pronto al pequeño movimiento que se creó contra la guerra.

De hecho, el pueblo americano cuenta ya con un largo historial de protestas contra guerras a las que sus gobiernos han querido arrastrarlos u obligarlos bajo amenaza de cárcel. Los primeros colonos se negaban a colaborar en las guerras británicas contra los franceses y los disidentes de la guerra Revolucionaria desconfiaban tanto de los líderes ricos y poderosos de la revolución como de los propios británicos. En la guerra contra México, los desertores fueron legión y hubo siete regimientos que huyeron del general Winfield Scott cuando se disponía a hacer una marcha hasta la ciudad de México. Durante la Primera Guerra Mundial, el gobierno se vio obligado a juzgar y a meter en la cárcel a miles de personas para acallar sus objeciones.

El movimiento contra la guerra de Vietnam se inició en 1965 a través de acciones aisladas. Los negros del sur, militantes del movimiento de los derechos civiles, se contaron entre los primeros en oponer resistencia a los reclutamientos. Bob Moses, del SNCC, junto con el historiador Staughton Lynd y el veterano pacifista Dave Dellinger, protagonizó una marcha contra la guerra en Washington, y *Life Magazine* publicó una impresionante foto de los tres caminando codo con codo, salpicados con la pintura roja que enfurecidos patriotas les arrojaban a su paso.

En la primavera de 1965 dirigí la palabra a la que sería la primera de las muchas concentraciones antibelicistas en el Boston Common. El reducido número de personas congregadas fue desalentador. No pasaron de cien. Yo estuve en el estrado con Herbert Marcuse, filósofo y radical alemán que se convertiría en uno de los héroes intelectuales de los años sesenta para la Nueva Izquierda de Europa y Estados Unidos.

Un año después, en el verano de 1966, mientras seguía la escalada y los bombardeos arreciaban más que nunca, me llegó una invitación de un grupo japonés que se oponía a la intervención de Estados Unidos en Vietnam. Dicho grupo me pidió a mí y a Ralph Featherstone, militante negro del SNCC que yo conocía de los tiempos de Mississippi, que diéramos un circuito de conferencias de dos semanas de duración a través de Japón.

Dicho grupo, conocido por el nombre de Beheiren, estaba formado por jóvenes intelectuales de la Nueva Izquierda japonesa y entre ellos había novelistas, periodistas, cineastas, poetas, filósofos y amas de casa. Su presidente era Oda Makoto, famoso escritor, un hombre alto y melenudo, vestido con chaqueta y pantalones arrugados, que había estudiado griego y latín, hablaba bien el inglés y parecía tener unos conocimientos enciclopédicos de la política mundial. Jamás llevaba corbata por mucho que lo exigiese la ocasión (parece que estaba resuelto a destruir el estereotipo del japonés bien vestido y amante de los formalismos).

Oda y demás colaboradores eran unos organizadores admirables. En el breve espacio de catorce días tuvimos ocasión de hablar en catorce universidades de nueve ciudades diferentes, sin contar las conversaciones sostenidas en veladas donde se tomaba té o cerveza ni las conferencias de prensa. Descubrimos la práctica unanimidad de los japoneses (las encuestas realizadas por los principales periódicos de Japón así lo afirmaban) en lo tocante a considerar que Estados Unidos no tenían por qué entrometerse en Vietnam.

El acompañante que nos recibió en la estación después de un viaje en tren de alta velocidad entre Tokio y Kioto era un hombre de rostro afable y maneras suaves, un filósofo llamado Tsurumi Shunsuke. Había estudiado en Harvard y se encontraba cursando su último año de estudios cuando ocurrió el bombardeo de Pearl Harbor. La policía detuvo entonces a Tsurumi y lo metió en la cárcel de Charles Street, de Boston, acusándolo de enemigo extranjero.

En el interrogatorio a que lo sometieron preguntaron a Tsurumi:

—¿Es usted leal al gobierno japonés?

Tsurumi respondió:

—No.

—¿Es usted leal al gobierno americano? —le preguntaron.

Su respuesta volvió a ser:

—No.

Esto les permitió llegar a la conclusión siguiente:

—Entonces es anarquista y tenemos que meterlo en la cárcel.

(Tsurumi quedó en libertad poco tiempo después en ocasión de un intercambio de prisioneros negociado por la Cruz Roja).

Cuando nos encontramos en el andén de la estación de Kioto ya era de noche.

—Hemos pensado que podría gustarles pasar la noche en un templo budista, cada uno en un templo diferente —nos dijo.

Le dimos las gracias y Tsurumi me condujo a un templo bellísimo. Me presentó a un monje que, según me dijo, era pacifista militante. Delante del altar vi la foto ampliada de un monje budista vietnamita sentado con las piernas cruzadas en una calle de Saigón en el momento de prenderse fuego.

En Kioto fueron mil las personas que hablaron sobre Vietnam. Un pediatra habló desde el público y nuestro intérprete nos murmuró que se trataba del famoso doctor Matsuda, el «Dr. Spock japonés», cuyos libros sobre los niños se vendían por millones. Matsuda dijo:

—Lo que no entiende Estados Unidos es que el comunismo constituye una de las maneras de organizarse al alcance de los países subdesarrollados. La reacción del país ante este fenómeno es neurótica. Lo que tal vez necesita Estados Unidos —el intérprete titubeó— es... ¡un enema!

Hubo un breve silencio y seguidamente el intérprete se disculpó y se corrigió:

—No, un sedante.

Aquella noche tomamos un tren nocturno hacia Hiroshima, un trayecto a lo largo del borde del mar interior, coronado de montañas, de una gran belleza antes de la salida del sol. Hablamos con los estudiantes en la universidad de Hiroshima y con los supervivientes de aquel día en que murió la ciudad, entre ellos un profesor a quien le faltaba el ojo izquierdo y una muchachita muy frágil que hablaba un inglés sincopado con voz tan débil que había que hacer grandes esfuerzos para oírla.

—Yo estaba dentro de mi madre cuando cayó la bomba —dijo.

En la ciudad de Sendai, situada en la parte norte de la isla de Honshu, se congregaron mil estudiantes para escucharnos. Seguidamente, una cincuentena de chicos y chicas nos llevaron a un parque cercano donde nos sentamos en la hierba con las piernas cruzadas y nos quedamos hablando hasta la madrugada. Conocían muy bien la historia de agresión protagonizada por Japón y se avergonzaban de ella. Insistieron en repetirnos una vez y otra, sin levantar la voz pero con firmeza:

—Ustedes ahora se portan en Asia igual que nos portamos nosotros.

(Después de pasar dos semanas en Japón con Ralph Featherstone y de convivir con él noche y día, no volví a verlo nunca más. Un día recibí una notificación suya anunciándome que se casaba y me enteré de que tenía una librería en Washington especializada en literatura de autores negros. Hasta que de pronto, unos dos años después del viaje que hicimos juntos a Japón, viví una experiencia que solo sabría calificar de mística. Me encontraba sentado en un autobús que circulaba a través de Boston cuando me pareció que, en un asiento situado a una cierta distancia del mío, había un hombre negro que habría jurado que, pese a que solo le veía la nuca y la parte posterior de la cabeza, era Ralph Featherstone. ¿Estaría, quizá, en Boston? Me levanté, me senté a su lado y volví la cabeza hacia él para mirarlo. No era Featherstone sino un desconocido y leía un periódico. Me fijé en uno de los titulares, que decía: «Unos militantes de los Derechos Civiles mueren a consecuencia de la explosión de una bomba». Y al lado, una foto de Ralph Featherstone. Parece que iba en coche con un amigo camino de Maryland para asistir al proceso de un militante de SNCC y en el coche estalló una bomba cuyo origen, aún hoy, se desconoce).

Después del viaje a Japón seguí hablando contra la guerra por todo el país y asistiendo a reuniones y debates sobre la cuestión. Me sentía defraudado al ver que no había ningún personaje público importante, ninguna publicación destacada, ningún libro que, aun mostrándose crítico con aquella guerra, se atreviera a decir lo que para mí era tan evidente: que Estados Unidos debía retirarse cuanto antes de Vietnam a fin de salvar vidas americanas y vidas vietnamitas. Lo máximo que se atrevían a decir aquellos críticos pacatos era que la guerra estaba mal, no que debíamos retirarnos de ella.

Escribí, pues, con la máxima presteza posible, un librito de unas ciento veinticinco páginas que publicó Beacon Press a principios de 1967 titulado *Vietnam: The Logic of Withdraival* (*Vietnam, la lógica de la retirada*). En dicho libro decía: «Aguardar a que, en ese complicado mecanismo de la negociación, encajen todos los elementos afines y dispares —el NLF, sus simpatizantes y asesores en Hanoi, las personalidades divididas de la administración Johnson y su gobierno cliente de Saigón— equivale a dejar que queden tullidos o mueran millares de seres humanos tras cada mes que pasa... Lo que tiene de bueno la retirada unilateral es que el final de la guerra es independiente del consentimiento de nadie salvo de sí mismo. Es una acción clara, rápida, acertada».

Fueron muchos lo que me dijeron que pensaban como yo, si bien consideraban que se trataba de algo que no era factible en el aspecto político. ¿Cómo iba el presidente a explicar al pueblo americano que se había producido un cambio repentino en la política?

Decidí, pues, terminar el libro con un discurso que escribí para Lyndon Johnson en el que utilicé todas sus dotes retóricas y sus anécdotas campechanas, haciéndole citar «una carta» que había recibido de su maestro de escuela y otra «carta» de un marine y explicando al pueblo americano que tanto el realismo como la preocupación por la vida humana exigían un cambio de política. Así pues, «he dado órdenes al general Westmoreland... para que suspenda toda ofensiva e inicie una retirada ordenada del país de nuestras fuerzas armadas».

El discurso terminaba así: «Ya lo soñaba de niño en Texas, es un sueño que sigo teniendo y que quisiera ver cumplido en bien de América. Estamos a punto de embarcarnos en una empresa mucho más gloriosa, mucho más osada y que exige mucho más valentía que la guerra. Nuestro objetivo es construir una sociedad que sea un ejemplo para el resto de la humanidad... Compatriotas americanos, buenas noches y que durmáis bien. Ya no tenemos guerra en Vietnam».

Se hicieron ocho impresiones del libro, que se agotaron rápidamente. Dos empleados de Beacon Press iban a las concentraciones pacifistas con el coche cargado de ejemplares del libro. Un empresario compró seiscientos ejemplares y los envió a todos los congresistas y senadores. El senador Ernest Gruening, de Alaska (él y el senador Wayne Morse, de Oregón, habían sido los únicos en votar contra la Resolución del golfo de Tonkín) incorporaron parte del libro en el Informe del Congreso.

En Santa Barbara, California, unos ciudadanos insertaron un anuncio a toda página en el periódico local, reimprimieron fragmentos del libro y convocaron una manifestación pacifista.

El *Cleveland Plain Dealer* publicó simultáneamente varios artículos: uno del congresista Mendel Rivers, de Carolina del Sur, instando a una escalada de la guerra; otro del senador William Fulbright, de Arkansas, invitando a la negociación y a la suspensión gradual de la ofensiva, y otro mío, con argumentos en favor de la retirada total. El periódico hizo una encuesta entre sus lectores para ver cuál de las tres posturas era la más votada: hubo 9162 respuestas, un 63 % de las cuales se inclinaba por la retirada inmediata, en tanto que el resto se dividía por igual entre las posturas de Fulbright y de Rivers.

Se reimprimieron los mismos artículos en *Gazette-Mail* de Charleston, West Virginia, con un resultado de un 80 % de lectores favorables a la retirada inmediata.

Un columnista del *Plain Dealer* escribió: «Howard Zinn, profesor público de la universidad de Boston, que fue bombardero en la Segunda Guerra Mundial, ha escrito un discurso para Lyndon Johnson que, en mi opinión, si lo pronunciara, convertiría al presidente en uno de los grandes hombres de la historia».

Todo esto era enormemente alentador. Pese a las tentativas del gobierno de frenar las protestas contra la guerra y de ahogarlas, estaba muy claro que había un gran sector del público americano proclive a la idea de una retirada de Vietnam. Lo cual significaba que nuestras alocuciones, nuestros escritos, nuestras protestas no estaban fuera de lugar y que debíamos proseguir en la misma línea.

El presidente Johnson no pronunció nunca aquel discurso ni otro que se le pareciera. Lo que hizo fue abstenerse de competir por la presidencia de 1968 e iniciar negociaciones en París con los vietnamitas del norte. Las negociaciones se prolongaron cuatro años sin que por ello se suspendieran los bombardeos, los ametrallamientos y las misiones de reconocimiento y destrucción. Veinte mil familias americanas más recibieron el cadáver de un soldado metido en un saco.

Las deserciones se multiplicaban. Alrededor de un año después de mi viaje a Japón, una llamada telefónica me despertó en plena noche. Quien me hablaba era un japonés que, dirigiéndose a mí en inglés, me dio su nombre. Era uno de mis amigos de Beheiren.

—Howard, ¿podrías venir a Tokio? Tenemos a unos americanos a los que te gustará conocer —me dijo.

Sabía a quienes se refería. Beheiren había ofrecido amparo a los soldados americanos con base en Japón que tenían intención de desertar, los había escondido y los sacaba del país. Ahora querían que alguien se entrevistase con aquellos hombres antes de que desapareciesen.

—¿Cuándo hago el viaje? —pregunté.

—Mañana.

Como me era imposible abandonarlo todo y emprender el viaje a Tokio el día siguiente, prometí buscar a otra persona que me sustituyera. Estaba pensando en alguien concreto: Ernest Young, profesor de historia del Asia en Dartmouth. Roz y yo habíamos hecho una buena amistad con Ernie y su esposa Marilyn cuando eran especialistas graduados en estudios asiáticos en Harvard y yo formaba parte de la junta de la universidad. Ernie se oponía radicalmente a aquella guerra, había estado trabajando un tiempo en la embajada americana de Tokio como ayudante del embajador Reischauer y hablaba japonés.

Por la mañana temprano, pocas horas después de haber recibido la llamada de Tokio, telefoneé a Ernie, que estaba en Hanover, New Hampshire. Aquella misma tarde se presentó a nuestra casa de Boston, maleta en mano, y yo mismo lo llevé en coche al aeropuerto. Así que llegó a Tokio y se puso en contacto con los de Beheiren, estos le prepararon una entrevista clandestina con cuatro marineros que iban a desertar del portaviones Intrepid (a los que más tarde se conocería como «los cuatro del Intrepid»). Antes de que la gente de Beheiren los introdujera como polizones en un carguero polaco con destino a Europa, Ernie tuvo ocasión de hablar con ellos. (Años más tarde, cuando conseguí hacerme con mi ficha del FBI —o por lo menos la parte de la misma que tuvieron a bien poner en mis manos—, vi que tenían registrada aquella llamada telefónica de Tokio, o sea que parece que mi teléfono estaba pinchado).

A principios de 1968 la guerra se encontraba en su fase culminante. Teníamos, destacado en Vietnam del Sur, un contingente de veinticinco mil soldados americanos. El movimiento antibelicista había crecido y se había difundido la actitud hostil frente a la conscripción. Jóvenes de todo el país devolvían sus cartillas de recluta y eran muchos los que se negaban a incorporarse.

Llegaban noticias de los horrores provocados por las armas americanas a través de noticiarios, cartas de soldados y pantallas de televisores. Por primera vez en la historia de la nación, los americanos podían contemplar de cerca los efectos de la guerra: incendios de aldeas campesinas por obra de marines americanos, niños vietnamitas que huían despavoridos, mutilados, desfigurados por el napalm. Recuerdo que una amiga me contó que un día, mientras circulaba en coche a través de Boston, al oír los últimos partes de guerra dando cuenta del gran número de muertes de vietnamitas y de americanos, abrumada de dolor y de impotencia, rompió a llorar y a punto estuvo de perder el control del coche.

Un alumno mío de la universidad de Boston llamado Philip Supina, al recibir la convocatoria para someterse a un examen físico previo a la incorporación a filas, escribió a la junta de conscripción de Arizona: «No tengo la más mínima intención de someterme a ese examen ni de incorporarme a filas ni de cooperar de manera alguna en la guerra contra la población vietnamita». Condenado a cuatro años de cárcel, Supina solía citar al filósofo español Miguel de Unamuno, quien durante la guerra civil española dijo: «A veces callar equivale a mentir».

9. LA ÚLTIMA REUNIÓN

Podría evaluarse el espectacular crecimiento del movimiento antibelicista a través del contingente de asistentes en el Boston Common y su aumento año tras año desde aquella primera vez, en la primavera de 1965, que atrajo a un número tan reducido de personas. Dos años más tarde, la convocatoria del Common convocó a miles de asistentes. El hecho llamó la atención del FBI y aparece consignado en mi ficha personal.

Me hice con la ficha amparándome en la Ley de Libertad de Información y comprobé que constaba de varios centenares de páginas, la mayoría tediosas y con abundantes supresiones, pero que sirvieron para recordarme muchas convocatorias y discursos olvidados. Se supone que el FBI está para investigar actividades criminales pero, al igual que el antiguo servicio secreto soviético, parece que vigila también las reuniones y manifestaciones públicas en las que se critica al gobierno.

El expediente del FBI informaba de lo siguiente: «El 16 de octubre de se celebró en el Boston Common una manifestación pública de protesta contra el reclutamiento militar... con una asistencia que se estima entre cuatro y cinco mil personas entre hombres y mujeres. Dicha manifestación de protesta... fue observada por Agentes Especiales del FBI. Entre los oradores que hicieron acto de presencia en dicha manifestación estaba el profesor Howard Zinn... La edición de la mañana del *Boston Globe*... publicó un artículo titulado "sesenta y siete cartillas de reclutamiento quemadas, doscientas catorce devueltas, cinco mil asistentes a la manifestación"».

El informe del FBI reproducía, además, parte de mi arenga, según consigna el *Globe*: «Los trece mil americanos muertos en Vietnam murieron por obedecer las órdenes de políticos y generales que han sacrificado sus vidas para satisfacer sus ambiciones... Ante nuestra propia conciencia, ante la población de este país, ante los principios de la democracia americana, debemos declarar nuestra independencia de esta guerra, resistirnos a ella bajo todas las formas posibles hasta conseguir ponerle fin y lograr la paz en Vietnam».

Los que se congregaron en el Common aquella mañana se dirigieron después en comitiva a la histórica iglesia de Arlington Street, donde se apelotonaron en los antiguos bancos del templo y escucharon a William Sloane Coffin, capellán de Yale, y a Michael Ferber, estudiante graduado de Harvard (ambos fueron encausados, junto con el Dr. Benjamin Spock y los escritores Mitchell Goodman y Marcus Raskin, por conspirar contra la ley de reclutamiento). Coffin, al que conocía de New Haven desde hacía años, fue uno de los oradores más elocuentes del movimiento antibelicista. Ferber era nuevo en aquellas lides, pero sus manifestaciones fueron extraordinarias, muy personales y apasionadas.

Seguidamente, a la llama del histórico candelabro de la iglesia, depositado en ella desde hacía un siglo por el predicador antiesclavista William Ellery Channing, los jóvenes quemaron sus cartillas de reclutamiento.

La escena se reprodujo en todo el país: se quemaron cartillas o se recogieron para devolverlas al Departamento de Justicia de Washington. El día siguiente hubo una gigantesca manifestación antibelicista en el Lincoln Memorial que culminó por la noche con un espectacular enfrentamiento en el Pentágono en el que miles de manifestantes colisionaron con miles de guardias nacionales y militares regulares. En un determinado momento del acto, un antiguo boina verde convertido ahora en manifestante, habló a través de un megáfono a los soldados y les explicó por qué era contrario a la guerra.

En 1968 se había difundido hasta tal punto el sentimiento antibelicista que el presidente Johnson tuvo que anular todas sus comparecencias públicas salvo las previstas en las bases militares. Un grupo especial de asesores le aconsejó que no enviara más hombres a Vietnam porque la población no lo toleraría. Fue entonces cuando anunció públicamente que no se presentaría a la reelección. Tanto Richard Nixon como Hubert Humphrey, en las campañas que hicieron aquel año para llegar a la presidencia, se vieron obligados a prometer que pondrían fin a la guerra.

Pero Nixon, una vez elegido presidente, continuó la guerra. Entonces el movimiento antibelicista declaró que el 15 de octubre de 1969 sería el Día de la Moratoria y pidió que la población de todo el país abandonase sus actividades habituales y se manifestase. Nosotros hicimos una marcha de varios millares de personas desde la universidad de Boston y a través de Commonwealth Avenue. En todas las esquinas se nos sumaba la gente por millares y, a medida que íbamos acercándonos al Common, veíamos llegar multitudes que convergían desde todas direcciones. Los que estábamos en el estrado de los oradores veíamos la enorme cantidad de gente congregada en el Common —hombres, mujeres, niños—, una muchedumbre que se perdía hasta allí donde alcanzaba la vista. Había cien mil personas o más. No podía apartar de mis recuerdos aquel minúsculo grupito de cien personas de aquella primera concentración en el Common.

Aquel día, en toda la nación, en pueblos y ciudades que jamás habían visto una manifestación antibelicista, fueron varios los millones de personas que protestaron contra la guerra. Fue la manifestación más numerosa que registra la historia de la nación.

El Día de la Moratoria no paré de desplazarme de una manifestación a otra, como tantísimas personas más. Por la noche todos estábamos afónicos. Al pasar en coche por delante del Newton College del Sagrado Corazón, escuela católica para señoritas que gozaba de fama de severa y conservadora y a la que al iniciarse la guerra yo fui invitado por una monja antibelicista para hablar sobre el tema y fui objeto de una recepción correcta pero glacial, vi una pancarta e la puerta de entrada en la que, junto a un puño rojo, se leía las palabras: «¡BASTA DE GUERRA!».

En la universidad de Boston la actividad antibelicista era intensa, y las reuniones y encierros nocturnos en diversos sectores del edificio eran numerosos. Recuerdo que, a las tres de la madrugada, en el auditorio más grande de la universidad, dirigí la palabra a un público que luchaba para mantenerse despierto pero que se había empeñado en demostrar su solidaridad. El periódico universitario, editado por el vehemente Ray Mungo, se había dado a conocer en toda la nación por haber pedido la impugnación del cargo de Lyndon Johnson. Brindamos acogida a un recluta desertor y hubo un millar de estudiantes y personal docente que se concentró durante cinco días y cinco noches en la capilla de la universidad hasta que los agentes federales, un domingo por la mañana, se abrieron paso a puntapiés entre la multitud, derribaron una puerta y detuvieron al recluta en cuestión. Haciendo una concesión a las promesas hechas durante la campaña, el presidente comenzó a retirar parte de las tropas, si bien al mismo tiempo inició bombardeos secretos en Camboya, país con el que Estados unidos no estaba en guerra. A principios de 1969 y en 1970, extendió el territorio bélico a Laos y Camboya, vecinos de Vietnam, en un vano esfuerzo por impedir que soldados procedentes de Vietnam del Norte se infiltraran en Vietnam del Sur.

La invasión de Camboya provocó una oleada de protestas en toda la nación y, en el campus de la universidad estatal de Kent, Ohio, unos Guardias Nacionales propensos a manejar el gatillo dispararon sobre un grupo de estudiantes desarmados, mataron a cuatro y dejaron lisiado de por vida a otro. Una foto que dio la vuelta al mundo mostraba a una muchacha desconocida, con expresión de angustia, inclinada sobre el cadáver de uno de los estudiantes muertos.

Vi en la televisión al padre de una de las víctimas, Allison Krause, incapaz de contener su dolor, echando en cara al presidente Nixon que se hubiera referido a los manifestantes con el calificativo de «desgraciados». El hombre gritó: «¡Mi hija no era una desgraciada!».

Años más tarde, en ocasión de la asistencia de algunos padres a la clase inaugural del curso que yo daba bajo el nombre de «Ley y Justicia en América», hablé del programa y anuncié que una de las cuestiones que me proponía tratar era el tiroteo de Kent. Al final del acto se me acercó una de las nuevas alumnas, se presentó y me presentó a sus padres. Era Laurie Krause, la hermana de Allison. Reconocí a su padre por haberlo visto en televisión y sentí una súbita angustia al percatarme de que me había referido tan fríamente, como una materia más del curso, a aquel suceso causante del indecible dolor de aquella familia. Pese a ello, vi que la familia agradecía que el suceso de Kent no hubiera caído en el olvido.

La primavera de 1970 fue testigo de la primera huelga estudiantil general de la historia de los Estados Unidos. Estudiantes de más de cuatrocientas instituciones universitarias dejaron las clases para protestar contra la invasión de Camboya, el suceso de Kent, la muerte de los dos estudiantes negros del Jackson State College de Mississippi y la continuación de la guerra.

Aquel junio me invitaron a pronunciar el discurso de la ceremonia de graduación en el Queens College de nueva York y fueron varios millares los estudiantes graduados que se congregaron con sus padres en Madison Square Gardens para asistir al acto. Los comentarios que hice sobre la guerra y el gobierno de los Estados Unidos incitaron a algunos padres a ponerse de pie y a proferir exclamaciones de protesta pero, cuando terminé el discurso, los estudiantes graduados también se levantaron y me aplaudieron largo rato.

Pero lo más sorprendente fue que alumnos de secundaria de todo el país, acicateados por el movimiento de los derechos civiles y el movimiento antibelicista, exigían más democracia, pedían una voz que se pronunciara en las decisiones que les afectaban. Aquel junio de 1970, en mi ciudad de Newton, Massachusetts, los estudiantes de la escuela secundaria local pudieron elegir a la persona que debía pronunciar el discurso de la ceremonia académica final. Y me invitaron a mí.

A aquellas alturas yo ya había hablado contra la guerra en centenares de ocasiones en todo el país: concentraciones, reuniones, debates. Sin embargo, en ninguno de los sitios donde había hablado hasta entonces la reacción había sido tan violenta como en Newton North High School. Aquella fue una lección para mí: los años de enseñanza secundaria deben de ser los más importantes para la formación de la conciencia social de los jóvenes, puesto que en ningún otro nivel los padres y el personal docente se ponen más histéricos ante la posibilidad de que los alumnos se expongan a ideas que ponen en entredicho la autoridad del gobierno, de la administración escolar y de los padres.

Las organizaciones de veteranos de Newton se apresuraron a solicitar que se boicoteara la ceremonia. El alcalde, que también tenía que hablar, anunció que, si hablaba yo, no hablaría él desde el mismo estrado. Algunos padres organizaron un paro.

Entonces vino a verme una delegación de estudiantes que parecían cohibidos por lo que tenían que decirme. El director les había pedido que se encargaran de comunicarme que era su deseo que me retirase. Les dije que estaba dispuesto a hacerlo siempre que se hiciese una consulta al grupo de estudiantes que me habían invitado y estos decidieran que me abstuviera de participar. Se hizo la votación y el resultado fue abrumador: querían que hablase.

Un día antes de la ceremonia, mi mujer recibió una llamada telefónica de una voz que, según Roz la definió, era la de una «señora mayor agradable», que le dijo:

—Dígale a su marido que mis dos hijos están en este momento en el garaje preparando una bomba para la ceremonia de graduación.

En torno al campo de fútbol donde se celebraba el acto se formó un anillo policial. A mi lado estaba sentado el director, visiblemente nervioso. No recuerdo exactamente lo que dije aquel día (el FBI estaba ausente y en mi expediente no figura ningún dato sobre la ceremonia; he acabado dependiendo de esos datos para informes exactos sobre mis charlas). Sé, sin embargo, que hablé de la guerra con toda la energía y todo el sentimiento posibles y también de los disparos de Kent y del derecho de los jóvenes a negarse a luchar en una guerra que consideraban injusta.

Las graderías estaban atestadas de gente, había padres, alumnos y profesores. Cuando comencé a hablar hubo unos cuantos padres que se pusieron de pie y, con aire arrogante, abandonaron sus puestos pero, así que terminé, la ovación fue general. Allí, como en otras concentraciones similares, me pareció entender que la gente se sentía agradecida cuando encontraba a alguien que, de manera abierta, proclamaba lo que pensaba y sentía pero no se atrevía a expresar.

(Durante varios años, de cuando en cuando me encontraba a algún joven que me paraba en la calle o en el autobús para decirme: «Yo estaba en la ceremonia de graduación de 1970 en Newton North y jamás olvidaré aquel día». Aquello me confirmaba lo que ya me habían enseñado los años del Spelman y que no es otra cosa que esta: la educación se hace más rica y más vital cuando afronta la realidad de los conflictos morales que se plantean en el mundo).

Más o menos en esta época me invitaron a un debate con William F. Buckley, el famoso escritor y periodista conservador, en la universidad de Tufts. (Me ofrecieron trescientos dólares, lo que no dejó de impresionarme ya que estaba acostumbrado a que no me dieran nada. Más tarde supe que a Buckley le habían pagado tres mil... pero superé la frustración). El gimnasio de Tufts estaba aquella noche a rebosar, había millares de estudiantes, aparte de los millares que no habían podido entrar por falta de sitio. No era mi presencia lo que les había atraído sino la fama de Buckley.

Pese a todo, el aplauso que cerró la presentación a cargo de un profesor de filosofía de Tufts parecía dedicado a los dos: a Buckley y a mí. Sin embargo, a medida que iba desarrollándose el debate, había menos aplausos para Buckley y más para mí. Sabía que no me aplaudían más porque yo presentara mejor mis argumentos sino porque los míos tenían más sentido para unos estudiantes que consideraban ilegítima aquella guerra.

En un determinado momento dirigí una mirada a Buckley, que tenía fama de ser un hombre frío y con aplomo, y vi que estaba sudando. Antes de que terminara el turno de preguntas, se levantó y dijo que tenía que marcharse. En el artículo que escribió después del debate dijo que le aterraba que los estudiantes americanos pudieran aplaudir una oposición al gobierno como aquella de que había sido testigo aquella noche. Me pareció curioso que Buckley no entendiera que un elemento esencial de una sociedad democrática es la crítica rigurosa de su gobierno.

Comenzaron a organizarse por todo el país ceremonias universitarias alternativas. Hablé en una de ellas en mi *alma mater*, la universidad de Columbia, mientras el historiador que había presidido la lectura de mi tesis, Richard Hofstadter, hablaba en la ceremonia oficial, celebrada a muy poca distancia. En otra ceremonia alternativa que tuvo lugar en la universidad Wesleyan, compartí el estrado con dos de mis personajes más admirados, el historiador Henry Steele Commager, que había sido profesor mío en Columbia, y William Sloane Coffin, con quien trabé una gran amistad a lo largo de los años.

Era una época de pasiones increíblemente intensas, que iban en aumento a medida que se iban conociendo los horrores provocados en la población vietnamita y a medida que llegaban decenas de millares de cadáveres de soldados americanos. Tal vez era la desesperación al pensar que, en realidad, todos éramos responsables de lo que estaba ocurriendo. Desde el final de la Segunda Guerra Mundial se había hablado mucho de la responsabilidad del pueblo alemán en las atrocidades cometidas por los nazis. Ahora, sin embargo, las atrocidades de Vietnam eran muy parecidas, sin duda en los dos bandos, si bien había que reconocer que nosotros disponíamos de más armas y éramos extranjeros en aquella tierra. La masacre de My Lai es un ejemplo entre muchos de las cosas horribles que hicieron nuestros soldados. Por consiguiente, si éramos impotentes para parar aquella guerra, la responsabilidad era nuestra y, por tanto, era a nosotros a quien nos correspondía actuar.

La situación era intolerable para algunos. Norrnan Morrison, pacifista y padre de tres hijos, se prendió fuego e inmoló su vida en protesta por la guerra, al igual que una mujer llamada Alice Herz. (Años más tarde, en Vietnam del Norte, conocí a unos campesinos vietnamitas que solo sabían dos palabras inglesas: «Norman Morrison, Norman Morrison»).

Una noche, en Boston, recibí una llamada telefónica de Washington de uno de mis alumnos en quien, fuera de clase, yo ya había detectado la visible angustia que le producía la guerra. Me contó que aquella mañana temprano se había acercado a la escalinata del Capitolio y se había empapado de gasolina, pero que lo habían detenido antes de poder llevar a cabo su propósito. (Hasta la fecha he tenido noticias de él en un par de ocasiones y he podido comprobar que sigue angustiado. Escribe poemas, tiene miedo de la policía y del FBI, se ha convertido en un ser indefenso y sumiso que se siente torturado por la violencia que prolifera a su alrededor).

Sin embargo, para la mayoría de nosotros, aquel era un movimiento que nos infundía fuerza. Sumarse a marchas y concentraciones en las que participaban cientos de miles de personas, saber que aunque uno era impotente para torcer los designios del gobierno no estaba solo, que eran muchos los que en todo el país pensaban lo mismo, gente de todas las edades, negros y blancos, obreros y de clase media, era una sensación que está por encima de cuanto pueden expresar las palabras.

Oír a Bob Dylan y a Joan Baez y a Country Joe y a los Beatles, saber que tenías de tu parte a artistas y a escritores, leer que Eartha Kitt había escandalizado a la Casa Blanca levantando su voz contra la guerra, ver cómo Mohammed Ali desafiaba a las autoridades con igual propósito aún a costa de perder su título de campeón, escuchar a Martin Luther King denostando la guerra, ver a niños desfilando con sus padres y exhibiendo carteles en los que se leía: «Salvad a los niños de Vietnam»… Todas estas cosas servían para decirte que lo mejor del ser humano estaba a favor de tu causa.

Mientras fuimos una minoría combativa conmovía pensar

que toda aquella hermosa humanidad tan amplia que conocimos entre los participantes en el movimiento (descontando los dogmáticos, los burócratas, los buscadores de prebendas, los que carecen de sentido del humor) representaba el futuro. Día llegaría en que el mundo estaría formado por esa gente, gente con la que se podría trabajar, compartirlo todo, divertirse, confiarles la propia vida.

A menudo leemos en la prensa —u oímos decir a algunos— que la oposición a la guerra surgió de unos jóvenes deseosos de salvar su vida. Es evidente que no es verdad. Hubo millones de americanos que protestaron contra la guerra no porque estuvieran en juego sus vidas, sino porque veían en peligro las vidas de los demás, vidas de vietnamitas y vidas de otros americanos.

No había argumento más contundente contra la acusación de egoísmo ni mayor motivo de inspiración para persistir en la lucha por el final de la guerra que el testimonio de los propios reclutas, los que se negaron a combatir, los que desertaron (alrededor de cien mil), los que sufrieron un consejo de guerra y fueron a la cárcel, los que huyeron de la guerra y se encadenaron a las rejas de la Administración de Veteranos, los que salieron a desfilar con muletas, con miembros postizos, en sillas de ruedas, los que levantaron su voz contra aquella insensata carnicería.

En las bases del ejército, de la marina y del aire, los soldados que se preparaban para ir a Vietnam se juntaron con los que volvían de la guerra para unir las voces de todos y pedir que se acabara de una vez. Editaron periódicos antibelicistas y se reunieron en pequeños cafés próximos a las bases militares para escuchar música, hablar y encontrar un espacio alternativo de los bares y esparcimientos del militarismo machista de los que se suponía debían disfrutar. El primero de estos cafés (llamado U. F. O.) se abrió en Columbia, Carolina del Sur, y en él trabajó como músico nuestro hijo Jeff, que acababa de terminar el nivel secundario de enseñanza.

Hice un viaje a Mountain Home, Idaho (el FBI registró aquella visita) para conocer a unos aviadores allí estacionados que editaban un periódico antibelicista llamado *Helping Hand*. Hablamos, escuchamos música y por la noche, ya tarde, fuimos en coche a las montañas donde nos desnudamos y tomamos un baño en los manantiales de agua caliente a la luz de un gajo plateado de luna.

En la primavera de 1971 viajé a Detroit para participar en las audiciones de «Winter Soldier», que acogió a los veteranos de Vietnam dispuestos a dar testimonio de las atrocidades que habían presenciado o cuya autoría habían compartido, hechos que los habían inducido a volverse contra la guerra. Fue el primero de varios encuentros con Jane Fonda. Aunque se convirtió en objeto del veneno «patriótico», no he dejado nunca de admirarla por haber sabido dejar a un lado su vida de gran estrella y tomado postura en la guerra.

En aquella ocasión conocí también al actor Donald Sutherland, quien no tardaría en participar en una película basada en la obra *Johnny cogió su fusil*, escrita por uno de los escritores de Hollywood que figuraban en la lista negra, Dalton Trumbo. Esta novela, tal vez la obra antibelicista más convincente de cuantas se hayan escrito nunca, tuvo en mí un profundo efecto cuando la leí en la adolescencia. Creo que me preparó para la revulsión que más tarde me producirían las guerras de todo tipo. Cuando comencé a dar clases, solía recomendarla a mis alumnos. Como también *Born on the Fourth of July* (*Nacido el cuatro de julio*), libro de memorias de Ron Kovic, un chico de clase trabajadora que se alistó en los Marines cuando tenía diecisiete años y a los diecinueve sufrió una fractura de columna vertebral a consecuencia de un bombardeo en Vietnam. Paralizado de cintura para abajo y condenado a una silla de ruedas, a su regreso se convirtió en detractor de la guerra. Ron Kovic cuenta que, a su regreso de Vietnam, oyó a Donald Sutherland leer *Johnny cogió su fusil* y aquel texto hizo cristalizar sus sentimientos.

Esta sucesión de relaciones me llevó a reflexionar acerca de cómo se establecen las conexiones: se lee un libro, se conoce a una persona, se vive un hecho determinado y, de pronto, tu vida da un vuelco. Por consiguiente, no hay acto, por insignificante que sea, que pueda desdeñarse o ignorarse.

Un día de los años ochenta alguien me llamó a Boston por teléfono. Era Ron Kovic, estaba en la ciudad, había leído algún libro mío y tenía ganas de conocerme. Le pregunté si le importaría asistir a mi clase, le dije que mis alumnos estarían encantados. Acudió a mi clase, pero no para dar una conferencia a los cuatrocientos alumnos presentes en el auditorio. En lugar de ello, se paseó con su silla de ruedas por el pasillo y se dedicó a hacerles preguntas, transmitiéndoles a su manera su profundo deseo de que terminaran las guerras en el mundo, de que se desterrara de él la violencia.

Tras cuatro años de negociaciones en París y después de la muerte de cincuenta y cinco mil americanos y de más de un millón de vietnamitas, después de intensísimos bombardeos de un pequeño país por obra de una de las grandes potencias de la historia, tras la imposibilidad de una victoria militar, Estados Unidos firmó un tratado de paz con Vietnam del Norte a principios de 1973 y accedió a retirarse. Continuó la guerra entre el gobierno de Saigón y las fuerzas del Frente de Liberación Nacional de Hanoi, pero a principios del año 1975 una ofensiva de Vietnam del Norte acabó por machacar al desmoralizado ejército de Vietnam del Sur.

En abril, la universidad de Brandeis, en la zona de Boston, organizó un acto para pedir la suspensión de la ayuda militar de Estados Unidos a Saigón. Estuve en el estrado, como tantas veces durante la guerra, junto con Noam Chomsky, que había sido uno de los primeros intelectuales americanos y sin duda el más influyente que habló contra la guerra. Su artículo de 1967 publicado en *New York Review ef Books*, titulado «La responsabilidad de los intelectuales», constituye un documento histórico redactado en un tono de decidida racionalidad, una elocuente invitación a que la gente se manifestara contra la política americana en Vietnam.

Noam y yo nos habíamos conocido en el verano de 1965 en un vuelo a Mississippi junto con una delegación de protesta contra el encarcelamiento de unos militantes de los derechos civiles. El movimiento antibelicista contribuyó a acercarnos más e hizo que Noam y su esposa Carol se convirtieran en grandes amigos míos y de Roz. De todas las personas que he conocido y que han desarrollado su actividad en el movimiento no ha habido nadie que, como Chomsky, combinara unas dotes intelectuales tan extraordinarias como las suyas con un grado tal de compromiso con la justicia social.

Cuando en la concentración de Brandeis de 1975, nos encontrábamos en plena sesión (no recuerdo quien estaba ante el micrófono en aquel momento), se produjo de pronto una interrupción. Por el pasillo apareció un estudiante corriendo y agitando un periódico. Trabajaba en el periódico del campus y acababa de recibir la noticia: Saigón se había rendido, la guerra había terminado. Todo el público del auditorio se puso en pie y se oyeron exclamaciones de alegría. Nos estrechamos las manos, nos abrazamos. Sentí una gran alegría pero, por encima de todo, una sensación de alivio al pensar que por fin se habían terminado las muertes. Creo que aquella fue la última sesión contra la guerra que celebramos.

Sentimos una extraordinaria sensación de orgullo y hasta de respeto cuando el gran periodista y anarquista I. F. Stone dijo que era la victoria del ser humano contra el poder tecnológico. Impresionaba pensar que un pueblo en apariencia débil, tanto en nuestro país como en Vietnam, se había enfrentado a la potencia del gobierno de Estados Unidos y había puesto fin a una guerra tan terrible como aquella. Pero quedaban más cosas por decir del movimiento pacifista. Se habría podido hablar de curas y monjas, de viajes a Hanoi, de actividades secretas, de detenciones, de cárceles y tribunales, del problema de la obediencia a la ley y de la sumisión al gobierno.

10. «PEDIMOS DISCULPAS, QUERIDOS AMIGOS, POR HABER VIOLADO EL ORDEN»

El 30 de enero de 1968, cuando me encontraba en la universidad de Boston dando un seminario de teoría política, entró alguien en la clase y dijo que sentía interrumpirme pero que me llamaban urgentemente al teléfono.

—¿No pueden esperar a que termine la clase? —pregunté.

—La persona ha dicho que tiene que hablar con usted en seguida.

Pedí a los alumnos que esperasen y salí rápidamente a atender el teléfono en el despacho.

En el otro extremo de la linea estaba David Dellinger, uno de los dirigentes nacionales del movimiento pacifista, a quien yo había conocido en Hiroshima en 1966. Me dijo que había recibido un telegrama del gobierno de Vietnam del Norte en Hanoi comunicándole que se disponían a hacer una primera entrega de tres pilotos americanos capturados a manera de gesto pacífico para conmemorar el Tet o Año Nuevo. Querían saber si el movimiento pacifista enviaría a Hanoi un «representante responsable» para recibir a los pilotos.

Dave y otros líderes del movimiento pacifista habían pensado que sería bueno que hicieran aquel viaje dos personas, por lo que ya se habían puesto en contacto con el padre Daniel Berrigan (había oído hablar vagamente de él), que era un cura católico y un formidable poeta (había obtenido un premio de poesía importante, el Lamont Prize), daba clases en Cornell y había hablado contra la guerra. Berrigan estaba dispuesto a hacer el viaje.

(Los vietnamitas habían pedido un «representante responsable». Le pregunté si Berrigan y yo, por ser responsables a medias, sumábamos entre los dos lo que pedían los vietnamitas).

—Oye, Howard, ¿quieres ir o no? —me preguntó Dave.

—¿Cuándo y cuánto tiempo?

—Saldrías mañana y la cosa puede durar una semana. Quizá dos.

Hice un rápido análisis de la situación. Estaban las clases, pero podía pedir a algún colega que se encargase de darlas. En cuanto a Roz, seguro que estaría de acuerdo en que hiciese aquel viaje. Dije, pues, que el día siguiente por la mañana estaría en el apartamento de Manhattan que él me indicó.

Volví a la clase donde daba el seminario y puse a mis alumnos al corriente del objeto de la llamada. Se produjo una gran conmoción: ¿Cómo? ¿Iría a la capital del «enemigo»? ¿Devolvería al país a tres prisioneros de guerra?

Al día siguiente, en un apartamento del centro de Manhattan, me presentaron a Daniel Berrigan, un hombre delgado, de negros cabellos, maneras suaves, vestido con pantalones negros, jersey negro de cuello alto, zapatillas de deporte y un medallón de plata colgado del cuello. Un hombre de una inteligencia endiablada. Me saqué un peso de encima. No tenía ganas de convivir con alguien que considerase que ceder al buen humor es una complacencia burguesa. Encontré en el piso a Dave Dellinger y a Tom Hayden, a quien conocía desde hacía años. Uno y otro se contaban entre los pocos americanos que habían estado en Vietnam del Norte durante la guerra, por lo que estaban dispuestos a «instruirnos», a mí y a Dan Berrigan, antes de salir de viaje.

Mientras hablábamos llamaron a la puerta. Era un hombre de atildada indumentaria que dijo pertenecer al Departamento de Estado. Había tenido noticia del viaje que íbamos a emprender a través «del servicio secreto». (Es decir, se había enterado al leer aquella mañana el *New York Times*). Tenía interés en hablar con nosotros antes de que saliéramos y también estampillar nuestros pasaportes al objeto de legalizar el viaje. Vietnam del Norte figuraba en la lista de países comunistas y era ilegal hacer este viaje. Le dijimos que nos negábamos, que no queríamos que un gobierno cuya actuación en Vietnam habíamos reprobado de forma tan contundente nos diera la aprobación oficial de aquel viaje.

Durante el viaje de veintiocho horas en avión que nos condujo a nuestro destino, dondequiera que hicimos escala —Copenhague, Frankfurt, Teherán, Calcuta, Bangkok—, subió siempre al avión un hombre muy bien vestido que se presentaba diciendo:

—Pertenezco a la embajada americana. Voy a estampillar sus pasaportes.

Pero Dan Berrigan y yo nos habíamos puesto de acuerdo para contestar que se lo agradecíamos mucho pero que no nos hacía ninguna falta.

El que había empezado siendo para mí el «padre Berrigan» no tardó en convertirse en «Dan» así que estuve en condiciones de arrasar aquel obstáculo psíquico que se remontaba a la infancia y que me hacía ver a los curas como unos hombres imponentes vestidos de negro. No nos conocíamos antes del día que montamos en el avión que nos llevaría de Nueva York a Vietnam, pero pasaríamos casi tres semanas de estrecha convivencia en extraordinarias circunstancias.

Dan procedía de una familia de clase obrera de la zona norte de Nueva York y había sido ordenado sacerdote en el seno de la orden jesuita. A principios de los años sesenta había reaccionado frente al movimiento de los derechos civiles de una forma que indujo a otros padres de la iglesia más conservadores a enviarlo a América Latina. Dan me dijo con una sonrisa que la táctica había sido equivocada. Contemplar la pobreza en el ambiente policial de América Latina no había hecho más que espolear su deseo de actuar, ahora sin obstáculos, en favor de la paz y la justicia.

Cuando leí sus poemas me conmovió su simplicidad y su pasión. También cuando, años más tarde, nos envió a Roz y a mí un poema en ocasión de la muerte en Washington de Mitch Snyder, héroe de los desvalidos.

¿Por qué aguantáis?,
les preguntaron.
¿Por qué camináis?,
decid.

Es por los niños, dijeron,
por el corazón también
y también por el pan.

Porque la causa es:
del corazón
el latido,
y los niños que viven
y el pan que crece.

Nuestra llegada a Vientiane, Laos, al parecer estaba programada para coincidir con la llegada de otro avión, un desvencijado aparato de la Segunda Guerra Mundial que pertenecía a la Comisión Internacional de Control (prácticamente lo único que quedaba de los fracasados Acuerdos de Ginebra de 1954 que pusieron fin a la guerra de Francia en Indochina). Aquel avión hacía seis vuelos al mes —de Saigón a Phnompenh, Camboya; a Vientiane, Laos, y a Hanoi— y nuestro viaje debía conectar con uno de dichos vuelos.

Pero aquel febrero de 1968 estaba en marcha en Vietnam la ofensiva del Tet. El Viet Cong, que según se decía se había dado a la fuga y había quedado anonadado por la enorme potencia de Estados Unidos, había irrumpido de pronto en Vietnam del Sur a través de una serie de ataques por sorpresa, incluso en la propia Saigón, y en un determinado momento había ocupado la embajada de Estados Unidos. Como resultado, el aeropuerto de Tan San Hut, de Saigón, estaba inoperante, razón por la cual no había llegado nuestro avión.

Debido a esto, Dan y yo pasamos en Vientiane una semana de

lo más extraña, alojados en un destartalado hotel a orillas del río Mekong, enfrente de Tailandia. Vientiane tenía todo el aire de la Casablanca de la Segunda Guerra Mundial, era una ciudad por la que pululaban los espías y en la que proliferaba la droga y la intriga internacional. En Vientiane tenían su embajada todas las potencias del mundo, los agregados de las cuales, cuando terminaban su trabajo, se perdían en sórdidos cafés donde se fumaba marihuana.

Así que llegamos y en el mismo vestíbulo del hotel, se nos acercó un asiático (¿laotiano?, ¿tai?, ¿chino?), que nos dijo en francés que pertenecía a la agencia de prensa francesa (Agence France-Presse) y que le habría gustado hacernos una entrevista informativa de nuestra misión en Hanoi. Le dijimos que tal vez podríamos concedérsela más tarde, cuando nos hubiéramos instalado. Dos horas más tarde, también en el vestíbulo del hotel, se nos acercó otro hombre que nos dijo en francés:

—Soy de la Agence France-Presse y me gustaría hablar con ustedes sobre el objeto de su viaje.

Le dijimos que un colega suyo ya se había puesto en contacto con nosotros.

—¡Qué raro! —exclamó—. Yo soy el único representante de Agence France-Presse en Vientiane.

Aquella semana nos paseamos interminablemente por las calles de Vientiane y por las orillas del Mekong a la espera del avión procedente de Phnompenh. Una mañana nos despertó una llamada telefónica de alguien que estaba en el vestíbulo. Era una voz americana que nos manifestó que quería conocernos y hablar con nosotros. Al bajar nos encontramos con un joven alto, ataviado con el pijama negro que es el atuendo habitual de los campesinos laotianos. Era Fred Branfman, que había pertenecido al Cuerpo de paz de Tanzania y admiraba a su insólito dirigente, Julius Nyerere. De regreso a Estados Unidos, se había pronunciado contra la guerra del Vietnam y se había alistado al Servicio Internacional de Voluntarios. Se trataba de un programa que ofrecía la exención del servicio militar a cambio de realizar una labor en el extranjero, a poder ser en zonas rurales.

Fred vivía con una familia pobre en una aldea no lejos de Vientiane. Aquel muchacho, que procedía de una acomodada familia de clase media aposentada en Long Island, nos dijo que se sentía muy feliz con su vida actual. Nos llevó a la barraca con zancos en la que vivía y nos presentó a sus «padres». De camino se procuró unos trozos de carne y, después de prepararla, nos sentamos en círculo en el suelo y comimos carne y arroz con los dedos. Fred actuó de interprete en nuestra conversación con el matrimonio de mediana edad. Terminada la comida, el marido se dirigió a un rincón donde tenía un pequeño altar budista.

—Reza por vosotros —nos explicó Fred—. Reza para que tengáis buen viaje.

Después el hombre se nos acercó y ató un cordel en la muñeca izquierda de Dan Berrigan y otro en la mía.

—Es para ahuyentar el peligro —nos explicó Fred.

Cuando nos despedimos, tras muchas reverencias, el hombre y la mujer nos dijeron unas palabras que Fred interpretó para nosotros:

—Quieren que sepáis que os quieren.

(Después del viaje al Vietnam conservé mucho tiempo el cordel atado a la muñeca hasta que se fue ennegreciendo y acabó por desintegrarse).

Por fin tuvimos noticias del avión. Estaba a punto de llegar. Saldríamos a última hora de la tarde. En el aeropuerto se había congregado una gran cantidad de gente que quería vernos partir, muchos fotógrafos y periodistas. Cuando ya nos disponíamos a subir al avión, salió un hombre del grupo y se acercó a nosotros. Iba vestido con traje y corbata.

—Soy de la embajada de Estados Unidos. Quisiera estampillar sus pasaportes.

Le dijimos que no con una sonrisa y el hombre titubeó:

—¿Ni siquiera verbalmente?

—No, gracias —le dijimos.

Volamos de noche a una determinada altura y siguiendo una ruta marcada tras un acuerdo con Vietnam del Norte al objeto de que no confundieran el avión I.C.C. en que viajábamos con un bombardero americano. Una confusión de este tipo había sido la causa de que derribaran un avión. Pese a todo, nos facilitaron cascos antiaéreos por si acaso. El vuelo, sin embargo, fue tranquilo. Los pasajeros que viajaban en el avión eran en su mayor parte diplomáticos que regresaban a sus puestos en Hanoi.

Volamos a poca altura sobre el río Rojo y avistamos el puente de pontones tantas veces bombardeado y reparado con gran ingenio otras tantas. Cuando aterrizamos nos recibieron con afectuosas sonrisas y con flores y, de noche, nos llevaron en coche hasta Hanoi. Pasamos delante de edificios arrasados por las bombas, de instalaciones antiaéreas agazapadas en la oscuridad, de mucha gente que circulaba a pie y en bicicleta a través de la carretera formando una densa e interminable hilera. Nos llevaron a un viejo hotel francés donde cenamos, solos, en un inmenso comedor en el que unos camareros con traje de etiqueta que parecían residuos de la etapa colonial francesa, nos sirvieron unas tortillas.

Nos acompañaron después a unas habitaciones adyacentes, limpias y cómodas, en las que junto a las camas había unas bandejitas con caramelos, galletas y cigarrillos. Los dos estábamos cansados a morir, pero Dan Berrigan impidió que me precipitara a mi habitación y, tras hurgar en su pequeña mochila, su único equipaje (lo que hizo que me preguntara si Dios, corno las compañías aéreas, también limitaba el peso del equipaje), sacó una botella de coñac y tomamos unos sorbos antes de acostarnos. Una costumbre que se convertiría en ritual nocturno durante todo el tiempo que permanecimos en Hanoi.

Una hora después nos despertó el lamento de unas sirenas que resonaron en todo el hotel. Se trataba de una incursión nocturna. Mientras decidíamos qué hacíamos, oímos unos golpecitos en la puerta. Una muchacha nos indicó que la siguiéramos y nos condujo al refugio subterráneo del hotel, donde encontramos a diversos huéspedes soñolientos, procedentes de diversas partes del mundo, que con diferentes atuendos permanecieron una hora en el refugio mientras sobre Hanoi se abatía un bombardeo.

Aquella experiencia fue para mí una novedad. Por algo yo era un bombardero ahora bombardeado por las fuerzas aéreas de las que un día había formado parte. Volví a sentir aquella tensión en el vientre que recordaba de los tiempos de las misiones de la Segunda Guerra Mundial. Era miedo. Pensé que me lo tenía merecido. Nadie decía nada. Había dos tipos de ruidos: el hondo fragor de las bombas al estallar (¿se acercaban o era que el estallido era más poderoso?) y el estampido más seco de las armas antiaéreas. Después, silencio y, después, la nitidez de la sirena avisándonos de que podíamos volver a nuestras habitaciones y dormir.

Cuando nos despertamos por la mañana, Dan Berrigan me mostró el poema que había escrito antes de acostarse. En Hanoi, todas las mañanas me mostraba el nuevo poema que había escrito por la noche. Me encantaban aquellos poemas.

Durante la semana que pasamos allí, las alarmas aéreas fueron diarias. Las sirenas sonaban cuatro veces, cinco veces, seis veces al día. Dondequiera que nos encontrásemos, con quienquiera que nos topásemos, siempre había alguien que, con gran serenidad y perfecta eficacia, nos acompañaba hasta el refugio más próximo. Por la calle encontrábamos a cada momento refugios individuales, perforaciones cilíndricas excavadas en plena calle para refugio de los viandantes. Ya los había visto fotografiados en la revista *Life* por Lee Lockwood, quien se las había ingeniado para viajar a Hanoi. (Posteriormente Lee se convertiría en un buen amigo mío).

Tratábamos de entender que quienes habían hecho todo aquello eran las personas que teníamos a nuestro alrededor y que aquella era su respuesta a las incursiones aéreas que, desde hacía tres años, les anunciaban a diario las sirenas. Tardé en darme cuenta de que aquella era una ciudad sin niños, casi todos habían sido evacuados al campo para escapar a las bombas. Un día visitamos el parque zoológico y vimos que las jaulas de los monos estaban vacías. También habían evacuado los monos al campo para salvarles la vida.

Pasamos cinco días circulando por la ciudad con cuatro guías vietnamitas. Eran muchachos simpáticos y despreocupados. Tres hablaban inglés y uno francés. Todas las noches tomábamos una copa con ellos en el bar del hotel antes de acostarnos. Sin embargo, no sabíamos nada de los prisioneros que teóricamente habíamos ido a recoger, por lo que tanto Dan Berrigan como yo comenzamos a preocuparnos (¿se habría suspendido la operación?, ¿se habían olvidado de lo que nos había traído al país?), hasta que un día el que se llamaba Oanh, músico y compositor, nos dijo:

—Cenad aprisa porque dentro de una hora estaremos con los tres prisioneros.

Atravesamos en coche calles oscuras hasta la prisión. Parecía una antigua casa de estilo francés adaptada a su nueva función. Como siempre, hubo un té introductorio. Seguidamente, el comandante de la prisión nos leyó los datos correspondientes a los tres aviadores: comandante Norris Overly, treinta y nueve años, casado y con dos hijos en Detroit; capitán John Black, treinta años, casado y con tres hijos en Tennessee; teniente David Methany, veinticuatro años, soltero. Aparecieron los tres, se inclinaron ante el comandante y se sentaron.

Entonces, uno de nuestros guías nos dijo por lo bajo:

—Pueden estrecharles las manos, si gustan.

Dan y yo nos acercamos y les dimos un apretón de manos. Y hablamos un momento con ellos.

—Tenéis buen aspecto.

(Era verdad. ¿Sería que les habían ofrecido un trato especial a la espera de aquella entrevista?).

—¿Y tú, de dónde eres?... ¡Pues sí, tengo un conocido en Des Moines...!

Hubo un intercambio de frases de este estilo. Extraña conversación, dadas las circunstancias. Tal vez.

El día siguiente hubo una ceremonia oficial en la que «recibimos» a los prisioneros y a la que estuvo presente toda la prensa internacional de Hanoi. Las autoridades vietnamitas pronunciaron unas palabras, Dan Berrigan habló en nombre de nosotros dos y el teniente Methany dijo algunas palabras amables en nombre de los aviadores a los representantes del gobierno de Vietnam del Norte.

Seguidamente volvimos al hotel, donde se había previsto que cenaríamos a solas con los tres aviadores. Fue una cena por todo lo alto, servida por una batería completa de camareros: una interminable sucesión de cuencos con potaje, fiambres, pollo, además de pan y cerveza. La conversación discurrió por cauces amables, no se habló para nada de la guerra. Nos dijeron que al principio estaban algo preocupados porque sabían que pertenecíamos al famoso «movimiento pacifista», pero que ahora se sentían muy cómodos. Creo que el hecho que había contribuido a facilitar las cosas fue que las personas que habían ido a buscarlos fueran un sacerdote y un antiguo soldado de las Fuerzas Aéreas.

El vuelo de Hanoi a Vientiane discurrió sin ningún contratiempo. La azafata nos sirvió caramelos y aperitivos y estuvimos muy relajados. Yo estaba sentado entre el comandante Overly y el capitán Black. Dan Berrigan estaba con Methany. Overly me habló de cosas que había vivido durante la cautividad. Tras ser derribado, había hecho un fatigoso recorrido de veintiocho horas hasta Hanoi custodiado por guardias militares, amenazado y golpeado por furiosos aldeanos (muchos habían perdido a sus hijos, a sus padres y a personas queridas en los bombardeos). Los guardias lo habían tenido que proteger en repetidas ocasiones.

—¡Era todo tan extraño! Tan pronto parecía que querían matarme como, un minuto después, otro vietnamita me trataba con tal compasión que me dejaba desconcertado. Yo tenía una infección grave en la espalda que me producía un gran dolor. Me dieron sulfa, pero tardó mucho en curarse.

Overly dijo que en la cárcel no lo pasó tan mal, que no fue objeto de malos tratos, ni de adoctrinamientos. Le dieron unos cuantos libros sobre la historia de Vietnam, comida suficiente y le dispensaron cuidados médicos.

Cuando llegamos a Laos apareció el embajador de Estados Unidos, que los condujo a un avión militar. Jamás volvimos a verlos ni a saber de ellos. Mas adelante, ya en Estados Unidos, leímos que Overly daba charlas por todo el país y que decía que en la cárcel había recibido malos tratos y lo habían torturado. Me quedé muy sorprendido, puesto que no existía razón para que me mintiera sobre la etapa que había pasado en la cárcel cuando me informó al respecto en el avión hacia Vientiane.

Sin embargo, prescindiendo de lo que haya de verdad en el tratamiento que recibió Overly en la cárcel, no pongo en duda lo que se dijo después de la guerra sobre torturas y malos tratos. La brutalidad no es prerrogativa exclusiva de ningún bando en particular en las guerras ideológicas, sino que forma parte integrante del ambiente carcelario y debe ser condenada por igual en todos los casos.

Dan Berrigan y yo hicimos juntos el largo vuelo a Estados Unidos y, sumamente cansados, nos enfrentamos con baterías de micrófonos y cámaras y nos separamos después. Aquel viaje, sin embargo, dio lugar a una amistad que se ha prolongado a lo largo de toda nuestra vida.

Y todavía creció cuando Dan se situó al margen de la ley y yo ayudé a esconderlo.

En el otoño de 1967, el hermano de Dan Berrigan, Phil Berrigan, que había participado como soldado en la Segunda Guerra Mundial y después se hizo sacerdote, protagonizó una protesta espectacular contra la guerra. Junto con otros tres hombres, penetró en una oficina de reclutamiento de Baltimore, sacó los expedientes de los archivadores y los manchó con sangre para simbolizar la destrucción de la vida perpetrada en Vietnam. Todos ellos fueron detenidos y condenados a la cárcel. Pero aquella acción condujo a otras.

Poco después de nuestro regreso de Hanoi, Dan Berrigan quedó muy impresionado con la noticia de la muerte de un adolescente católico que, en una iglesia de Syracuse, Nueva York, se había empapado el cuerpo de queroseno y se había prendido fuego en protesta contra la guerra. Pocos meses más tarde, Dan y su hermano Phil (que había salido de la cárcel bajo fianza) junto con siete personas más, entre ellas dos mujeres, una monja de Maryknoll, Marjorie Melville, y una enfermera llamada Mary Moylan, penetraron en la junta de reclutamiento de Catonsville, Maryland, sacaron los expedientes de su sitio y, con napalm de fabricación casera, les prendieron fuego. Seguidamente fueron detenidos.

Así pues, los Nueve de Catonsville se sumaron a los Cuatro de Baltimore, después de lo cual siguió creciendo la lista de actos perpetrados contra las oficinas de reclutamiento. Hubo los Catorce de Milwaukee, los dos de Boston, los Veintiocho de Camden y media docena de personas más. Todos fueron juzgados y condenados, pero no sin antes haberse explayado con el jurado y haber confesado, con el corazón en la mano, qué motivos los habían impulsado a violar la ley. De hecho, lo que ellos querían era que se juzgara la guerra.

Avanzándose a la declaración, Dan Berrigan escribió: «Pedimos disculpas, queridos amigos, por haber violado el orden, por haber quemado papel y no niños… Que Dios se apiade de nosotros, pero no podíamos hacer otra cosa. Nos sentimos turbados hasta el fondo del alma, el corazón no nos deja en paz cuando pensamos en el País Donde Se Quema a los Niños… Pedimos a nuestros amigos cristianos que consideren sinceramente la pregunta que, noche y día, viene torturándonos desde que empezó la guerra. ¿Cuántos tienen que morir aún antes de que se escuche nuestra voz, a cuántos hay que torturar, mutilar, matar de hambre, abocar a la locura?… ¿Cuándo, en qué momento va a pronunciarse el no a esta guerra?».

Les correspondieron condenas de dos a tres años, pero siguieron en libertad bajo fianza pendientes de apelación. Las apelaciones se prolongaron por espacio de año y medio, fueron todas denegadas y, finalmente, se dio orden de detener a los demandados. No se pudo localizar a tres de ellos —Mary Moylan, Philip Berrigan y Daniel Berrigan— y el FBI se lanzó a una frenética búsqueda para ver de encontrarlos. (A juzgar por el empeño que pusieron en la labor, me hago idea de cómo se sentían.)

A principios de 1970 recibí una llamada telefónica pidiéndome que fuera a Ithaca, Nueva York, para hablar sobre la guerra. No me dieron más detalles, pero eran años en los que no hacíamos demasiadas preguntas. Acudió a recibirme aquel extraordinario anarquista intelectual que era Paul Goodman, quien me puso al corriente de la enorme concentración pacifista que acababa de tener lugar en el gimnasio de la universidad de Cornell.

Había corrido la voz de que hablaría Dan Berrigan, por lo que, mezclados con el público, había docenas de agentes del FBI ávidos de prenderlo. En el escenario se presentaba una especie de ceremonia de la Pascua hebrea, en el curso de la cual, como es costumbre, se deja abierta una puerta para que por ella pase el profeta Elías. Dan Berrigan atravesó dicha puerta y entró en el escenario. Los agentes, que estaban mezclados con la multitud, se lanzaron inmediatamente al escenario, pero justo en aquel momento se apagaron las luces.

Cuando volvieron a encenderse unos momentos después, Berrigan había desaparecido. Estaba escondido en el escenario, en el interior de un enorme polichinela perteneciente al famoso grupo teatral Bread and Puppet Theatre y, junto con otros polichinelas gigantes, fue trasladado a un camión que ya estaba esperando.

En cuanto al encargo que me habían hecho de hablar en Ithaca College, los estudiantes pacifistas habían dispuesto que me pagarían mil dólares. Dicha cantidad sirvió para iniciar un fondo que se utilizaría para mantener a Dan Berrigan durante el tiempo que estaría escondido.

Pocos días después recibí otra llamada telefónica. (Se comprende que sea tan importante para la policía tener pinchados ciertos teléfonos). Querían saber si estaría interesado en ir a Nueva York para dar una conferencia sobre el tema de la guerra en una iglesia católica del Upper West Side de Manhattan. El sacerdote que estaba al frente de la misma era un oponente radical de la intervención en Vietnam y estaba previsto que hablaría en la misma sesión mi amigo el intelectual pakistaní Eqbal Ahmad, también militante activo del movimiento.

Una joven me vino a recoger al aeropuerto de LaGuardia. Era una monja. Desde que los curas se casaban, yo ya me había acostumbrado ver monjas con vestimenta corriente. Sentía una gran simpatía por todos aquellos hombres y mujeres magníficos, capaces no solo de desafiar al gobierno de Estados Unidos sino también sus propias jerarquías religiosas. La monja me comunicó que aquella misma tarde el FBI había descubierto a Philip Berrigan en el piso donde vivía el párroco, que habían derribado la puerta y lo habían detenido.

El FBI sospechaba que Dan Berrigan no andaba lejos y que podía aparecer en la reunión de la iglesia. Aquella noche, confundidos con las quinientas personas que se congregaron en la iglesia, había un gran número de agentes —gabardinas, sombreros de fieltro, la famosa indumentaria del cuerpo— moviéndose entre el público y en las proximidades del estrado.

Yo estaba sentado en el estrado junto a Eqbal y a Liz McAlister, la monja que más tarde se casaría con Philip Berrigan. (Tendrían tres hijos en los años siguientes, todos los cuales viven en una comunidad pacifista de Baltimore donde no parece sino que se turnan en ir a la cárcel por sus protestas antibelicistas y antimilitaristas). Liz y yo hicimos una buena amistad y, mientras estábamos allí sentados, nos pasó a mí y a Eqbal una nota citándonos para después de la sesión de la iglesia en un restaurante español-chino situado en la zona alta de Broadway, ceca de la universidad de Columbia.

Eqbal y yo nos dirigimos al restaurante recurriendo a todos los trucos elusivos que conocíamos gracias a las películas de Hollywood que habíamos visto. Allí encontramos a Liz y a la hermana Joques Egan, distinguida educadora católica, antigua presidenta del Marymount College, que había pasado cuarenta días en la cárcel por negarse a hablar ante un gran jurado que quería hacer averiguaciones sobre ella por actividades antibelicistas.

Las dos mujeres nos informaron de que Dan Berrigan estaba escondido en una casa de New Jersey, pero que el lugar no era seguro, y nos dieron la dirección y el encargo de ir a verle y de hacer las gestiones necesarias para su traslado a otro sitio. A la mañana siguiente, Eqbal y yo alquilamos un coche, fuimos a New Jersey, nos pusimos en contacto con Dan y hablamos sobre la situación. Nos dijo que le urgía salir del escondrijo porque en la casa de enfrente de su misma calle vivía un agente del FBI. Decidimos, pues, trasladarlo a Boston, donde yo podía encontrarle un lugar seguro.

Encontramos a alguien dispuesto a llevarlo en coche a Boston y la noche siguiente se presentó en mi casa. Sería su última visita a la misma, puesto que sabíamos que yo era uno de los nombres sospechosos más destacados en la lista de sus amigos. En el curso de la conversación sobre la estrategia a aplicar reunimos los nombres de las personas que tenían menos probabilidad de figurar en las listas del FBI como amigos de Dan, personas que podían estar dispuestas a darle alojamiento mientras estuviera escondido. Nadie sabía cuánto tiempo podía durar aquella situación.

Sabíamos que todo aquel que ayuda a un fugitivo de la justicia corre el peligro de ir a la cárcel. Pese a esto, ninguna de las personas a las que propusimos que acogieran a Dan se negó a ello. Había entre ellas un joven editor, una artista y su familia y la familia de dos profesores universitarios. Dan iba de casa en casa, se convirtió en un miembro más de aquellas familias. Nosotros formamos un comité de ayuda compuesto por seis personas y nos encargábamos de llevarlo de un lugar a otro y de decidir qué cosas de las muchas que quería hacer eran seguras o no. (Era un hombre con ideas propias y no siempre se doblegaba a nuestras «órdenes»).

Dan leía y escribía poesía y le gustaba mucho el cine y dar paseos por la orilla del río Charles, por lo que decidimos que lo mejor era procurarle un disfraz. Alguien le facilitó una peluca, que solo sirvió para infundirle un aire tan grotesco que, incluso en medio de una multitud, lo habrían descubierto al momento. Una noche nos reímos lo nuestro mientras Dan se la probaba y adoptaba diferentes poses.

En cierta ocasión necesitó que le arreglasen una muela y yo le pedí hora con mi dentista. Hice la reserva a nombre de un tal «señor McCarthy», un amigo de fuera que se encontraba de visita en mi casa. Sobre una mesilla de la sala de espera había un ejemplar de la revista *Time*, la abrí y me encontré con un artículo y una foto con el epígrafe: «El fugitivo padre Daniel Berrigan». Pero, al parecer, el dentista no se había mirado la revista. (Años más tarde, cuando le conté la verdad, me dijo: «Habrías debido decírmelo, me habría encantado ayudaros»).

Aquella primavera, mientras Dan Berrigan estaba escondido, yo seguía dando mis clases de teoría política en la universidad de Boston. En un libro que había publicado dos años antes (*Desobediencia y democracia*), había abordado la cuestión de si una persona que comete un acto de desobediencia civil tiene la obligación de entregarse para someterse al castigo correspondiente. En mi opinión, no tenía tal obligación y eludir la cárcel equivalía a persistir en su actitud de desobediencia civil y a continuar la protesta.

En clase leíamos el *Critón* de Platón, donde Sócrates se niega a escapar de la cárcel y de la pena de muerte y dice, en apoyo de su decisión, que tiene la obligación de hacer lo que el Estado le ordena que haga. Para apoyar mis argumentos contra su postura, aduje el ejemplo de Dan Berrigan, que seguía escondido y no dejaba de hablar contra una guerra que consideraba injusta. Por supuesto que mis alumnos no sabían que Dan estaba en Boston.

Dan permaneció cuatro meses escondido, aunque no del todo. Aparecía de vez en cuando para volver a desaparecer después, con lo que seguramente volvía locos a los del FBI. En este periodo le preparamos una entrevista secreta con una importante red de noticias de Connecticut. Dan se presentó en una iglesia de Filadelfia, hizo el sermón del domingo y se convirtió en protagonista de un documental de Lee Lockwood titulado *El delincuente consagrado*. También emitió mensajes al país sobre la época de la invasión de Camboya y las muertes de Kent.

Nos sentíamos orgullosos de lo bien que habíamos sabido esconderlo. Pero fue un sentimiento muy efímero. En contra de nuestro parecer, Dan insistió en visitar a dos viejos amigos suyos, los poetas William Stringfellow y Anthony Towne, que tenían una casa en Block Island, paradisíaco lugar de veraneo a orillas del océano al sur de Rhode Island. Envió una carta a su hermano Phil, que estaba entonces en la cárcel, comunicándole sus intenciones, pero la carta la llevó un mensajero que resultó ser informador del FBI y una mañana, al despertarse, Dan vio un número impresionante de hombres que, apostados detrás de los arbustos, tenían rodeada la casa.

Bill Stringfellow salió a la calle para averiguar de qué se trataba.

—Estamos observando los pájaros —le dijeron a modo de explicación.

Resultó que el pájaro que observaban era el padre Daniel Berrigan, al que detuvieron y condujeron en una lancha motora al continente. El mar estaba alborotado y los agentes del FBI que lo acompañaban se marearon. Existe una fotografía muy cómica en la que se ve a Dan esposado, con un agente del FBI a cada lado, en el momento de llegar al continente. El detenido está muy sonriente, pero el aspecto de los agentes es deplorable.

PARTE TERCERA
ESCENARIOS Y CAMBIOS

11. EN LA CÁRCEL: «EL MUNDO ESTÁ PATAS ARRIBA»

Un encuentro con la policía, el simple hecho de pasar una noche en la cárcel, son cosas que de por sí constituyen experiencias educativas intensas y únicas. Ignoro el número exacto de personas que fueron detenidas en los años sesenta y principios de los setenta por motivos relacionados con los derechos civiles y el pacifismo, pero la cifra debe de oscilar entre cincuenta mil y cien mil. (En un solo día fueron detenidas trece mil personas en Washington, D. C.; en Birmingham se detuvo a varios miles, a mil en la pequeña ciudad de Albany, Georgia, etcétera.) Todo esto indica que se aprendió mucho.

Las cosas que se aprendieron entonces guardan relación con el sistema legal en una democracia liberal (no tan liberal ni tan democrática), con la voluntad de algunas personas de renunciar a su libertad por la causa de la paz y la justicia, con la capacidad que tienen los seres humanos de sacrificarse por los demás cuando la espantosa prueba de la cárcel les exige que olviden sus propias necesidades.

Estas conclusiones son fruto de los hechos de que fui testigo en el sur y en el curso de mis contactos con el movimiento pacifista. Y fruto también de mis propias breves experiencias con detenciones y con la cárcel. (Cierta vez preguntaron a un famoso científico:

«¿Cuántos ejemplos necesita para poder generalizar?». Y respondió: «Dos está bien, pero con uno basta»).

Al final de mayo de 1970, los sentimientos en relación con la guerra había cobrado una intensidad casi insoportable. En Boston, alrededor de cien personas decidimos hacer una sentada ante la base del ejército y bloquear la carretera usada por los autocares que trasladaban a los soldados a sus deberes militares. No éramos tan ingenuos que creyéramos que con aquella medida íbamos a interrumpir la riada de soldados hacia el Vietnam. Se trataba de un acto simbólico, de una declaración de principios, de una especie de representación teatral de lo que es una guerrilla. Nos detuvieron a todos y, con curioso lenguaje de antigua raigambre, nos acusaron de «merodear y remolonear» con la intención de obstruir el tráfico.

Obligados a comparecer ante un tribunal, la mayoría de los manifestantes se declararon culpables, fueron multados con pequeñas cantidades y fueron enviados a sus casas. Ocho insistimos en que se nos hiciera un juicio en toda regla con intervención de un jurado, aunque el jurado formado por «iguales» es uno de tantos mitos del sistema legal. El jurado es siempre un cuerpo más ortodoxo que el del acusado que compadece ante él. En el caso de los negros suele ser un grupo más blanco; en el de los pobres, un grupo más acomodado.

Tardaron seis meses en juzgarnos, fue en noviembre de 1970 cuando volvimos a compadecer ante el tribunal. Nos dirigimos al jurado y les hablamos directamente de la guerra, les explicamos qué suponía aquella guerra para el Vietnam, qué suponía para el pueblo americano. Les dijimos que, al parecer, el sistema político americano se veía incapaz de para una guerra que era a la vez inconstitucional e inmoral. Y que por consiguiente, se hacía necesaria a desobediencia civil, al estilo de la grandiosa tradición del Boston Tea Party y de las intervenciones antiesclavistas, para que el público en general y el gobierno se percataran de la realidad.

Pero nuestras palabras cayeron en saco roto. Tal como el juez planteó el caso, de lo único que allí se trataba era de si habíamos obstruido el tráfico o no lo habíamos obstruido. Otra lección derivada del sistema legal es que, por la manera que tiene el juez de formular la acusación, orienta inevitablemente al jurado en una dirección u otra y limita su independencia.

Así pues, fuimos declarados culpables y condenados a siete días de reclusión o a pagar una multa de veintiún dólares. Cinco de los acusados pagaron la multa. Me disponía igualmente a hacerlos, por la falta absoluta de ganas de pasar un momento siquiera en la cárcel, pero dos personas del grupo —una mujer de Wellesley llamada Vaneski Genouves y un chico de Cambridge, Eugene O'Reilly— dijeron que irían a la cárcel y, considerando que no podía dejarlos solos, me negué también a pagar la multa. Como el juez se sentía reacio a encerrarnos, nos concedió cuarenta y ocho horas de prórroga por si cambiábamos de parecer, después de las cuales volveríamos a presentarnos y decidíamos si pagábamos la multa o íbamos a la cárcel.

Entretanto me habían invitado a un debate en Johns Hopkins University con el filósofo Charles Frankel sobre el tema de la desobediencia civil. Si tenía que compadecer ante el tribunal según se había decidido, tendría que perderme el debate. Pensé, pues, que habría sido una hipocresía por mi parte defender la desobediencia civil y, por otro lado, someterme sumisamente a la orden dictada por el tribunal y perderme con ello la oportunidad de hablar de la desobediencia civil a centenares de estudiantes.

Así pues, el día en que habría debido compadecer en la sala de justicia de Boston, tomé un avión hacia Baltimore y me enfrenté a Charles Frankel en el debate. Yo había admirado sus escritos, pero advertí que se había convertido en alguien más reacio a afrontar la desobediencia civil, más respetuoso con el gobierno.

La desobediencia civil, según manifesté a la audiencia, no era el problema, por mucho que algunos creyesen que amenazaba la estabilidad social y conducía a la anarquía. El mayor peligro, rebatí, estaba en la obediencia civil, en la sumisión de la conciencia individual a la autoridad del gobierno. Era esta obediencia la que desembocaba en los horrores que veíamos en los estados totalitarios mientras que en los estados liberales llevaba a la aceptación pública de la guerra cuando el llamado gobierno democrático así lo decidía.

Mi charla empezó de la siguiente manera: «Parto de la premisa de que el mundo está patas arriba… Daniel Berrigan está en la cárcel —un cura católico, un poeta que se opone a la guerra— y J. Edgar Hoover está en la calle. David Dellinger, que se ha opuesto a la guerra desde que era así de alto… corre peligro de ir a la cárcel. Y a los responsables de la masacre de My Lai no los han juzgado siquiera; están en Washington, desempeñando diversos cargos, importantes y subordinados, que tienen que ver con las masacres, que les sorprenden cuando ocurren».

Les dije que, en un mundo así, la ley trata de mantener las cosas tal como están. Por consiguiente, para iniciar el proceso del cambio, para parar una guerra, para hacer justicia, es necesario violar la ley, cometer actos de desobediencia civil, como hicieron los negros sudistas y los pacifistas con sus protestas.

Al día siguiente por la mañana temprano, me encontraba en el aeropuerto de Washington de regreso a Boston y pensaba llegar a tiempo para dar mi clase de las once. Llamé a Roz, quien me dijo:

—Han dicho por radio que han cursado una orden de detención y que te están buscando.

Una vez más, me habría parecido absurdo saltarme una clase cuya rúbrica era «Ley y justicia en América» y en la que uno de los temas de debate era precisamente la desobediencia civil, para someterme a la ley. Siempre he creído que los maestros instruyen más con sus actos que con sus palabras. Pensé que no haría nada heroico, que no me escondería, pero que si las autoridades querían detenerme tendrían que venir a por mí.

Fui directamente del aeropuerto de Boston a la clase. Mis alumnos se quedaron pasmados al verme.

—¡La policía lo está buscando! ¿No piensa presentarse?

Les dije que sí, pero que primero daría la clase. No tuve que hacer nada porque, así que terminó la clase y salí, me encontré con un par de detectives que me estaban esperando junto con un representante de la universidad, que daba muestras evidentes de estar muy nervioso.

Me llevaron delante del juez y me brindaron la oportunidad de pagar la multa. Como me negué, me esposaron inmediatamente y me condujeron a la prisión de Charles Street. Era un preventorio destinado a tener bajo custodia a aquellos que estaban a la espera de juicio o que cumplían condenas de corta duración. La cárcel era una vieja mazmorra declarada desde hacía mucho tiempo impropia incluso para los presos. Mi compañero de celda era un adolescente, un muchacho taciturno recluido por algún asunto relacionado con drogas.

Aquella noche, en la celda, dormí poco. Me lo impidieron las conversaciones, las voces y los gritos dentro del recinto carcelario, las luces encendidas toda la noche, las cucarachas lanzadas a la carrera junto al camastro, el golpeteo constante de puertas de acero. Tomé una decisión inmediata: no pasaría una noche más allí dentro. Pagaría el resto de la multa y me iría a casa. Mi compañero de celda, además, me veía como un tarado desde que se había enterado de que, pagando unos dólares, habría podido salir a la calle y, en cambio, prefería estar allí dentro. Aparte de esto, me había comprometido a dar otra charla sobre la guerra en Oregón. Y… por encima de todo, ¡estaban las cucarachas!

A la mañana siguiente nos autorizaron a salir de la celda y acceder al corredor para tomar un simulacro de desayuno. Nos sentamos a unas mesas largas y otros prisioneros nos pusieron delante unos trozos de contrachapado pintado de amarillo. Eran tostadas a la francesa. Y además, algo parecido a café.

Mientras comía oí que un guardia gritaba mi nombre. Levanté la vista.

—Zinn, un telegrama para usted.

Los demás prisioneros también levantaron la vista. En la cárcel de Charles Street no se reciben telegramas. Lo cogí un tanto cohibido. Estaba firmado con dos nombres que reconocí. Eran los de dos vecinos que acababan de comprarse una casa junto a la vivienda para dos familias cuya planta superior teníamos alquilada. Eran del Medio Oeste, «la América Media», un abogado y una artista. Sabíamos muy poco de ellos. El texto decía: «Con nuestros mejores deseos. Estamos de su parte». El telegrama me compensó de la tostada francesa.

Cuando, en agosto de 1965, la participación estadounidense en Vietnam comenzó a aumentar, había un sesenta y uno por ciento de americanos que aprobaban la intervención americana. Pero en la primavera de 1971 la opinión pública experimentó un vuelco espectacular. Ahora había un sesenta y uno por ciento de la población que no estaba de acuerdo con aquella guerra. A finales de abril de 1971 se dieron cita en Washington varios millares de veteranos que hicieron una acampada e intentaron conseguir un cabildeo. Como manifestó uno de ellos: «Es la primera vez en la historia de este país que unos hombres que han participado en una guerra van a Washington para exigir su cese mientras la guerra sigue en marcha».

El acto final de la acampada de los veteranos en Washington, cuyo número rondaba el millar, muchos en silla de ruedas o con muletas, consistió en arrojar las medallas que habían recibido como condecoración por encima de las vallas colocadas por la policía alrededor de las gradas del Capitolio como medida de protección. Todos pronunciaron algunas palabras personales al arrojar las medallas. Uno dijo: «No estoy orgulloso de estas medallas. No estoy orgulloso de lo que hice para merecerlas. Pasé un año en Vietnam… jamás cogimos prisioneros vivos». Un soldado de las Fuerzas Aéreas dijo que había hecho un mal servicio a su país. «En lo que a mí concierne, ahora es cuando sirvo a mi país».

Un día después de la devolución de medallas, hubo en Washington una concentración pacifista de proporciones gigantescas, había quizá medio millón de personas. La manifestación fue pacífica, no hubo alborotos.

Pocos días después, apenas habían vuelto a sus casas los manifestantes, hubo en Washington una concentración de veinte mil personas decididas a interrumpir el tráfico. Algunos decían cosas tan descabelladas como que había que «arrasar la ciudad». Todos eran de la opinión de que se precisaba algo más que discursos si se quería poner fin a la guerra. Se formaron grupos de actitudes afines, cada uno de unas doce personas que se conocían y que se tenían confianza. La idea era evitar una organización centralizada, burocrática. Los integrantes de cada grupo decidirían por su cuenta qué participación tendrían en la estrategia total.

El grupo al que yo pertenecía no habría sido el más apropiado para la guerrilla en las calles de Washington. Estaba formado por Noam Chomsky; Dan Ellsberg, antiguo marine y miembro del gobierno, cuya participación en la revelación de los secretísimos documentos del Pentágono todavía no había saltado a la calle; Marilyn Young, historiadora; Zee Gamson, profesora de la universidad de Michigan; Fred Branfman, que había vuelto de Laos y se dedicaba exclusivamente a actividades pacifistas; Mark Ptashne, profesor de Harvard y biólogo; Cynthia Frederick, organizadora; Mitch Goodman, escritor y uno de los acusados, junto con el Dr. Ben Spock, en el juicio de los Cinco de Boston.

Nos reunimos demasiado tarde para agregarnos a la gran marcha hacia el Pentágono y, en lugar de echar a correr para atraparla, decidimos actuar por cuenta propia y bloquear el tráfico de una arteria principal. Mientras nos instalábamos entre empujones en plena calzada, vimos que la policía avanzaba hacia nosotros (no teníamos idea entonces de la cantidad de gente movilizada por el gobierno: cinco mil policías, mil quinientos guardias nacionales, diez mil federales, entre ellos paracaidistas). Dispararon proyectiles de gases lacrimógenos y no tardamos en vernos envueltos en una nube de vapor. Echamos a correr primero, volvimos a juntarnos después y nos dispusimos a bloquear otra calle. Así seguimos un tiempo. Es un hecho que los actos simbólicos (el objetivo que perseguíamos no era, en realidad, bloquear las calles) resultan siempre un poco extraños.

Una de las veces que volvimos a constituir el grupo, mientras nos concentrábamos en una esquina y hablábamos con un viandante que nos preguntó qué pasaba, se nos acercó inopinadamente un policía que arremetió contra Dan Ellsberg y contra mí, nos roció la cara con un aerosol y desapareció a continuación.

Dan y yo nos quedamos cegados unos diez minutos. Aunque nos recuperamos, ya no estuvimos en condiciones de intervenir.

Aquella noche dormí en casa de un amigo y al día siguiente, cuando desperté, me encontré la ciudad bajo ocupación militar. Fui andando hasta DuPont Circle y vi que estaba atiborrado de soldados de la División Aerotransportada 101. Seguí caminando. Había policías por todas partes.

Justo delante de mí descubrí a un grupo de jóvenes melenudos y de indumentaria descuidada que sin duda formaban parte de las acciones pacifistas organizadas en la ciudad. Caminaban tranquilamente cantando «America the Beautiful». De pronto la policía se lanzó sobre ellos, les anunció que estaban detenidos y los acorraló contra un coche policial.

Era evidente que no los habían detenido por haber cometido un acto específico, sino por quienes eran y por el aspecto que tenían. Sin entretenerme a pensar y como reacción inmediata a mi indignación, me paré y pregunté al oficial que estaba junto a uno de los chicos:

—¿Por qué los detienen?

(Yo sabía que le pregunta era ingenua y, por otra parte, inútil, pero la escena que tenía ante mis ojos no podía dejarme indiferente). El policía se volvió hacia mí con presteza y dijo:

—Usted también queda detenido. ¡Colóquese aquí!

Mientras me empujaban contra el coche policial, se me acercó un joven con una cámara decidido a sacar una foto. También lo detuvieron. Nos metieron a todos a empellones en un furgón, que arrancó al momento. Pasé la noche en una minúscula celda atiborrada con los diez muchachos, la mayoría de dieciocho o diecinueve años, procedentes de Wisconsin, California, Georgia y Tennessee. En aquellos primeros días de mayo fueron detenidas en Washington unas catorce mil personas por haberse manifestado contra la guerra.

Llegué a Boston a tiempo para dirigir la palabra a una enorme concentración de cincuenta mil personas reunidas en el Boston Common. Hablé sobre la necesidad de la desobediencia civil cuando fallan los mecanismos normales del gobierno —como el recurso a un proceso electoral, el Congreso o el Tribunal Supremo— para poner fin a la guerra. Les dije que la desobediencia civil constituía, por tanto, un procedimiento visible para representar la intensidad de los sentimientos pacifistas de un importante sector del pueblo americano. En consecuencia, aunque supusiese, en un sentido técnico, una violación de la ley, constituía un acto de democracia suprema si uno se atenía a lo previsto por la Ley de Derechos ciudadanos en lo tocante a «solicitar del gobierno una reparación de daños».

El día siguiente varios millares de personas nos sentamos en círculo alrededor del Edificio Federal J. F. K. La policía cargó con fuerza. Uno de los agentes me saludó con afabilidad. Era un hombre jovial de mediana edad que había asistido recientemente a una de las charlas que yo había dado en la universidad de Northeastern a un público formado por policías sobre el tema de la brutalidad policial. El tiempo me había enseñado que los policías son, al igual que los soldados, personas normales y con buenos sentimientos aunque integradas en una cultura de obediencia a las órdenes y capaces de actos brutales contra todo aquel que les es designado como «enemigo», en este caso particular los integrantes del movimiento pacifista.

Era un día soleado de primavera y estábamos sentados formando un gran círculo. A veces cantábamos y a veces entonábamos consignas pacifistas. De pronto la policía arremetió contra el círculo y, sacando de él a algunos de los que lo formaban, los condujo al interior del edificio. Yo fui uno de ellos. Me condujeron a empellones, me desgarraron la ropa, me empujaron al interior de un ascensor junto con otros manifestantes y nos llevaron arriba, donde quedamos detenidos. Conservo todavía las anotaciones que hice entonces: «Steven Bertolino, sentado junto a su mujer, aporreado en una pierna, puntapiés en los testículos... El que estaba a su lado, O'Brien, golpeado con la porra en la cabeza sin que él hubiera hecho nada. Mike Ansara, sentado a mi lado en el ascensor, golpeado por el policía, labio sangrando».

Más tarde, los detenidos fueron encerrados en el calabozo situado detrás del tribunal municipal a la espera de ser juzgados. Un hombre llamado John White se sacó una flauta del bolsillo y tocó una jiga irlandesa al son de la cual un par se pusieron a bailar.

En el curso de los años siguientes todavía me detuvieron unas cuantas veces. En una ocasión porque el grupo del que yo formaba parte se negó a retirarse del césped de la Casa Blanca, donde nos habíamos congregado para protestar contra el apoyo que el gobierno de Estados Unidos prestaba al gobierno asesino de El Salvador. Nos detuvieron y nos ataron las manos a la espalda con una cuerda de plástico (era un grupo de pacifistas religiosos no violentos, pero los procedimientos policiales no admiten excepciones). Nos retuvieron durante horas, en pleno calor sofocante de principios de julio, en el interior de un furgón donde nos faltaba el aire. No tardamos en sentir el cuerpo empapado de sudor, a medida que pasaba el tiempo se hacía más difícil respirar. Alguien se desmayó y todos empezamos a gritar. Un policía abrió una puerta del furgón para que entrara un poco de aire.

Dentro del furgón había un chico negro con largas trenzas, graduado en matemáticas por la universidad de Princeton que, por lo visto, era además una especie de Houdini. Dentro del furgón, con las manos atadas a la espalda, consiguió con dos rápidos movimientos el milagro de colocar las manos delante del cuerpo y, seguidamente, con ayuda de los dientes, liberarlas de la cuerda de plástico. El día siguiente, encontrándonos todos esposados en otro furgón y cuando nos trasladaban de la cárcel a la sala de justicia, de pronto levantó las manos para que todos lo viéramos: se había liberado de las esposas. No hablaba mucho, imaginé que estaría discurriendo siempre la estratagema que pensaba hacer a continuación.

La noche en la cárcel de D. C. fue larga. Mi compañero de celda era un negro bajo y delgado de más de sesenta años que no tocaba la comida. Me contó que lo habían detenido a causa de una violenta discusión con un amigo por motivo de una deuda. Tenía una enorme protuberancia en el hueso de la rodilla. Según me dijo, era resultado de haberse pasado toda la vida arrodillado recolectando algodón en Carolina del Norte.

Me tendí en la litera y me dediqué a pensar en las personas que amaba, en la suerte que tenía de ser blanco, de no ser pobre y de poder escabullirme a través de un sistema que supone para muchos un calvario permanente. Roz, que fue detenida en una manifestación pacifista de mujeres congregada ante el Pentágono, me dijo que la noche que pasó en la celda de la cárcel sus pensamientos fueron similares a los míos. Se sintió privilegiada frente a las demás prisioneras, la mayoría negras, todas ellas pobres.

Los breves periodos que pasé en la cárcel tuvieron un peso que se dejaría sentir en todo el resto de mi vida. Me ofrecieron un pequeño atisbo de lo espantosa que debía ser aquella prueba para algunos prisioneros que yo conocía, sentenciados a largas condenas.

Uno de ellos era Jimmy Barrett, a quien visité cada semana mientras estuvo encerrado en la cárcel de Charles Street a principios de los setenta. Había sido un niño de la calle en Boston y había acabado con la vida de un matón de barrio que abusaba sexualmente de él. Jimmy fue condenado a cadena perpetua y destinado a la peor de las cárceles, pero se empeñó en que aquella situación no lo destruiría. Se convirtió en un gran lector y en notable escritor. También organizó protestas de los reclusos contra la guerra del Vietnam y orquestó un ayuno de los prisioneros para obligar a que se proporcionara comida a los pueblos africanos que se morían de hambre. Cuando nos veíamos me acogía con una gran sonrisa y un espíritu extraordinariamente entusiasta.

Recuerdo también a Tiyo Attallah Salah-el, negro y muy dotado para la música, que estudió varias carreras durante el tiempo que estuvo recluido en la cárcel y que ahora está escribiendo su autobiografía. Después de sostener una correspondencia con él que duró varios años, le hice una visita en la penitenciaría de Pennsylvania y, así que me vio, se puso en pie de un salto para correr a abrazarme. Me puso al corriente de todo lo que hacía y me dijo que estaba resignado a pasar el resto de su vida en la cárcel pero que no pensaba rendirse, seguiría cultivando la música y combatiría contra la pena de muerte.

Me senté ante un tribunal de apelación y asistí a un nuevo juicio de Jimmy Barrett cuyo resultado fue el esperado. Tanto los jueces como las juntas que se ocupan de la libertad condicional se dedican a revolver legajos e informes de libertad vigilada pero ignoran por completo a los seres humanos que hay detrás de todo aquel papeleo.

A lo largo de los años he hecho muchas visitas a prisioneros, entre ellas el día entero que pasé en el Bloque Nueve, donde se encuentran las celdas de máxima seguridad de la famosa cárcel Walpole de Massachusetts. He dado clases en varias prisiones. Tengo el pleno convencimiento de que la cárcel pretende resolver el problema del crimen, pero no hace nada en favor de las víctimas del crimen y perpetúa la idea del castigo, con lo que mantiene el ciclo inacabable de la violencia en nuestra cultura. La cárcel es un cruel e inútil sucedáneo de la supresión de aquellas condiciones —pobreza, paro, falta de vivienda, desesperación, racismo, codicia— que están en la raíz de los crímenes más «castigados». Los crímenes de los ricos y poderosos quedan, en su mayoría, impunes.

Será rendir tributo a la fortaleza del espíritu humano reconocer que algunos de estos hombres y mujeres, por pocos que sean, sobreviven al infierno del sistema carcelario y consiguen aferrarse a lo que hay en ellos de humano.

12. EN LA SALA DE JUSTICIA: «EL MEOLLO DE LA CUESTIÓN»

He estado en múltiples ocasiones en salas de justicia, a veces como acusado pero, en la mayoría de los casos, como testigo en los juicios de otras personas. He aprendido muchísimo. Las salas de justicia ilustran el hecho de que, pese a que nuestra sociedad sea, en un sentido general y un tanto vago, liberal y democrática, las piezas de su mecanismo, sus capillitas —las clases, los lugares de trabajo, las juntas de las corporaciones, las cárceles, los cuarteles— son flagrantemente antidemocráticas y suelen estar dominadas por un jefe o una élite muy reducida pero con mucho poder.

Quienes tienen el poder absoluto sobre los procedimientos empleados en las salas de justicia son los jueces. Son ellos los que deciden qué pruebas pueden aducirse, qué testigos pueden declarar, qué preguntas pueden hacerse. Por otra parte, lo más probable es que el cargo de juez sea político o que lo ejerza una persona elegida por un partido político. Suele ser casi siempre varón, blanco, una persona que disfruta de una posición acomodada, cuenta con antecedentes privilegiados y tiene ideas más bien conservadoras o moderadamente liberales.

Pero resulta igualmente que las salas de justicia americanas, contra lo que parece, son lugares donde se puede desafiar la autoridad que amenaza con la cárcel, un lugar donde algunos abogados, jueces y jurados en ocasiones se desmarcan de sus colegas y actúan de acuerdo con su conciencia. Debido a esta posibilidad, el movimiento contra la guerra de Vietnam no solo tuvo por escenario las calles, auditorios, iglesias y el propio campo de batalla, sino también las salas de justicia de todo el país.

En 1968, poco después de haber regresado de Vietnam con Daniel Berrigan, me llamaron a Milwaukee para declarar en el caso de los Catorce de Milwaukee. Dichos catorce eran curas, monjas y legos que habían irrumpido en una oficina de reclutamiento, se habían apoderado de millares de documentos y los habían quemado a manera de protesta simbólica contra la guerra.

A consecuencia de este hecho fueron detenidos y acusados de robo e incendio. La defensa me convocó en este caso para que actuara como «testigo experto» al objeto de situar la acción en su contexto y explicar al juez y al jurado que el acto realizado por aquellas personas formaba parte de una larga tradición de desobediencia civil en la historia americana, no era un «delito» corriente sino una forma de protesta manifestada por ciudadanos conscientes tras comprobar que las formas de expresión tradicionales no servían para enderezar ciertas cosas que no funcionaban como debían.

El testigo experto debe contar ante todo con unas credenciales aprobadas por el tribunal, razón por la cual el abogado de los Catorce de Milwaukee comenzó por hacerme varias preguntas en relación con mi formación y mis escritos al objeto de ver si estaba calificado para la función.

Seguidamente pasó al examen directo y me pidió que explicara los principios de la desobediencia civil. Hablé de la Declaración de la Independencia y de que esta insiste en que, cuando un gobierno atenta contra los derechos humanos básicos (la Declaración dice que «todos los hombres» han sido creados iguales, no solo los americanos, por lo que aquí se incluyen también los derechos humanos básicos de los campesinos vietnamitas), entonces el pueblo tiene derecho a «modificarlo o abolirlo». Y si puede alterarlo o abolirlo, es indudable que también puede recurrir a la desobediencia civil, como había sido el caso de aquellos acusados. Cité la decisión de Henry David Thoreau de violar la ley y protesté contra nuestra invasión de México en 1846 y expuse una breve historia de la desobediencia civil en Estados Unidos.

Pero el juez Larson no quiso oír más y, subrayando sus palabras con un mazazo, dijo:

—No podemos tratar este tipo de cosas. ¡Sería meternos en el meollo de la cuestión!

Estaba en lo cierto. Las salas de justicia no son el lugar apropiado para meterse en el meollo de la cuestión.

El abogado de los Catorce de Milwaukee pasó a otro asunto.

—Dr. Zinn, ¿podría explicar al jurado qué diferencia hay entre ley y justicia?

(Era una pregunta peligrosa. ¿Hay otra, acaso, que penetre más que esta en el «meollo de la cuestión»?). El fiscal puso objeciones a la pregunta. El juez declaró:

—Aceptada la objeción.

Hubo más preguntas sobre la desobediencia civil. Y más objeciones, todas ellas aceptadas.

Me entró un gran desaliento. Las declaraciones eran en su mayoría triviales y aburridas, parecía que, cuanto más fundamental era la cuestión, menos probabilidades había de que pudiera airearse delante de un juez. Me volví al juez (sabía que mi actuación era impropia, pero yo estaba allí precisamente para demostrar el valor que tiene la impropiedad en una democracia) y, levantando la voz para que todos cuantos estaban en la sala pudieran oírme, pregunté:

—¿Por qué no puedo hablar de lo importante? ¿Por qué no se permite que el jurado oiga lo importante?

Pero el juez se enfadó y dijo:

—No está autorizado a levantar la voz. Como vuelva a incurrir en esta conducta tendré que detenerlo por faltar al respeto a la sala.

—Bastaría con una máquina IBM para dictaminar si solo estribara en saber si los acusados han hecho una determinada cosa.

Nuevo mazazo del juez, esta vez más contundente. Yo habría podido continuar, sumando mi desobediencia civil a la de los acusados, pero fue precisamente aquí donde se derrumbó mi valentía. Debo reconocer que a menudo el deseo de irme a casa junto a mi mujer y mis hijos ha enfriado mi ardor revolucionario.

El juez dijo al jurado:

—Estarnos tratando de un caso de robo y de incendio.

El juez no quería que el jurado supiera por qué aquellas personas habían quemado los expedientes de reclutamiento. No quería oír hablar de la guerra de Vietnam. Quería que el jurado tratase a los acusados como delincuentes comunes, personas que, movidas por un misterioso impulso, habían decidido quemar los documentos del gobierno. El jurado, pues, coartado su discernimiento por los comentarios del juez, estimó culpables a los acusados. Y los condenó a varios años de cárcel.

El juez autorizó a los acusados, de acuerdo con lo previsto por la ley penal, a hablar de su «estado anímico» en el momento de hacer lo que hicieron. Gracias a esta provisión, algunos se las arreglaron para exponer al jurado parte de las angustias morales que los habían llevado a violar la ley. Un joven sacerdote, el padre Bob Cunnane, a quien yo había conocido ligeramente en la zona de Boston, habló de lo mucho que le había afectado el libro de Gordon Zahn titulado *German Catholics and Hitler's Wars* (*Los católicos alemanes y las guerras de Hitler*).

—De no ser por este libro yo no estaría aquí —dijo Cunnane—. Los de las SS iban a misa y a la salida iban a cazar judíos.

El fiscal protestó y el juez lo respaldó.

—El trato que Hitler dio a los judíos no tiene nada que ver con lo que aquí se trata.

—Pero es la razón de que yo esté aquí —replicó Cunnane.

En el avión de regreso a Boston, tuve a mi lado a un hombre de mediana edad, bajo y fuerte, que entabló conversación conmigo. Me contó que trabajaba de estibador en los muelles de Boston y que me había visto en la sala del tribunal. Quise saber por qué había asistido a la sesión.

—Mi hijo estaba entre los acusados —me dijo.

Su hijo era Jim Harney, un sacerdote que formaba parte del grupo de los Catorce de Milwaukee.

—Estoy orgulloso de que defienda lo que cree.

(Veinte años más tarde, Jim Harney, mucho después de haber quedado en libertad, viajó regularmente a El Salvador para colaborar con los campesinos que se enfrentaban a los escuadrones de la muerte).

A medida que iba prolongándose la guerra de Vietnam y la opinión pública contraria a la misma adquiría tintes más radicales, los jurados iban mostrándose más independientes y los jueces les concedían mayor libertad en cuanto a considerar de una manera más amplia las cuestiones relacionadas con la guerra. Los Veintiocho de Camden también destruyeron expedientes de reclutamiento, pero el juicio al que fueron sometidos en 1973 en New Jersey procedió de muy diferente manera.

La mayoría eran católicos jóvenes procedentes de los barrios de clase obrera de Filadelfia. Aunque decidieron servirse de los abogados favorables al movimiento que les ofreció la ciudad como asesores, actuaron de acuerdo con su propio criterio e hicieron una defensa *pro se*.

Llamaron al estrado de los testigos a un comandante del ejército que en otro tiempo había estado al frente del centro de reclutamiento de New Jersey y que describió con todo lujo de detalles de qué manera procedía el sistema y cómo discriminaba sistemáticamente a los pobres, a los negros, a los poco instruidos y cómo concedía regularmente exenciones médicas a los hijos de los ricos. Al preguntarle el fiscal si consideraba lícito que los ciudadanos, a título privado, penetraran en los edificios y destruyeran los expedientes de reclutamiento, contestó:

—Si hoy planearan otra de estas incursiones, probablemente me sumaría a ella.

Una de las acusadas, Kathleen (Cookie) Ridolfi, que tenía unos veintiún años, me telefoneó para preguntarme si quería ir a Camden a declarar a favor de ellos. Había leído mi libro

Disobedience and Democracy (*Desobediencia y democracia*) y quería que el juez y el jurado escucharan mis puntos de vista.

En respuesta a sus preguntas, el juez me autorizó a hablar al jurado sobre la guerra. Tuve ocasión, pues, de explayarme sobre los Papeles del Pentágono, en otro tiempo secretos, al objeto de demostrar que el gobierno había mentido al pueblo americano sobre la naturaleza de la guerra. De este modo pude contrastar las declaraciones públicas de los funcionarios del gobierno diciendo que se habían enviado las fuerzas americanas a Vietnam para proteger «la libertad, la democracia y la autodeterminación» con los documentos secretos del Consejo de Seguridad Nacional, donde se hablaba de la importancia del sudeste asiático y se insistía una y otra vez en tres palabras: estaño, caucho, petróleo.

Diecisiete años más tarde (durante el año 1990), mientras daba una charla en una ciudad del Medio Oeste, se me acercó un hombre que me dijo que nos conocíamos. Era Bob Good, uno de los Veintiocho de Camden. Me dijo que, en el curso de mis declaraciones, su madre había sufrido un desmayo y había tenido que ser conducida fuera de la sala del tribunal. Un día después de que yo prestara declaración, la mujer volvió a la sala y subió al estrado para hablar en favor de los Veintiocho de Camden. Bob Good me entregó una transcripción de lo que su madre dijo aquel día en la sala del tribunal.

Elizabeth Good contó que vivía en una granja con su marido, carpintero, y que había tenido diez hijos. Que había perdido a uno en un accidente de tráfico. Cuando llamaron a otro de sus hijos, Paul, para ir a la guerra, como era una devota católica pensó que a buen seguro Dios no permitiría que le arrebataran un segundo hijo. Pero un día vio que un oficial del ejército se acercaba en coche a su casa y al verlo supo que su hijo había muerto.

Dijo que después de aquello su hijo Bob «pareció más preocupado, como todos en casa, por aquella guerra de Vietnam... Aunque yo, hasta el pasado viernes, seguía aferrándome a la idea de que mi hijo había muerto por este país. Cuando el señor Zinn subió al estrado y pronunció aquellas palabras, "estaño, caucho y petróleo", me desmayé...

»Los únicos familiares que me quedaban... mis hermanos y mis hermanas, han muerto de cáncer. El gobierno se gasta cien mil millones de dólares en la investigación del cáncer y setenta billones en defensa. ¿Cuáles son nuestras prioridades?

»No creo que, en quinientas millas a la redonda en torno a mi casa hubiera otra madre más anticomunista que yo... Cada vez que los chicos intentaban decir algo, yo arremetía contra el comunismo. Así somos todos... No entiendo el porqué de esta actitud. Tenemos que librarnos de ella. Sin embargo, no hubo nadie que levantara una mano para remediar la situación. Dejamos que lo hicieran ellos —dijo señalando a los acusados—. Y encima, ahora los juzgamos. ¡Oh, Dios mío!».

Pero no sirvió de nada, lo único que allí se dilucidaba era si los acusados habían hecho aquello de que les acusaba el fiscal: habían penetrado ilegalmente en un edificio federal aprovechando la nocturnidad y habían destruido los expedientes de reclutamiento. Pese a ello, el jurado los declaró inocentes y uno de los miembros del mismo tomó partido por los acusados.

Aquel mismo año de 1973 me llamaron a Los Angeles para declarar en otro juicio relacionado con la guerra: el juicio de los Papeles del Pentágono contra Daniel Ellsberg y Anthony Russo.

Había conocido a Dan Ellsberg cuatro años atrás, cuando hablamos desde el mismo estrado en una concentración pacifista. Noam Chomsky me había comentado sobre él: «un hombre interesante». Ellsberg tenía un doctorado de económicas por la universidad de Harvard, había sido marine y había pertenecido al Departamento de Estado y al de Defensa. Había estado en Vietnam y los hechos de que había sido testigo lo habían inclinado contra la guerra. En aquel entonces estaba en el departamento de estudios del M. I. T.

En el curso de los cuatro meses siguientes, él, yo, su mujer, Pat, y Roz nos hicimos grandes amigos. Una noche, mientras los cuatro tomábamos café en el apartamento de Cambridge donde vivían, cerca de Harvard Square, Dan me dijo que tenía algo rigurosamente confidencial que comunicarme. En la época en que había estado en Rand Corporation, uno de los gabinetes asesores del Departamento de Defensa, había participado en la redacción de un informe oficial sobre la guerra del Vietnam.

La revisión de la documentación interna le había permitido llegar a la conclusión de que Estados Unidos había mentido repetidamente al pueblo americano, por lo que había decidido que aquellos documentos formaban parte de un caso histórico que el público tenía derecho a conocer. Como era uno de los expertos más destacados del proyecto, estaba autorizado a llevarse los documentos a su casa. Recabó, pues, la ayuda de un amigo, Anthony Russo, antiguo especialista de Rand, quien colaboraría en el arriesgado plan de fotografiar y transmitir al público las siete mil páginas del protocolo con la estampilla de «estricto secreto».

Tenían un amigo que llevaba una agencia de publicidad y que disponía de una multicopista. Cuando, a las cinco de la tarde, la agencia cerraba sus puertas, Dan y Tony se ponían a trabajar y hacían múltiples copias de lo que acabó conociéndose como los Papeles del Pentágono. A veces los hijos adolescentes de Dan, Robert y Mary, también colaboraban tachando metódicamente las palabras «estricto secreto» de todas las páginas.

Durante semanas dedicaron muchas noches de aquel otoño de 1969 quedándose hasta tarde. Cierta vez, después de medianoche, al ver luz en la oficina, entró un policía y subió a la planta superior.

—Estamos haciendo fotocopias —le explicaron.

Y el hombre se fue por donde había venido.

Seguidamente se enviaron ejemplares de los papeles del Pentágono a determinados miembros del Senado y del Congreso de quienes se sabía que estaban contra la guerra de Vietnam y se les pidió que hicieran circular el documento. No lo hizo ninguno. El concepto de «información reservada» y las palabras «estricto secreto» habían acabado por rodearse de una aureola sagrada en el ambiente casi histérico de la Guerra Fría y, ahora, en una guerra de verdad.

—¿Te interesa ver algunos de los documentos? —me preguntó Dan.

Se dirigió a un armario y sacó de él un fajo de papeles. Guardé varias semanas aquellos documentos en mi despacho, los tenía escondidos y los leía cuando disponía de un momento de intimidad. Me figuraba saber mucho sobre la historia de la política americana en Vietnam, pero en aquellos papeles encontré revelaciones que me parecieron impresionantes, hechos que nosotros, los que militábamos en movimientos pacifistas, considerábamos ciertos pero que ahora veía corroborados en aquellos documentos por boca del propio gobierno.

Dan había pasado una copia a Neil Sheehan, periodista del *New York Times*, a quien había conocido en Vietnam. Sin embargo, pasaron los meses y no ocurrió nada.

Un sábado por la noche del mes de junio de 1971, Dan, Pat, Roz y yo nos disponíamos a ir al cine. Cuando Dan y su mujer llegaron a nuestra casa de Newton, vi en seguida que él estaba muy nervioso. Acababa de hablar por teléfono con alguien del *Times* (no Neil Sheehan) sobre otro asunto que no tenía nada que ver y esa persona le había dicho que no era buen momento de hablar porque había ocurrido un hecho insólito: el *Times* había apostado guardias de seguridad alrededor del edificio y las prensas trabajaban a toda máquina para sacar la edición del domingo, que publicaba un documento del gobierno de máximo secreto.

—Estás de suerte —dije a Dan—, al final lo publican.

—Sí, pero estoy cabreado. Habrían debido decírmelo.

El *New York Times* de la mañana siguiente salió con un gran titular que abarcaba cuatro columnas: «Archivo Vietnam. Un estudio del Pentágono recorre tres décadas de creciente intervención de Estados Unidos». El reportaje en sí cubría seis páginas de comentarios y documentos. El *Times* no decía de dónde había sacado aquel material y transcurrieron varios días antes de que el FBI diera con la pista de Daniel Ellsberg. Pero Dan se había esfumado, estaba escondido (de hecho, refugiado en diversas casas de amigos de Cambridge) y seguía distribuyendo más copias de los

Papeles del Pentágono al *Washington Post* y al *Boston Globe*, lo que indujo a la administración Nixon a solicitar de los tribunales federales que suspendiesen aquella publicación por razones de «seguridad nacional».

Doce días más tarde, Dan apareció en Post Office Square, de Boston, donde una gran multitud de simpatizantes, periodistas y mirones vieron como unos agentes del FBI, algo avergonzados por no haber sabido localizarlo por su cuenta, lo veían bajar de un coche y lo detenían de inmediato.

Dos semanas después del reportaje aparecido en el *New York Times*, la administración Nixon perdió su última apelación delante del Tribunal Supremo. Una mayoría del tribunal encontró que la Primera Enmienda prohibía la «restricción previa», es decir, la posibilidad de suspender una publicación por anticipado. Con todo, algunos miembros del Tribunal señalaron que eran posibles las acusaciones criminales *después* de la publicación, por lo que la administración se puso en marcha.

Dan Ellsberg fue enjuiciado por un gran jurado de Los Angeles por once razones diferentes, entre ellas robo y violación de la Ley de Espionaje, es decir, haber puesto en manos de personas no autorizadas documentos cuyo conocimiento ponía en peligro la defensa nacional. La penalización posible por todos esos conceptos sumaba un total de ciento treinta años de cárcel. También fue procesado Tony Russo y la sentencia resultante por las tres acusaciones que pesaban sobre él sumaron un total de cuarenta años de cárcel.

El juicio se celebró en el tribunal federal de Los Angeles a principios de 1973. El gobierno aportó dieciocho volúmenes de los Papeles del Pentágono como prueba y sentó en el estrado de los testigos a varios militares de alta graduación y a relevantes funcionarios del gobierno que declararon que mantener secreto el contenido de aquellos documentos era vital para la seguridad de la nación.

Ellsberg y Russo estuvieron representados por un extraordinario equipo de abogados: Leonard Boudin, distinguido defensor de las libertades civiles cuya experiencia en la defensa de los disidentes políticos se remontaba a la era McCarthy; Leonard Weinglass, abogado del movimiento que había formado parte del consejo en el juicio por la conspiración de Chicago que resultó de la convención democrática de 1968, y Charles Nesson, joven profesor de la facultad de derecho de Harvard.

Decidieron sentar en el estrado a dos clases diferentes de testigos. Se procurarían en primer lugar el testimonio de antiguos funcionarios del gobierno y de académicos de impecable respetabilidad —como Arthur Schlesinger, Theodore Sorenson, McGeorge Bundy, John Kenneth Galbraith—, que aportarían su testimonio sobre el aspecto técnico de si los Papeles del Pentágono contenían o no información injuriosa para la defensa nacional.

En segundo lugar, llamarían a «testigos expertos» que habían desplegado una actividad contraria a la guerra y que intentarían hacer ver al jurado las cuestiones morales involucradas y se servirían de los Papeles del Pentágono para hablar al jurado sobre la naturaleza ele la guerra: Noam Chomsky, Richard Falk (experto en derecho internacional, de Princeton), Tom Hayden, Don Luce (que había pasado nueve años en Vietnam trabajando como ciudadano civil con los campesinos vietnamitas) y yo.

Se decidió que yo sería el primero de dichos testigos, por lo que me subí a un avión con destino a Los Angeles. Pasé la semana siguiente leyendo los primeros cinco volúmenes de los dieciocho que constituían la exposición del gobierno al objeto de preparar mi testimonio. Durante aquel periodo me alojé en la casa que tenía Len Weinglass a orillas del océano, di largos paseos por la playa, cené menús chinos con Dan y Tony y una noche fui a un club local donde asistí a una sesión de «jazz and blues» a cargo de dos de mis músicos favoritos, Sonny Terry y Brownie McGee.

Unos días antes de que me llamaran, el equipo de la defensa convocó al profesor Arthur Kinoy, de la facultad de derecho de Rutgers University, con el fin de preparar una sesión estratégica. Kinoy era, en los años sesenta, una especie de patriarca de los abogados que militaban en el movimiento, un brillante experto en tácticas legales y un veterano de innúmeras luchas por las libertades civiles que en cierta ocasión fue sacado a rastras de una audiencia que se celebraba en la Cámara del Comité de Actividades Antiamericanas porque, con actitud desafiante, se empeñó en defender a un cliente.

Asistí a aquella reunión, que fue para mí extremadamente educativa. Los varios abogados discurrieron sobre los tecnicismos del proceso: ¿cómo demostrarían que la apropiación de los Papeles del Pentágono no había sido, en realidad, un robo en el sentido legal? Kinoy, un hombre bajo y nervudo, una infatigable dinamo, agitó la mano.

—¡No, no, no! Déjense de tecnicismos —dijo cerrando el puño—. Ustedes solo tienen que hacer una cosa: convencer a las doce personas del jurado de que Dan Ellsberg y Tony Russo sí hicieron lo que debían.

Cuando el viernes por la tarde subí al estrado, tenía delante de mí los cinco volúmenes de los Papeles del Pentágono que había estudiado.

—¿Quiere decir al jurado cuál es el contenido de estos volúmenes? —me preguntó Len Weinglass.

El jurado estaba a pocos pasos de distancia de donde yo me encontraba. Diez de las doce personas que lo componían eran mujeres, tres como mínimo negras, y había una inmigrante australiana. En cuanto a los dos hombres, uno era negro, militante de un sindicato de automóviles local, y el otro era un marine veterano que había sido herido en Vietnam.

Me volví hacia ellos y, en respuesta a una pregunta de Len Weinglass, estuve varias horas hablándoles sobre la historia de la guerra del Vietnam. Fue como dar una clase, pero una clase con muchas cosas en juego.

Mi objetivo era hacer un recorrido a través de la participación de Estados Unidos desde la Segunda Guerra Mundial hasta 1963. Aquel año el gobierno americano, viendo que el gobernante de Vietnam del Sur, Ngo Dinh Diem, se sentía impotente para sofocar una rebelión popular, prestó su apoyo a un golpe militar que lo derrocó y perpetró su ejecución. Los Papeles del Pentágono demostraban la participación de Estados Unidos en dicho golpe, pese a lo cual Henry Cabot Lodge, a la sazón embajador americano en Saigón, que estaba en contacto constante con los conspiradores, manifestó posteriormente a los periodistas:

—Nosotros no tuvimos absolutamente nada que ver con esto.

Len Weinglass me preguntó:

—¿Ha terminado?

—Sí —respondí.

—Entonces, ¿querrá decir al jurado, puesto que ha leído estos volúmenes, si habrían dañado la defensa nacional en caso de que el público hubiese conocido su contenido?

Expliqué que en los papeles no había nada que tuviera significancia militar capaz de dañar la defensa de Estados Unidos y que la información que contenían era molesta para nuestro gobierno porque revelaba, a través de sus comunicaciones internas, que había mentido al pueblo americano.

Hablé entonces del concepto de «defensa nacional» y dije que, en todo caso, la definición apropiada del término sería defensa del pueblo, no defensa de determinados intereses. Los secretos que desvelaban los Papeles del Pentágono podían molestar a los políticos y también podían perjudicar los intereses de aquellas corporaciones que aspiraban al estaño, caucho y petróleo que poseían lejanos países. Lo que no tenía nada que ver con herir a la nación y al pueblo.

El fiscal optó por no interrogarme sobre los documentos. Lo único que le interesaba era demostrar que yo era amigo de Daniel Ellsberg. Mostró una foto policial al jurado y me pidió que la describiera. Era una foto tomada en Boston en una manifestación de 1971 ante el edificio federal donde aparecía yo sentado al lado de Dan Ellsberg mezclados con la multitud.

—No hay más preguntas.

Aquella semana hubo más testimonios. Después, recapitulaciones y la acusación del juez. Pasaron unos días y el jurado seguía deliberando cuando el juez volvió a reclamarlo en la sala del tribunal. Estaban saliendo a la luz los escándalos de Watergate. La administración Nixon había cometido la ilegalidad de interceptar llamadas telefónicas. En un intento de desacreditar a Dan Ellsberg, había enviado un equipo encargado de robar los archivos de su psiquiatra. Incluso había contratado a unos matones que debían golpearlo mientras hablaba en una concentración pacifista. Basándose en una serie de ilegalidades de este tipo, el juez declaró nulo el juicio. El caso de los Papeles del Pentágono quedó cerrado.

Entrevistados poco después los miembros del jurado, quedó claro que Dan Ellsberg y Tony Russo no serían sentenciados.

Ya en los años ochenta, terminada la guerra de Vietnam y cuando la prensa ya había condenado a muerte los años sesenta y el movimiento pacifista, todavía hubo algunos grupos de activistas comprometidos en actos de desobediencia civil que protestaron contra la ayuda militar a El Salvador y otras dictaduras, contra la desmesura del presupuesto armamentista y contra la gigantesca acumulación de armas nucleares.

Como tuve ocasión de declarar en varios de aquellos juicios, no perdía los ánimos. En los casos en que los jueces permitían a los jurados atender a las razones que habían motivado determinados actos de desobediencia civil, en los casos en que estaban dispuestos a que los testigos se adentrasen en «el meollo del asunto», con frecuencia los jurados emitían veredictos sorprendentes.

En 1984, declaré en un juicio celebrado en Burlington, Vermont, contra los Cuarenta y cuatro de Winooski por haberse sentado en el corredor que conducía al despacho del senador Stafford y negarse a moverse. Protestaban por su apoyo a la dictadura militar de El Salvador.

El juez Mahady me autorizó a hablar del concepto de desobediencia civil y a analizar su eficacia en la aparición de importantes cambios en la historia de Estados Unidos. Y permitió que dos salvadoreñas dieran testimonio del asesinato cometido por los escuadrones de la muerte, a las órdenes del gobierno, con miembros de su familia y amigos suyos. Y permitió que el antiguo agente de la CIA John Stockwell expusiese de qué modo la CIA llevaba la política de Estados Unidos en América Central para destruir toda posibilidad de democracia.

El jurado votó a favor de la libertad de todos los acusados. Más adelante, uno de los jurados dijo:

—Tuve el honor de formar parte de aquel jurado y de sentirme parte de la historia.

Es probable que todo disidente tenga que enfrentarse con el sistema judicial de su nación, pero los seres humanos no son máquinas y, por muy poderosas que sean las presiones que los fuerzan a someterse, a veces cala en ellos tan hondo lo que ven como una injusticia que se atreven a declarar su independencia. Es en esta posibilidad histórica donde se asienta la esperanza.

13. FORMACIÓN DE LA CONCIENCIA DE CLASE

No había cumplido aún los veinte años cuando escribí este poema:

Ve a decir hola
a tío Phil,
¿quién un kilómetro andará
con tanta nieve en la ciudad?

Tío Phil tiene un quiosco
por encima pasa el tren,
en una caja está sentado,
haga frío o haga calor.
Su nido es un cuchitril
que tiene enfrente del quiosco.

Pero hoy la caja no la veo.
Sobre el quiosco está enroscado
Un esqueleto uniformado,
Me da una sonrisa y un chicle
Tiene dedos rojos, dormidos están.

Ve a decir hola
a tío Phil,
me dijo en junio otra vez mi madre.

Anduve el kilómetro para irle a ver,
Había en el aire un olor muy dulce,
Yo llevaba zapatos nuevos.

Encontré el quiosco tapiado,
Tablas clavadas bajo el sol.
Tío Phil dormido, helado,
Arriba pasaba el tren.
En una caja metido
Dentro del cuchitril que era su nido.

Si recuerdo estas líneas no lo hago porque las considere una muestra de «poesía», sino porque evocan la infancia que pasé en los barrios bajos de Brooklyn en los años treinta, una época en la que mi padre y mi madre, en momentos desesperados, se agarraban a tablas de salvación para sobrevivir: el tendero de la esquina, que nos concedía crédito y anotaba las compras del día en un rollo de papel; el médico amable que trató mi raquitismo durante años sin cobrarles un céntimo; tío Phil que por haber servido en el ejército dispuso de licencia para instalar un quiosco de periódicos y que nos adelantaba el dinero cuando teníamos apuros para pagar el alquiler.

Phil era hermano de mi padre. Eran cuatro hermanos, inmigrantes judíos austríacos que llegaron a este país antes de la Primera Guerra Mundial y se pusieron a trabajar en fábricas de Nueva York. Los compañeros de Phil le preguntaban siempre lo mismo:

—Zinn, Zinn… ¿qué clase de nombre es este? ¿Te lo cambiaste o qué?

Este nombre no es judío.

Phil les decía que no se había cambiado el nombre, que se llamaba Zinn y punto. Pero un día, cansado de que siempre le preguntaran lo mismo, se cambió el nombre legalmente y se puso Weintraub, nombre que a partir de entonces llevó su rama familiar.

Mi padre, deseoso de escapar de la fábrica, se hizo camarero, trabajaba en este oficio sobre todo en bodas y a veces en restaurantes. Pertenecía al Local 2 del Sindicato de Camareros. Pese a que el sindicato ejercía un control estricto de sus miembros, el día de Año Nuevo, cuando se necesitaban más camareros que habitualmente, daban también trabajo a los hijos de los miembros sindicados, a los que se designaba con el nombre de «juniors», y les hacían trabajar con sus padres. Yo fui uno de ellos.

Detestaba aquel trabajo, empezando por el traje de etiqueta que no me caía bien porque era de mi padre. Yo tenía un cuerpo muy desgalichado y las mangas me quedaban muy cortas (mi padre medía un metro sesenta y cinco de altura y yo, a los dieciséis años, un metro ochenta y dos centímetros). Tampoco me gustaba la manera cómo los jefes trataban a los camareros, a quienes daban de comer alas de pollo antes de que sirvieran a los comensales asado de carne y filetes de ternera. Recuerdo que todo el mundo iba vestido de fiesta y con sombreros estrafalarios y que cantaban «Auld Lang Syne» cuando empezaba el Año Nuevo mientras yo, de pie, vestido de camarero, observaba a mi padre afanándose por retirar los platos de las mesas, sin alegrarse por el Año Nuevo que se acercaba.

La primera vez que leí un poema de E. E. Cummings no entendí por qué me llegaba tan adentro hasta que comprendí que hacía vibrar alguna fibra muy oculta dentro de mí.

mi padre se movía entre ruinas de amor,
entre cosas suyas y dar y tener,
cantando de mañana después de cada noche,
mi padre se movía por lo alto de lo hondo...

Se llamaba Eddie. Siempre sintió un gran afecto físico hacia sus cuatro hijos y le gustaba reír. Tenía una expresión enérgica, un cuerpo musculoso y los pies planos (decían que era por los muchos años que había trabajado de camarero pero, ¿era verdad?). Sus compañeros de trabajo le llamaban Charlie Chaplin porque caminaba con los pies abiertos para afuera. Él decía que así equilibraba mejor el peso de la bandeja.

En los años de la Depresión decayeron las bodas, había poco trabajo y se hartó de matar el tiempo en la sala del sindicato, jugando a cartas y esperando a que le saliera algún trabajo. Entretanto practicó diferentes oficios, entre ellos limpiar cristales, vendedor ambulante con carretilla, vendedor callejero de corbatas y trabajador de Works Progress Administration en Central Park. Cuando se dedicaba a limpiar cristales, un día se le rompió el cinturón de sujeción, se cayó de la escalera, y fue a dar en los peldaños de cemento de la entrada del metro. Yo tenía entonces doce años y recuerdo que lo trajeron a casa cubierto de sangre. Quedó muy mal herido y mi madre no quiso que volviera a limpiar cristales.

Se pasó toda la vida trabajando mucho por muy poco dinero. Yo había oído aquellas petulantes declaraciones de los políticos, de los comentaristas de los medios de comunicación y de los ejecutivos de empresas que decían que, en América, si uno trabaja de firme, acaba haciéndose rico. Querían decir con esto que, si eras pobre, era porque habías trabajado poco. Pero yo sabía que era mentira, lo sabía por mi padre y por millones de personas más que habían trabajado como leones, muchísimo más que los financieros y los políticos, con el agravante de que si uno trabaja en algo que no le gusta, el trabajo le pesa más.

Mi madre también trabajaba lo suyo y, encima, sin cobrar. Era una mujer más bien regordeta, con una cara ovalada de rasgos rusos y expresión dulce. En una palabra, era una belleza. Se había criado en Irkutsk, en Siberia. Mientras mi padre hacía horas fuera de casa, ella se afanaba en casa día y noche, siempre trajinando, dedicada a la administración familiar, procurándonos comida, cocinando y limpiando la casa, llevando a sus hijos al médico o al hospital cuando teníamos sarampión, paperas, tos ferina, amigdalitis o lo que cayera. Y ocupándose de las finanzas familiares. Mi padre había ido a la escuela hasta el cuarto grado, no era muy leído y sus conocimientos aritméticos eran muy precarios. Mi madre había llegado hasta el séptimo grado, pero su inteligencia estaba muy por encima de ese nivel. Era el cerebro de la familia. Y también el pilar.

Se llamaba Jenny. Roz y yo, sentados en la cocina de nuestra casa cuando ella tenía setenta y pico de años, le hicimos hablar sobre su vida y registrarnos sus palabras con una grabadora sobre la mesa. Nos contó que su madre le había amañado una boda cuando estaban en Irkutsk y que «trajeron un chico a casa, un soldado judío estacionado en Irkutsk, y le dijeron: "Te casarás con este"».

Emigraron a América y la madre de Jenny murió a los treinta y pico de años después de haber tenido tres hijos y tres hijas. En cuanto a su padre —que mi madre no soportó nunca—, abandonó a la familia. Jenny, la mayor pero de hecho una adolescente, se convirtió en la madre de la familia, se ocupó de sus hermanos y trabajó en la fábrica para poder mantenerlos hasta que fueron mayores y pudieron trabajar.

Conoció a Eddie a través de su hermana, que trabajaba en su misma fábrica. Entre los dos surgió un amor pasional que los condujo en seguida al matrimonio. Eddie murió a los sesenta y siete años. Hasta el final de su vida siguió llevando bandejas a las mesas en las bodas y en restaurantes, puesto que nunca llegó a reunir el dinero suficiente para poder retirarse.

Sufrió un ataque repentino al corazón, del que tuve noticia cuando yo ya vivía en Atlanta, donde Roz y yo acabábamos de mudarnos. Recuerdo la última vez que nos vimos, mi padre visiblemente preocupado porque me trasladaba a vivir al sur, tan lejos, con mi pequeña familia. Pero lo único que me dijo fue:

—Buena suerte. Cuídate mucho.

Mi madre le sobrevivió muchos años. Vivía sola, tenía el orgullo de ser independiente, tejía jerséis para toda la familia, hacía ahorros con los cupones de compra, iba a jugar al bingo con amigos. Finalmente sufrió un derrame cerebral y tuvo que ser ingresada en una casa de salud.

Desde pequeño siempre me había llamado la atención una foto enmarcada colgada de la pared. Era la foto de un niño de rostro delicado, con ojos y cabello de color castaño. Un día mi madre me explicó que aquel había sido su primer hijo, mi hermano mayor, y que había muerto de meningitis espinal a los cinco años. En la cinta grabada mi madre dice que murió cuando estaban pasando juntos unas modestas vacaciones en el campo y que ella y mi padre sostuvieron en brazos el cuerpecito muerto de mi hermano durante el largo trayecto en tren hasta Nueva York.

Vivimos en una serie sucesiva de pisos, a veces de cuatro habitaciones y a veces de tres. Algunos inviernos vivimos en un edificio con calefacción central. Otras veces vivimos en lo que se llamaba un piso con agua fría, es decir, sin otro calor que el del hornillo de carbón de la cocina y sin más agua caliente que la que calentábamos en dicho hornillo.

El pago de las facturas era siempre una lucha. A veces, en invierno, cuando el sol se pone a las cuatro de la tarde, llegaba a casa y me la encontraba a oscuras porque la compañía de electricidad había cortado la electricidad. Mi madre estaba sentada haciendo calceta a la luz de una vela.

No teníamos frigorífico, solo una nevera de hielo, por lo que había que ir al muelle a comprar una barra de hielo de cinco o de diez centavos. En invierno poníamos una fresquera de madera en el exterior de la ventana y nos servíamos de la naturaleza para mantener fresca la comida. No teníamos ducha, el fregadero de la cocina hacía las veces de lavabo.

Tampoco dispusimos de radio durante mucho tiempo hasta que un día mi padre me llevó a dar una vuelta por la ciudad para comprar un aparato de segunda mano, que transportó a hombros con aire triunfante mientras yo lo seguía trotando a su lado. No teníamos teléfono, pero podían llamarnos a la tienda de caramelos de la planta baja del inmueble y dábamos dos peniques o un níquel al chico que subía a avisarnos. A veces nos quedábamos cerca del teléfono para recoger las llamadas y cobrar el níquel del aviso.

Y sí, también estaban las cucarachas. Dondequiera que fuéramos, no faltaban nunca a la cita. Al llegar a casa ya nos estaban esperando, se paseaban por la mesa de la cocina y se daban a la fuga así que encendíamos la luz. Jamás llegué a acostumbrarme a las cucarachas.

No recuerdo haber pasado nunca hambre. Podíamos dejar de pagar el alquiler (nos mudábamos a menudo, siempre a un paso del desahucio), podíamos dejar de pagar facturas, a lo mejor no pagábamos al tendero, pero mi madre se las ingeniaba siempre para que pudiéramos comer. Había siempre cereales calientes por la mañana y una sopita caliente por la noche, siempre había pan, mantequilla, huevos, leche, fideos y queso, crema agria, un guiso de pollo.

Mi madre no tenía pelos en la lengua para usar el inglés, que adaptaba a sus propósitos. Le oímos decir a alguna amiga que tenía «las venas muy prietas» o quejarse de «dolor en la entrepierna». Quería comprar en la granja «queso monstruo» y, cuando mi padre se olvidaba de algo, solía decirle: «Eddie, procura recordar, destrózate los sesos».

Mis hermanos —Bernie, Jerry, Shelly— y yo solíamos reírnos mucho de sus maneras. Acostumbraba a firmar las cartas así: «Vuestra madre, Jenny Zinn». Nos reíamos de aquellas cosas suyas incluso cuando, en su habitación del hospital, sumida en coma y «mantenida en vida» gracias a una maraña de tubos, su cerebro ya estaba mucho más allá de toda reparación posible. Acabábamos de firmar aquella orden terrible —«ningún auxilio extraordinario»— cuando expulsó el tubo de un golpe de tos y murió. Tenía noventa años.

Los cuatro hermanos crecimos juntos. Dormíamos dos o tres en una cama en habitaciones oscuras y nada acogedoras. Por esto yo pasaba mucho tiempo en la calle o en el patio de la escuela, jugando a balonmano, a fútbol y a diversos sucedáneos de béisbol o tomando lecciones de boxeo de un chico del vecindario que había conseguido los Guantes de Oro y plasmaba, para nosotros, lo que era nuestra versión particular de una celebridad.

Durante el tiempo que pasaba en casa me dedicaba a leer. Desde que tenía ocho años leía todos los libros que caían en mis manos. El primero que leí fue uno que me encontré en la calle. Le faltaban las primeras páginas, pero no me importó demasiado. Era *Tarzán y las joyas de Opar*. A partir de entonces me volví un entusiasta de Edgar Rice Burroughs, no ya solo de sus libros de

Tarzán sino de otras fantasías suyas: *Los ajedrecistas de Marte*, sobre cómo hacían las guerras los marcianos, con guerreros a pie o a caballo, que hacían los mismos movimientos que en el juego del ajedrez, o *El centro de la Tierra*, sobre una extraña civilización que vivía en el interior de la Tierra.

En nuestra casa no había libros. Mi padre no había leído un solo libro en su vida. Mi madre leía revistas del corazón. Los dos leían el periódico. Sabían poco de política, salvo que Franklin Roosevelt era un buen hombre porque ayudaba a los pobres.

Cuando yo era pequeño no leía libros infantiles. Mis padres ignoraban la existencia de tales libros pero, cuando yo tenía diez años, el *New York Post* ofreció un lote de las obras completas de Charles Dickens de quien, por descontado, mis padres no habían oído hablar en la vida. Con unos cupones recortados del periódico y el pago de unos pocos peniques podían conseguir un libro por semana. Lo hicieron porque sabían que a mí me encantaba leer. Y así fue como leí las obras de Dickens por el orden en que las íbamos recibiendo, primero *David Copperfield* y después *Oliver Twist*, *Las grandes esperanzas de Pip*, *Pickwick*, *Tiempos difíciles*; *Historia en dos ciudades* y todos los demás hasta que se agotaron los cupones y me agoté yo.

Yo no sabía qué lugar ocupaba Dickens en la historia de la literatura moderna porque sus obras eran todo cuanto yo conocía de dicha literatura. No sabía que Dickens era seguramente el novelista más popular del mundo de habla inglesa (y quizá de todos los mundos) a mediados del siglo diecinueve ni tampoco que era un actor tan consumado que las lecturas de sus propias obras atraían a enormes cantidades de personas ni que, cuando visitó Estados Unidos en 1842 (tenía entonces treinta años) y desembarcó en Boston, algunos de sus lectores recorrieron tres mil kilómetros desde el Lejano Oeste para darse el gusto de verlo personalmente.

Lo que sí sabía era que Dickens había despertado en mí tumultuosas emociones. La primera una indignación frente al poder arbitrario que acompaña a la riqueza, mantenido a raya por la ley. Pero sobre todo una profunda compasión ante la pobreza. Yo no me veía igual de pobre que Oliver Twist. No me daba cuenta de que si su historia me conmovía tanto era porque su vida hacía vibrar cuerdas de la mía.

¡Qué sabiduría la de Dickens haciendo sentir a sus lectores qué era la pobreza y la crueldad reflejándolas en el destino de niños sin edad suficiente para que la gente acomodada, la gente de bien, pudiera acusarlos de ser responsables de su desgracia!

Cuando hoy leo novelas insulsas e indescifrables sobre pretendidas «relaciones» me acuerdo de Dickens y de cómo sabía despertar sin rebozo los sentimientos del lector, me acuerdo de sus personajes tan descaradamente cómicos, de sus escenarios épicos, aquellas ciudades donde pululaba el hambre y la degradación, países revolucionados, lugares donde no solo estaba en juego la vida y la muerte de una familia sino de millares de seres humanos.

Los esnobs de la literatura acusan a veces a Dickens de sentimentalismo, de exageración, de melodrama y de parcialidad. Pero es evidente que la situación del mundo puede hacer innecesaria la exageración en la literatura y vital la parcialidad. No fue hasta muchos años después de haber leído a Dickens que me percaté de su talento.

El día que cumplí trece años, mis padres, habiendo advertido que yo solía escribir cosas en libretas, me compraron una máquina de escribir Underwood remozada. Iba acompañada de un instructivo folleto sobre el método de pulsación de las teclas y no tardé en estar en condiciones de escribir a máquina las críticas de todo lo que leía, que guardaba en un cajón. Jamás se las mostré a nadie. Me hacía sentir una gran satisfacción y un gran orgullo saber que había leído aquellos libros y que podía escribir sobre ellos... con una máquina de escribir.

A partir de los catorce años comencé a trabajar a deshoras y en verano en algunos trabajillos como repartir la ropa de una tintorería, hacer de *caddie* en un campo de golf de Queens. También trabajé en los sucesivos puestos de golosinas que abrieron mis padres en un desesperado intento de ganar el dinero suficiente para que mi padre pudiera dejar su oficio de camarero. Pero aquellos puestos fueron todos un fracaso económico, lo que hizo que mis tres hermanos pequeños y yo dispusiéramos de batidos, helados y caramelos durante un largo período de nuestra vida.

Recuerdo el último de estos pequeños comercios de golosinas, típico de los demás. Los seis miembros de la familia vivíamos sobre la tienda en un piso de cuatro habitaciones de un mugriento edificio de cinco pisos situado en Bushwick Avenue, Brooklyn. Era una calle muy llena de vida, sobre todo en primavera y verano, épocas del año en que parecía que todo el mundo se echaba a la calle. La gente mayor sacaba sillas y se sentaba en las puertas de sus casas, las madres con sus hijos en brazos, mientras los chicos jugaban a pelota y los mayores se dedicaban a tirar los tejos a las chicas y a bromear con ellas.

Me acuerdo particularmente de aquella época porque yo tenía entonces diecisiete años y la política mundial empezaba a despertar mi interés.

Leía libros sobre el fascismo en Europa. Me fascinó sobre todo *Sawdust Caesar* (*César de serrín*), de George Seldes, sobre el golpe de Mussolini para hacerse con el poder en Italia. No podía apartar de mis pensamientos la valentía de Mateotti, el diputado socialista que desafió a Mussolini y a quien unos matones de camisa parda sacaron a rastras de su casa y asesinaron.

También leí un libro titulado *The Brown Book of the Nazi Terror* (*El libro pardo del terror nazi*), que describía lo ocurrido en Alemania bajo las órdenes de Hitler. Era un drama que superaba todo lo que un escritor de tragedias o un novelista habría podido imaginar. Y ahora la máquina de guerra nazi comenzaba a avanzar por las tierras del Rin, Austria y Checoslovaquia. Los periódicos y la radio daban muestras de gran excitación: Chamberlain se reunía con Hitler en Munich y de la reunión resultaba un súbito y sorprendente pacto de no agresión de los dos enemigos declarados, la Rusia soviética y la Alemania nazi. Y finalmente, la invasión de Polonia y el inicio de la Segunda Guerra Mundial.

La guerra civil española, que se había saldado con la victoria del fascista general Franco, nos parecía un hecho mucho más próximo debido a que se contaban por miles los americanos radicales —comunistas, socialistas, anarquistas— que habían atravesado el Atlántico para combatir al lado del gobierno democrático de España. Un chico que había jugado al fútbol en la calle con nosotros —un muchacho bajo y delgado, el corredor más veloz del vecindario— desapareció un día de pronto. Unos meses más tarde nos llegó la noticia de que Jerry había ido a España a luchar contra Franco.

En Bushwick Avenue, entre los jugadores de baloncesto y compañeros de calle, había algunos comunistas algo mayores que yo. Eran chicos que trabajaban pero que, a la salida del trabajo y en los fines de semana, se dedicaban a distribuir literatura marxista en el vecindario y hablaban de política hasta muy entrada la noche con todo aquel que pudiera estar interesado en el tema.

Yo estaba interesado. Sabía por los periódicos las cosas que ocurrían en el mundo y me gustaba comentarlas con aquellos comunistas. De manera especial la invasión rusa de Finlandia. Insistían en que era necesario que la Unión Soviética se protegiese contra futuros ataques, pero para mí constituía un acto brutal de agresión contra un país pequeño y, por mucho que quisiesen convencerme con sus bien elaborados argumentos, no lo conseguían.

Con todo, yo estaba de acuerdo con ellos sobre un montón de cosas. Eran ferozmente antifascistas, les indignaba el brutal contraste entre ricos y pobres en América. Yo los admiraba, reconocía que sabían mucho de política, de economía, de todo lo que ocurría en el mundo. Y por otra parte, eran valientes. Les había visto desafiar a los policías locales que querían impedir la distribución de folletos por la calle y que disolvían los grupos que formaban. Por otra parte, eran buenos chicos y magníficos atletas.

Un día de verano me preguntaron si quería ir aquella noche con ellos a «una manifestación» que se hacía en Times Square. Jamás había asistido a un acto de aquella naturaleza. Me inventé una excusa para justificarme delante de mis padres y, en compañía de algunos, tomé el metro en dirección a Times Square.

A nuestra llegada nos encontramos con una noche típica de Times Square. Las calles estaban llenas de gente y centelleaban de luces.

—¿Y la manifestación? —pregunté a mi amigo Leon.

Era alto y rubio, el tipo «ario» ideal. Sin embargo, era hijo de comunistas alemanes que, además, adoraban la naturaleza y formaban parte de una pequeña colonia de socialistas alemanes de hábitos muy sanos que vivían en la campiña de New Jersey.

—Espera —dijo—. A las diez.

Y seguimos caminando.

Así que el reloj del campanario de Times Square dio las diez, el escenario experimentó un cambio. De pronto, aparecieron entre la multitud una serie de pancartas desplegadas y la gente, tal vez mil personas o más, se formaron en hileras y, con pancartas y carteles, comenzaron a entonar consignas de paz, justicia y otras del momento. Fue emocionante y, por otra parte, un acto exento de toda agresividad. Los manifestantes no salían de las aceras, no interrumpían el tráfico, caminaban ordenadamente, formaban una procesión sin violencia alguna que discurría por Times Square. Mi amigo y yo estábamos al lado de dos mujeres que sostenían una pancarta.

—Vamos a echarles una mano —dijo Leon.

Y nos colocamos uno a cada lado de la pancarta. Me sentí un poco como Charlie Chaplin en *Tiempos modernos* cuando encuentra casualmente una bandera roja, la levanta y de pronto ve que le siguen mil personas con el puño levantado.

De repente oí sirenas y me figuré que era el coche de los bomberos que acudía a sofocar un incendio o que se había producido un accidente. Pero en seguida me llegaron gritos y vi a centenares de policías, a pie y a caballo, que cargaban contra las filas de los manifestantes y los molían a porrazos.

Me quedé estupefacto, desconcertado. Estábamos en América, un país donde, pese a todos sus defectos, la gente podía hablar, escribir, reunirse, manifestarse sin temor. Teníamos una Constitución, la Carta de los Derechos, éramos una democracia.

Estaba absorto en aquellas consideraciones y la cabeza me trabajaba a toda velocidad cuando, en pocos segundos, un hombre corpulento me agarró por el hombro y, golpeándome con fuerza, me obligó a girar en redondo. Lo vi como a través de una nebulosa, no sabía si me había pegado con una porra, con el puño o con un palo. Lo único que noté era que me perdía en la inconsciencia y que caía derrumbado.

Debía de haber transcurrido media hora cuando me desperté en un portal. Había perdido la noción del tiempo y la escena a la que desperté tenía mucho de irreal. No había rastro alguno de manifestación, no había policías a la vista, mi amigo Leon se había esfumado y Times Square estaba ocupado por la misma multitud que la frecuentaba habitualmente todos los sábados por la noche. Parecía que allí no había ocurrido nada, como si todo hubiera sido un sueño. Pero yo sabía que no era un sueño, por algo notaba un dolor a un lado de la cabeza, donde no tardé en comprobar que tenía un chichón.

Pero lo que más me dolía eran ciertas cosas que me rondaban por la cabeza y que me decían que aquellos compañeros comunistas tenían razón. El estado y la sociedad no eran árbitros neutrales en una sociedad donde existían unos intereses encontrados. Ellos se encontraban en el bando de los ricos y poderosos. ¿Libertad de expresión? Como intentases hablar, se te echaba la policía encima con sus caballos, sus porras y sus pistolas y te cerraba la boca.

A partir de aquel momento ya no me sentí liberal y dejé de creer en el carácter edificante de la democracia americana. Me sentía radical, estaba convencido de que en aquel país había algo fundamental que no funcionaba como era debido. No era solo la pobreza que subsistía en medio de tanta riqueza, no era solo el trato espantoso que se reservaba a los negros, sino que había algo podrido que carcomía la raíz. La situación no solo exigía un nuevo presidente o unas nuevas leyes, sino que había que arrancar de raíz el viejo orden e implantar una sociedad de nuevo cuño, una sociedad cooperativa, amante de la paz, igualitaria.

Tal vez exagero la importancia de aquella experiencia, aunque no lo creo. He llegado a la conclusión de que a veces un hecho insignificante pero significativo da un vuelco a nuestra vida y nos lleva a pensar de otra manera. Tanto puede tratarse de algo aterrador como estimulante, según nos quedemos reflexionando sobre el hecho o saquemos provecho de él.

Podría llamar a los años que siguieron a aquella experiencia de Times Square «mis años comunistas», pero correría el riesgo de que la denominación fuera mal interpretada, puesto que la palabra «comunista» evoca a Joseph Stalin, gulags de muerte y de tortura, negación de la libertad de expresión, el ambiente de miedo y pavor que conoció la Unión Soviética, la repugnante burocracia que, con la máscara de socialismo, afligió el país durante setenta años.

Ninguna de estas cosas entraba en los planes ni en las ideas de aquellos jóvenes obreros que yo conocí y que se daban el nombre de comunistas. Y por supuesto, tampoco en mis planes ni en mis ideas. Se sabía poco acerca de la Unión Soviética, como no fuera lo que evocaba la imagen romántica que algunos, como el teólogo inglés Hewlitt Johnson, deán de Canterbury, pintaba en su libro *The Soviet Power* (*El poder soviético*) distribuido sobre todo por el movimiento comunista. Brindaba a los idealistas que se sentían desilusionados por el capitalismo la visión que tanto anhelaban, un lugar donde el país pertenecía «al pueblo», donde todo el mundo trabajaba y disponía de cuidados sanitarios gratuitos, donde las mujeres tenían las mismas oportunidades que los hombres y donde convivían cien grupos étnicos diferentes, todos tratados con igual respeto.

La Unión Soviética se convertía en una romántica y lejana nebulosa. El hecho palpable y visible era que los comunistas eran maestros en la organización de la clase trabajadora de todo el país. Eran atrevidos y se exponían a que los detuvieran y apalearan con tal de organizar a los trabajadores de la industria automovilística de Detroit, de la industria del acero de Pittsburgh, de la industria textil de Carolina del Norte, de la industria de pieles y cueros de Nueva York, de los estibadores de la costa oeste. Cuando en el sur lincharon a los negros, cuando los «Scottsboro Boys» fueron transportados en ferrocarril a las cárceles de Alabama, ellos fueron los primeros que dejaron oír su voz e incluso los primeros en manifestarse.

Yo no imaginaba a los comunistas como burócratas soviéticos, los veía como el padre de mi amigo Leon taxista que un día llegó a su casa magullado y cubierto de sangre porque los matones del burgués (palabras que no tardaron en integrarse en mi vocabulario) le dieron una paliza por intentar constituir con sus compañeros un sindicato de taxistas.

Todo el mundo sabía que los comunistas eran los primeros antifascistas, que tanto protestaban por la invasión de Etiopía por parte de Mussolini como por la persecución de los judíos por la de Hitler. Y lo más impresionante de todo era que los comunistas se iban por millares a España a luchar como voluntarios, se alistaban a la Brigada Abraham Lincoln, se juntaban con otros voluntarios llegados de todo el mundo para defender Madrid y el pueblo español contra el ejército de Francisco Franco, a quien Alemania e Italia proporcionaban armas y aviones.

Personas entre las más valiosas del país entroncaban de una manera u otra con el movimiento comunista. Eran héroes y heroínas dignos de admiración. Estaba Paul Robeson, aquel fabuloso cantante-actor-atleta cuya magnífica voz podía llenar el Madison Square Garden lanzando denuestos contra la injusticia racial y el fascismo. Y también personajes de la literatura (¿acaso Theodore Dreiser y W E. B. Du Bois no eran comunistas?), figuras de talento, actores, escritores y directores de Hollywood que poseían una conciencia social (sí, los Diez de Hollywood, conducidos delante de un comité del congreso, defendidos por Humphrey Bogart y muchos más).

Sin duda que en aquel movimiento, como en cualquier otro, se podía ver una rectitud que conducía al dogmatismo, un círculo cerrado de ideas impermeable a la duda, una intolerancia de la disidencia por parte de aquellos que eran los más hostigados de los disidentes. Pero por imperfectas y hasta repugnantes que pudieran ser algunas políticas particulares, algunos actos particulares, subsistía la pureza del ideal, representado en las teorías de Karl Marx y en la noble visión de muchos pensadores y escritores de menor calibre.

Recuerdo mi primera lectura del *Manifiesto Comunista*, escrito por Marx y Engels cuando los dos eran jóvenes radicales. Marx tenía entonces treinta años, Engels veintiocho. «La historia de toda la sociedad que ha existido hasta ahora es la historia de la lucha de clases». Era una verdad innegable, una verdad que se podía comprobar en cualquier lectura de la historia. Indudablemente era verdad en Estados Unidos, pese a todas las promesas de la Constitución («Nosotros, el pueblo de los Estados Unidos...» y «Ningún Estado negará... la protección igual de las leyes»).

El análisis que Marx y Engels hacían del capitalismo cuadraba con la realidad. Era verdad la historia de explotación del capitalismo, su creación de situaciones extremas de riqueza y de pobreza, incluso en una «democracia» liberal como la de este país. Y la visión socialista que proyectaban no era de dictadura o de burocracia sino la imagen de una sociedad libre. Su «dictadura del proletariado» sería una fase de transición, su objetivo una sociedad sin clases como correspondía a una verdadera democracia, a la verdadera libertad. Un sistema económico racional y justo haría que la jornada de trabajo fuera breve y dejaría tiempo libre para que cada uno hiciera lo que más le apeteciera: escribir poemas, disfrutar de la naturaleza, hacer deporte, ser auténticamente humano. El nacionalismo pasaría a ser una reliquia del pasado. La gente de todo el mundo, cualquiera que fuera su raza o el continente del que procediera, viviría en paz y cooperaría con los demás.

En mis lecturas de adolescencia, se encargaron de alimentar esas ideas algunos de los mejores escritores de América. Leí *The Jungle* (*La jungla*), de Upton Sinclair, donde la descripción del trabajo en las ganaderías de Chicago constituía el epítome de la explotación capitalista y donde la visión de una nueva sociedad descrita en las últimas páginas del libro dejaba una impresión imborrable. *Las uvas de la ira*, de John Steinbeck, era un grito elocuente contra las condiciones de vida a las que estaban sometidos los pobres, que por mucho que intentaran cambiarlas tropezaban siempre con las políticas de los clanes.

A mis dieciocho años, sin trabajo y con mi familia desesperadamente necesitada de ayuda, resolví hacer un examen muy cacareado por el Servicio Civil para trabajar en los astilleros de la Marina de Brooklyn. Se presentaron al examen treinta mil muchachos (era absolutamente inconcebible que una mujer aspirase al puesto) para cubrir unos pocos centenares de puestos. Corría el año 1940 y los programas del New Deal habían mejorado pero no resuelto los problemas de la Depresión. Cuando se anunciaron los resultados, hubo cuatrocientos solicitantes que obtuvieron una puntuación del cien por cien en el examen y, por consiguiente, los cuatrocientos tenían derecho a ocupar los puestos. Yo fui uno de ellos.

Para mí y para mi familia fue un triunfo. Percibiría un salario de catorce dólares cuarenta por una semana de cuarenta horas. Podría dar diez dólares por semana a mi familia y yo me quedaría el dinero restante para la comida de mediodía y gastos personales.

También sería una introducción al mundo de la industria pesada. Durante los tres años siguientes sería aprendiz de mecánico ajustador en la industria naviera. Tendría que trabajar en «las guías», una amplia superficie inclinada situada en un extremo del muelle utilizada para la construcción de un barco de guerra, el USS Iowa. (Muchos años más tarde, en los ochenta, me convocaron para ser testigo de una prueba realizada por los pacifistas en Staten Island, los cuales se manifestaron contra la instalación de armas nucleares en un barco de guerra allí atracado: era el USS Iowa).

No tenía idea de las dimensiones de un barco de guerra. Puesto de pie, habría sido tan alto como el Empire State Building. Acababan de situar la quilla y ahora nos correspondía a nosotros —millares de operarios— juntar el cuerpo de acero con la estructura interna del barco. Era una labor difícil, sucia, apestosa. El olor que emana el acero galvanizado al cortarlo con un soplete de acetileno es verdaderamente indescriptible. Años más tarde nos enteramos de que el cinc que desprende este proceso de combustión provoca cáncer.

En verano soplan del mar ráfagas de aire helado, por lo que teníamos que llevar casco y unos guantes gruesos y encontrábamos un cierto bienestar en los fuegos que utilizan los remachadores. Calentaban los remaches en la llama hasta convertirlos en globos incandescentes que retiraban del fuego e introducían después a golpes en las planchas de acero del casco con ayuda de unos enormes martillos impulsados por aire comprimido. El ruido era ensordecedor.

En verano, en cambio, con el mono y las botas con punteras de acero, teníamos el cuerpo empapado de sudor y tomábamos tabletas de sal para impedir que el calor nos dejase exhaustos. A menudo teníamos que arrastrarnos dentro de los minúsculos compartimentos de acero del «fondo interior», donde los olores y sonidos se multiplican por cien. Teníamos que tomar medidas y manejar el martillo, cortar y soldar, sirviéndonos de la cooperación de los «quemadores» y «descantilladores».

Allí no trabajaba ninguna mujer. Los trabajos especializados estaban reservados a los blancos, organizados en sindicatos gremiales que se distinguían por su escasa hospitalidad con los negros. Los pocos negros que había en los astilleros hacían los trabajos más duros y los que requerían mayor fuerza física, como por ejemplo remachar.

Lo único que me hacía soportable aquel trabajo era la paga y la dignidad inherente de trabajar y llevar dinero a casa, lo mismo que mi padre. También existía el orgullo de hacer algo por la guerra. Sin embargo, lo más importante para mí fue que me hice un pequeño grupo de amigos, todos ellos jóvenes aprendices —algunos, ajustadores como yo; otros, carpinteros, maquinistas, tuberos, planchistas— y de ideología radical, decididos a hacer algo para cambiar el mundo. Nada menos que esto.

Como no teníamos derecho a pertenecer a los sindicatos de los trabajadores especializados, decidimos organizar un sindicato de aprendices, una asociación. Así trataríamos de conseguir unas mejores condiciones de trabajo, aumentar nuestra paga y crear un ambiente de camaradería durante y después de las horas de trabajo con la idea de poner un poco de alegría en nuestra vida diaria.

Tuvimos éxito en nuestra empresa y conseguimos una afiliación de trescientos trabajadores y, en mi caso particular, supuso mi introducción a la participación real en un movimiento laboral.

Al organizar aquel sindicato hicimos lo que han venido haciendo los trabajadores desde hace siglos, es decir, tratar de crear pequeños espacios de cultura y amistad con miras a compensar la monotonía del trabajo.

Fuimos elegidos cuatro para desempeñar el cargo de funcionarios de la Asociación de Aprendices y nos hicimos muy amigos. Nos reuníamos una noche por semana para leer libros sobre política, economía y socialismo y hablar de cuestiones mundiales. Aunque teníamos la edad en la que otros van a la universidad, considerábamos que nuestra educación era suficiente.

De todos modos, estuve contento de dejar los astilleros y de poder incorporarme a las Fuerzas Aéreas. Fue mientras volaba en misiones de combate por los cielos de Europa cuando inicié un viraje brusco en mis ideas políticas, lo que no tenía nada que ver con el romanticismo de la Unión Soviética que impregnaba los esquemas de muchos radicales (y de muchos que no lo eran), sobre todo en el ambiente de la Segunda Guerra Mundial y tras los sorprendentes éxitos del Ejército Rojo contra los invasores nazis.

El detonante que propició este cambio fue el encuentro que he descrito anteriormente con un artillero de aviación que pertenecía a otra tripulación y que en sus conversaciones ponía en tela de juicio los propósitos de los aliados —Inglaterra, Francia, Estados Unidos, la Unión Soviética— y dudaba de que fueran realmente antifascistas y democráticos.

Aquel hombre me prestó un libro que hizo zozobrar algunas de las ideas que yo defendía desde hacía años. Era *The yogi and the comissar* (*El yogui y el comisario*), de Arthur Koestler. Koestler había sido comunista, había luchado en España, pero había llegado a la convicción —las pruebas que aducía eran poderosas, su lógica indestructible— de que la pretensión de la Unión Soviética de ser un estado socialista era puro fraude. (Después de la guerra leí *The God That Failed* (*El dios que falló*), donde ciertos escritores cuya integridad y dedicación a la justicia me era imposible poner en duda —Richard Wright, André Gide, Ignazio Silone y también

Koestler— manifiestan que han perdido su fe en el comunismo y en la Unión Soviética).

Sin embargo, la decepción que me produjo la Unión Soviética no mermó ni un ápice mi fe en el socialismo, de la misma manera que la desilusión que me había producido el gobierno de Estados Unidos tampoco mermaba mi fe en la democracia. No afectó en absoluto a mi conciencia de clase, ni me impidió ver la diferencia que existía entre la vida de ricos y pobres en Estados Unidos, ni tampoco hizo que dejara de ver que aquella sociedad era incapaz de cubrir las necesidades biológicas básicas —alimento, vivienda, atenciones sanitarias— de muchos millones de personas.

Es bastante curioso que, cuando pasé a ser teniente segundo de las Fuerzas Aéreas, tuve un atisbo de cómo era la vida de las clases privilegiadas. Disponía de ropa mejor, de comida de más calidad, de más dinero, de un nivel superior al que me correspondía en la vida civil.

Después de la guerra, con unos cuantos centenares de dólares que me correspondieron al licenciarme y una vez expedidos el uniforme y las medallas, me reuní con Roz. Estábamos casados y éramos jóvenes y felices. Pero no encontramos otro sitio donde vivir que un sótano infestado de ratas de Bedford-Stuyvesant (cuando digo que estaba «infestado de ratas» no utilizo una figura retórica, ya que un día, al entrar en el cuarto de baño, vi una enorme rata que se escabullía a la carrera por encima de la tubería del agua en dirección al techo).

Había regresado a la clase a la que pertenecía, la clase obrera, pero necesitaba trabajo. Intenté volver a los astilleros de la Marina de Brooklyn, pero era el mismo trabajo odioso de antes y ahora sin aquellos aditamentos que, antes, suponían una compensación. Hice de camarero, abrí zanjas en las calles, trabajé en una cervecería y, entre uno y otro empleo, cobré el seguro del paro. (Comprendo muy bien los sentimientos de los veteranos de la guerra de Vietnam, hombres «importantes» cuando eran soldados pero que, al volver a casa, se encontraban sin trabajo, sin perspectivas y sobre todo sin la aureola que rodeaba a los veteranos de la

Segunda Guerra Mundial, todo lo cual se juntaba para degradarlos como personas). Entretanto nació nuestra hija Myla.

A mis veintisiete años, con un segundo hijo en camino, me matriculé en el primer curso en la universidad de Nueva York, acogiéndome a la Declaración de Derechos para los soldados. Esto me daba derecho a cuatro años de enseñanza universitaria gratuita más un estipendio de ciento veinte mil dólares al año y, como Roz trabajaba durante parte de la jornada, Myla y Jeff estaban en la guardería y yo hacía un turno de trabajo nocturno a la salida de clase, conseguimos sobrevivir.

Siempre que oigo decir que el gobierno no tiene por qué ayudar a la gente, que esto es algo que debe dejarse en manos de la «empresa privada», pienso en la Declaración de Derechos de los soldados y en su maravillosa eficiencia exenta de burocracia. Existen ciertas necesidades —vivienda, cuidados médicos, educación— que a la empresa privada le tienen absolutamente sin cuidado. (Cubrir estas necesidades de los pobres no produce ningún beneficio y ya se sabe que la empresa privada no se mueve si no hay beneficios).

El inicio de mis estudios coincidió con un cambio en nuestras vidas que nos permitió dejar el miserable sótano donde vivíamos y trasladarnos a una vivienda de bajo alquiler en el centro de Manhattan, a orillas del East River. Se componía de cuatro habitaciones y los enseres estaban incluidos en el alquiler. No había ratas ni cucarachas y en la calle había un pequeño campo de juegos y unos cuantos árboles, además de un parque que bordeaba el río. Éramos felices.

Mientras fui a la universidad, trabajé en el turno de cuatro a doce en los sótanos de un almacén de Manhattan, donde tenía que cargar pesadas cajas de cartón llenas de ropa a camiones que las distribuían a diferentes ciudades del país.

Los cargadores del almacén formábamos un grupo muy curioso. Había un negro, un inmigrante hondureño, dos hombres algo retrasados mentales y otro veterano de la guerra (casado y con hijos, que se vendía la sangre para redondear la paga mensual). Durante un tiempo trabajó también con nosotros un chico llamado Jeff Lawson cuyo padre era John Howard Lawson, escritor de Hollywood que era uno de los Diez de Hollywood. Otro, universitario de Columbia, se llamaba como su abuelo, el líder laboral socialista Daniel DeLeon. (Volví a encontrarlo muchos años más tarde, estaba algo trastornado psíquicamente y más tarde me enteré de que se había metido debajo del coche, se había encerrado en su garaje y se había suicidado inhalando monóxido de carbono).

Todos pertenecíamos al sindicato (Distrito 65), que tenía fama de izquierdista. Pero nosotros, los cargadores de camiones, todavía éramos más de izquierdas que el sindicato, que no parecía muy decidido a intervenir en las operaciones de carga de aquel almacén.

No estábamos contentos con nuestras condiciones de trabajo, ya que teníamos que hacer la carga en las aceras, prescindiendo de si hacía mal tiempo, de si llovía o nevaba, sin que la empresa nos proporcionase la ropa adecuada. La habíamos pedido con insistencia, pero sin resultado. Una noche, ya tarde, se puso a llover torrencialmente. Dadas las condiciones, dejamos de trabajar y declaramos que no pensábamos continuar a menos que nos aseguraran en firme que a partir de aquel día nos proporcionarían ropa para protegernos de la lluvia.

El encargado echaba chispas. Nos dijo que el camión tenía que cumplir el programa y debía salir aquella noche, que él no tenía autoridad para prometer nada. Pero nosotros le contestamos:

—¡Pues a la mierda! No vamos a calarnos hasta los huesos porque hay un programa que cumplir.

El hombre se fue al teléfono, llamó a un ejecutivo de la empresa que estaba en su casa y que, para atenderle, tuvo que interrumpir una cena con sus amigos, y volvió del teléfono.

—De acuerdo, tendréis la ropa.

Al día siguiente, cuando llegamos al almacén, nos encontramos con un montón de impermeables nuevos y relucientes y con una colección de sombreros de lluvia.

Ese fue mi mundo en los primeros treinta y tres años de mi vida, un mundo en que alterné el paro con trabajos malos, un mundo en el que mi esposa y yo teníamos que dejar a nuestros dos hijos, de dos y tres años de edad, al cuidado de otras personas mientras nosotros íbamos a estudiar o a trabajar, un mundo donde la mayor parte del tiempo vivimos en casas exiguas y desagradables, un mundo donde dudábamos antes de llamar al médico cuando nuestros hijos se ponían enfermos por miedo a no poder pagarle y, finalmente, llevándolos al hospital, donde el personal interno se ocuparía de ellos. Así vive una gran parte de la población, incluso en este país, el más rico del mundo. Llegó por fin un día en que ya estuve armado con los títulos adecuados y pude empezar a salir de este mundo y hacer de profesor universitario. Con todo, jamás he conseguido olvidar esta etapa, jamás he perdido la conciencia de clase.

He observado que nuestros líderes políticos se mueven con cautela en el manejo de ciertas expresiones, da la impresión de que la peor acusación que un político puede hacer a otro es que «recurre al enfrentamiento de clases... que pone a una clase contra otra». Pues bien, hace muchísimo tiempo que, en las realidades de la vida, se enfrentan unas clases contra otras y estas son palabras que no van a desaparecer más que cuando desaparezcan las realidades que entraña la desigualdad.

Sería estúpido por mi parte pretender que la conciencia de clase es únicamente resultado de que mi familia fue pobre, viví como un niño pobre y, más tarde, con las estrecheces propias de un marido y un padre joven y pobre. He conocido a muchas personas con antecedentes similares que tienen ideas muy diferentes sobre la sociedad, y otras, en cambio, cuya vida fue muy diferente de la mía pero que tienen una visión del mundo parecida a la que tengo yo.

Cuando dispuse de una cátedra en el departamento de historia del Spelman y tuve poder suficiente para contratar a uno o dos profesores (¡por poco poder que uno tenga, a veces se le sube a la cabeza!), invité a Staughton Lynd, un brillante historiador, licenciado por Harvard y Columbia, y conseguí que se incorporara al cuerpo facultativo del Spelman. (Nos habíamos conocido en un congreso de historiadores que se celebró en Nueva York, donde

Staughton tuvo ocasión de manifestarme su deseo de enseñar en una universidad negra).

El verano antes de que Staughton Lynd viniera al sur, nos encontramos en Nueva Inglaterra y decidimos subir juntos a una montaña de New Hampshire (el monte Monadnock) con intención de conocernos un poco. Nos acompañaron mis dos hijos, Myla y Jeff, que tenían entonces trece y once años. Cuando llegamos a la cumbre, cansados y famélicos, encontramos los restos de un paquete de cigarrillos y los cuatro —todos no fumadores, sea dicho en nuestro descargo— nos sentamos en el suelo con las piernas cruzadas y fumamos en silencio como personajes de *El tesoro de Sierra Madre*.

La conversación que sostuvimos mientras ascendíamos aquella montaña fue en extremo ilustrativa. Staughton procedía de un medio completamente diferente del mío. Sus padres, Robert y Helen Lynd, eran famosos profesores de Columbia y, junto con Sarah Lawrence, autores de un clásico de la sociología, *Middletown*. Staughton se había criado en un ambiente acomodado y había ido a Harvard y a Columbia. Sin embargo, al ir recorriendo en todas direcciones todas las cuestiones políticas que se despliegan bajo el sol —raza, clase, guerra, violencia, nacionalismo, justicia, fascismo, capitalismo, socialismo y otras más—, pude darme cuenta de que nuestra filosofía en materia social, nuestros valores, eran extremadamente parecidos.

A la luz de esas experiencias, es imposible que el «análisis de las clases» tradicional y dogmático quede incólume. A medida que se desintegra el dogma, va surgiendo la esperanza. Parece que los seres humanos, cualquiera que sea el medio social del que procedan, son más abiertos de lo que pensamos y su conducta no puede predecirse automáticamente partiendo de su pasado. Parece que todos somos criaturas vulnerables a nuevas ideas y a nuevas actitudes.

Y si esta vulnerabilidad crea toda suerte de posibilidades, tanto buenas como malas, su misma existencia es excitante. Indica que no se puede tachar de un plumazo a ningún ser humano y que no hay cambio de ideas que pueda considerarse imposible.

14. UN POLLO DE GOMA AMARILLA. LAS BATALLAS DE LA UNIVERSIDAD DE BOSTON

Desde mis inicios, las enseñanzas que impartí estuvieron impregnadas de mi propia historia. Procuraba ser imparcial con el punto de vista de los demás, pero pretendía algo más que «objetividad». Quería que mis alumnos no solo salieran mejor informados de mis clases, sino también preparados para no ampararse en el silencio, preparados para dejar oír su voz, para actuar contra la injusticia dondequiera que la encontraran. Por supuesto que era una fórmula abocada a todo tipo de contratiempos.

El departamento de Ciencias Políticas de la universidad de Boston, sabiendo que yo ya no estaba en el Spelman (estaba en Boston escribiendo dos libros sobre el sur y el movimiento que allí se había desarrollado), me ofreció un trabajo del que debía tomar posesión en otoño de 1964. Acepté. No les vi interesados en saber qué circunstancias me habían hecho abandonar el Spelman. Habían escuchado la conferencia que yo había dado en la universidad de Boston hacía varios años, sabían que había escrito un libro que había merecido un premio de la Asociación Americana de la Historia (*LaGuardia in Congress*) y también artículos sobre el sur para *Harper's*, *Nation* y *New Republic*. O sea que, al parecer, yo reunía unas cualidades que consideraban positivas.

Pero el inicio de mis enseñanzas en la universidad de Boston coincidió casi exactamente con el incremento de la escalada de la guerra de Estados Unidos contra Vietnam que se produjo después del confuso incidente del golfo de Tonkín. Inmediatamente me vi envuelto en las protestas contra la guerra: concentraciones, charlas, manifestaciones, artículos, entre ellos uno para *Nation* en el que exponía varias argumentaciones a favor de la retirada de Vietnam.

Cuando me contrataron, me prometieron la titularidad del cargo para un año después, lo que era una sólida garantía de permanencia asegurada. Sin embargo, pasó aquel año y yo seguía sin el contrato de titularidad. Me dijeron que el hecho obedecía a un error burocrático. Transcurrió otro año (durante el cual aumentó mi actividad pacifista) y me dieron otra excusa.

Finalmente, a principios de 1967, hubo una reunión en el Departamento de Ciencias Políticas para votar mi cargo. Unos pocos profesores se opusieron al nombramiento alegando sin ambages que mis actividades contra la guerra eran perjudiciales para la universidad. Sin embargo, las evaluaciones que hicieron los alumnos de mi labor como profesor fueron entusiastas y aquella primavera salió mi quinto libro. El departamento se inclinó a favor de la concesión de la titularidad definitiva.

La aprobación del decano y del presidente no se hizo esperar. (Todo esto ocurría cuatro años antes de que John Silber fuera nombrado presidente de la universidad). Lo único que faltaba era un voto del Consejo de Administración.

En aquella primavera de 1967 unos estudiantes se presentaron en mi despacho para comunicarme que los administradores harían coincidir su reunión anual con la cena del Día de los Fundadores y que el orador invitado sería Dean Rusk, secretario de Estado. Era una fiesta por todo lo alto en el Sheraton Boston Hotel. Rusk era uno de los estrategas de la guerra de Vietnam y los estudiantes pensaban hacer una manifestación delante del hotel. Me pidieron que yo fuera uno de los oradores.

Titubeé al considerar que la decisión relativa a mi nombramiento estaba en manos de los administradores. Pese a todo, no podía negarme. ¿No había dicho siempre que perder el trabajo es el riesgo que se corre si uno quiere ser libre? Debo confesar que sentí flaquear mi valentía, pero pensé que yo sería uno más entre muchos oradores y que a lo mejor pasaba inadvertido.

La noche del acontecimiento me dirigí al Sheraton Boston y me sumé a los varios centenares de manifestantes que rodeaban en círculo la entrada del hotel. Uno de los organizadores me acompañó inmediatamente hasta el micrófono, instalado junto a la entrada del hotel. Eché una mirada a mi alrededor.

—¿Dónde están los demás oradores? —pregunté.

El chico me miró desconcertado.

—No hay más oradores.

En consecuencia, comencé a arengar a la multitud congregada delante del hotel. Les hablé de la guerra y de por qué consideraba que los Estados Unidos estaban de más en Vietnam. Mientras hablaba iban llegando una tras otra las limusinas y los invitados con sus trajes de etiqueta, entre ellos Dean Rusk, los administradores y demás. Al bajar del coche, todos se quedaban parados un momento como queriendo hacerse cargo de la situación y seguidamente entraban en el hotel.

Unos días después recibí una carta con el membrete del despacho del presidente. Al abrirla, no pude por menos de recordar aquella otra carta que, en 1963, me había enviado otro presidente. Esta, sin embargo, decía: «Querido profesor Zinn, tengo el placer de informarle de que el Consejo de Administración le concedió la titularidad del nombramiento en su reunión de la tarde del...». Aquello significaba que los administradores habían votado por la tarde y después, hasta la noche, cuando acudieron a la cena del Día de los Fundadores, no se encontraron con el flamante miembro de la facultad denunciando al invitado que ellos se disponían a agasajar.

De no haber sido por aquel afortunado nombramiento, la llegada de John Silber a la universidad de Boston para ocupar el cargo de presidente de la misma habría puesto fin a mi labor como profesor. John Silber había sido profesor de filosofía y decano de la universidad de Texas. Era un hombre que hablaba y pensaba con gran rapidez y que había sido recomendado por dos filósofos del comité presidencial de la universidad de Boston basándose en lo que a mi modo de ver constituye una falacia habitual entre los intelectuales: que decir de alguien que es «inteligente» e incluso «brillante», como dijeron de Silber, equivale a decir de alguien que es «bueno».

Silber y yo topamos al momento. Parece que lo que más le enfurecía de mi persona era que me atreviera a criticarlo en público y de forma implacable. (Sí, como había dicho el presidente del Spelman, yo pecaba de insubordinación).

Una de las primeras cosas que hizo el presidente Silber al ocupar su puesto fue invitar a los Marines a la universidad con el objeto de reclutar estudiantes. Esto ocurría en la primavera de 1972, con la guerra de Vietnam en pleno auge. Los estudiantes pacifistas organizaron una manifestación y se sentaron en las escaleras del edificio donde estaban instalados los marines que se proponían reclutar gente. No era una manifestación violenta sino simplemente obstructora, no hacía imposible pero sí difícil que los marines pudieran ponerse en contacto con los estudiantes.

No pude asistir a la manifestación porque estaba en cama con una fuerte gripe, pero me telefonearon dándome cuenta de la situación. Silber avisó a la policía y él mismo se personó en el escenario de los hechos megáfono en ristre como un general en una operación militar, mientras la policía entraba en la universidad con sus porras y sus perros policía y detenía a todos los manifestantes que se le ponían a tiro.

El día siguiente, el periódico oficial de la administración publicaba el siguiente titular: «Hay que enseñar a respetar la ley a aquellos estudiantes que perturban el orden, dice el doctor Silber».

Pese a estar en cama, escribí un artículo sobre el incidente para un periódico de Boston, que fue reimpreso y distribuido en el campus. En él quería involucrar a Silber en la cuestión de los marines y relacionarlo con la filosofía de la desobediencia civil y el concepto de una «universidad abierta», principio que él decía respetar invitando a los marines a reclutar estudiantes.

Escribí lo siguiente: «Es un hecho que una función básica de las instituciones educativas consiste en preparar a los jóvenes para los puestos de trabajo que la sociedad puede ofrecerles... Pero la educación organizada tiene una función mucho más importante, que estriba en enseñar a las nuevas generaciones esa regla sin la cual los líderes no podrían hacer guerras, arruinar el país, sojuzgar a los rebeldes y disidentes: la regla de la obediencia a la autoridad legal. Nadie puede enseñarla mejor y de forma más convincente que el intelectual profesional. Y entre los intelectuales profesionales nadie puede igualar a un filósofo convertido en presidente de una universidad. Si sus argumentaciones no hacen mella en los estudiantes —quienes a veces prefieren contemplar el mundo que les rodea que leer a Kant—, no tiene más que avisar a la policía y, después de esa interrupción momentánea (la porra será como un signo de exclamación de sus argumentaciones racionales), podrá proseguir la discusión en ambiente más apacible».

Librándose a una interpretación sumamente peregrina, Silber citó el ejemplo de Martin Luther King Jr. y dijo que los estudiantes deberían entregarse para demostrar que se arrepentían de lo que habían hecho. Esto me llevó a escribir: «Qué curioso que un hombre cuyo proceder ese día se asemeja sobre todo al de Bull Connor, de Birmingham —rodeado de perros policía, fotógrafos ocultos y agentes armados de porras—, invoque el nombre de Martin Luther King que, de haber estado presente, se habría sentado en las gradas con los estudiantes».

Silber declaró su filosofía educativa en 1976 en la página opuesta al editorial del *New York Times*. En ella escribió: «Como reconoció Jefferson, se da entre los hombres una aristocracia natural. Las bases de la misma son la virtud y el talento... La democracia, liberada de un igualitarismo falso y en última instancia destructivo, crea una sociedad donde los más sabios, los mejores y los más entregados ocupan posiciones de liderazgo... Mientras la inteligencia esté por encima de la estupidez, la cultura por encima de la ignorancia y la virtud por encima del vicio, las universidades solo podrán regirse de acuerdo con una base elitista». Y en otra ocasión Silber dijo: «Cuanto más democrática es una universidad, peor es».

Su confianza suprema en su inteligencia, cultura y virtud lo llevaba a mostrarse arrogante con los profesores y despectivo con los estudiantes y a comportarse cada vez más como un pequeño dictador de la universidad.

Cuando, en 1976, expiró su contrato de cinco años, hubo en el campus un movimiento que involucró a estudiantes, profesores y decanos instando a que se le retirara el cargo. La facultad votó por abrumadora mayoría a favor de no renovar su nombramiento y en este sentido se pronunciaron quince de los dieciséis decanos.

Con todo, la última palabra correspondía al Consejo de Administración. Pero cuando surgió un comité de administradores que recomendó que no se le renovase el contrato, Silber, haciendo gala de espíritu combativo, insistió en comparecer delante del consejo, al que supo convencer de que lo mantuviesen en su puesto. Tras aquel breve intervalo, se dispuso a afianzar su posición. Los decanos que habían pedido que lo echaran no insistieron y fueron abdicando uno tras otro. Y en el Consejo de Administración había otro presidente: Arthur Metcalf, industrial militarista (se encargaba de escribir una columna sobre estrategia militar para un periódico de derechas). Además, era íntimo amigo de Silber. (Poco después, Silber adquirió valores de la empresa de Metcalf, que más tarde vendió por más de un millón de dólares).

Después de veinte años en la presidencia, Silber subrayó que él había ampliado el capital de la universidad, lo que era rigurosamente cierto, si bien era igualmente cierto que la ampliación de la deuda en que había incurrido la universidad era de magnitud comparable. Se sentía orgulloso de haber atraído a la universidad a ciertos personajes distinguidos. Así era, en efecto, pero también era cierto que muchos profesores de gran valía habían abandonado la universidad de Boston porque no podían soportar el ambiente creado con su gestión.

Decía que había transformado una institución mediocre en una «universidad de clase mundana». Para muchos venía a ser como un Mussolini que, después de pisotear las libertades civiles, se jactaba de haber convertido Italia en una importante potencia, haber impuesto el orden y hasta conseguido que los trenes llegasen puntualmente a la hora.

Poco después de que los administradores renovasen su contrato en 1976, Silber estableció la censura de las publicaciones estudiantiles y exigió la presencia de unos asesores de la facultad que debían encargarse de dar su aprobación a todo lo que se imprimiese. Yo era asesor de una publicación estudiantil, *The Exposure*, cuyas osadas críticas de la administración condujeron sin duda a imponer la política de la censura. Cuando me negué a actuar de censor, también le fueron negados al periódico los fondos indispensables para su funcionamiento y cuando las organizaciones estudiantiles votaron a favor de la concesión de fondos, la administración los bloqueó.

En 1978, la facultad de derecho de la universidad de Boston invitó al abogado radical William Kunstler a que diera una conferencia. En el curso de la misma hizo una observación jocosa y desmerecedora del presidente Silber. El director ejecutivo de la emisora radiofónica de la universidad de Boston, que debía retransmitir el discurso, recibió la orden de borrar de la cinta dicha observación. Se negó a hacerlo y, según me contó más tarde, un funcionario de la administración se lo llevó fuera del edificio y le ofreció una alternativa: o dimitía o lo echaban. Dimitió.

La Unión de Libertades Civiles de Massachusetts, en su informe de 1979, dijo que «no constaba en sus anales haber recibido nunca un volumen tan grande y persistente de quejas en relación con una sola... institución» como en el caso de la universidad de Boston y que las pesquisas realizadas hacían pensar «que la U. B. ha violado principios fundamentales de las libertades civiles y de la libertad académica».

El personal docente cuyo nombramiento no era definitivo temía manifestar abiertamente sus críticas al presidente de la universidad. Aquellos que las manifestaban, a pesar de que comités de facultad de cuatro niveles diferentes habían votado a favor de las mismas, corrían el riesgo de perder sus puestos. Silber tenía poder absoluto en lo tocante a invalidar todas las decisiones de la facultad relativas a nombramientos de profesores y se servía del mismo.

La universidad de Boston, bajo el mandato de Silber, se hizo famosa en todo el mundo académico. La policía de la universidad, a veces de manera abierta y a veces subrepticia, sacaba fotos de aquellos estudiantes y profesores que participaban en las manifestaciones. Recuerdo una línea de piquete, con profesores y estudiantes caminando pacíficamente por el exterior del edificio donde se reunía el cuerpo directivo, exhibiendo pancartas contra el *apartheid* en África del Sur. Y recuerdo también que un guardia de seguridad de la universidad, con un decano situado muy cerca, fotografiaba a los manifestantes uno por uno colocando la cámara en las mismas narices del interesado.

Un estudiante que distribuía folletos en el vestíbulo del lugar donde se estaba celebrando otra reunión de directivos, fue suspendido por espacio de un semestre. Y otro estudiante que también distribuía folletos en las puertas del estadio donde se estaba celebrando una ceremonia de graduación, recibió la orden de abandonar el lugar bajo amenaza de detención.

A una estudiante diplomada que estaba a punto de ingresar en la facultad de derecho, Maureen Judge, en una entrevista para una publicación universitaria le pidieron que nombrara a los dos «profesores más inspirados y amenos». Uno de los nombres que dio fue el mío, pero le advirtieron que, si no suprimía mi nombre, no publicarían la entrevista. La chica se negó a suprimirlo.

Un día, un estudiante llamado Yosef Abramowitz, que era activo en el movimiento sionista y también en la campaña que se había organizado para que la U. B. se deshiciera de sus valores sudafricanos, vino a mi despacho y me contó algo que me llenó de sorpresa. Había colgado un letrero en la ventana de su dormitorio que decía: «¡Fuera valores!» y se habían presentado en su habitación unos empleados de la universidad pidiendo que lo retirara. Volvió a colocarlo dos veces más y se lo retiraron las dos veces. Posteriormente había recibido una carta de la administración donde le comunicaban que, como insistiera en colocar aquel letrero, sería expulsado de la habitación.

Llamamos desde mi despacho a la Unión de Libertades Civiles, que se puso en contacto con un joven abogado de la zona para consultarle sobre si querría hacerse cargo del caso. Era una buena oportunidad para poner a prueba una nueva ley sobre derechos civiles que regía en Massachusets. El abogado respondió:

—Me encantará encargarme del caso. Acabo de licenciarme por la facultad de Derecho de la U. B.

Estuve presente en la sala para ver cómo se llevaba el caso. El abogado de la universidad insistió en que el problema no estaba en las palabras del letrero, sino en la estética del mismo. Dijo que el letrero en cuestión afeaba la belleza del entorno. Para todo aquel que conociera dicho entorno y hubiera reparado en la arquitectura de la universidad de Boston, era una manifestación que no dejaba de ser cómica.

El abogado de Abramowitz hizo subir al estrado de los testigos a una serie de estudiantes que declararon sucesivamente qué cosas habían colgado de las ventanas de sus dormitorios (uno de ellos, un pollo de goma amarilla) sin que la administración tuviera nada que objetar.

El juez tomó la decisión oportuna y dijo que la U. B. debía dejar de interferirse en el derecho de Abramowitz de expresarse libremente.

Cuando corrió la voz de que en la U. B. estaban sucediendo cosas muy raras, los periodistas trataron de averiguar qué se escondía detrás del temor manifestado en diversas ocasiones por los profesores en relación con la posibilidad de que salieran a la luz críticas de la administración. Un periodista del *New York Times Magazine* escribió: «La mayoría de las personas —estudiantes y profesores de la U. B., antiguos profesores y antiguos administradores— a las que se ha entrevistado para la redacción del presente artículo, incluso las que no tenían nada que criticar, han manifestado que deseaban mantenerse en el anonimato por miedo a represalias».

Entretanto, Silber aumentaba su salario a ojos vistas, lo que hizo que, con sus 275.000 dólares al año, ganara más que los presidentes de Harvard, Yale, Princeton o el M. I. T. Por otra parte, se beneficiaba de tratos especiales del Consejo de Administración: propiedades que le vendían por debajo del precio de mercado y que él explotaba alquilándolas, préstamos con poco o ningún interés y una generosa prima para redondear el salario. El cargo de presidente de la universidad lo había hecho millonario, cosa nada habitual en el mundo académico.

Cuando le preguntaban por el dinero que había gastado a manos llenas para amueblar su casa, por la que no tenía que pagar alquiler, Silber respondía:

—¿Pretenden, acaso, que su presidente viva en una tienda de campaña a orillas del río Charles?

Sus subordinados, en cambio, tropezaban con toda suerte de obstáculos cuando pedían un aumento del salario u otros beneficios. Con el fin de defenderse decidieron organizar sindicatos: el de profesores, el de secretarios y personal administrativo, el de bibliotecarios. En 1979, viendo que no se atendían las diferentes quejas presentadas, estos grupos fueron a la huelga en diferentes momentos. En lo tocante al personal docente, supuso una provocación que la universidad denegara un contrato que el comité negociador había aceptado anteriormente.

Yo fui uno de los copresidentes del comité de huelga que representaba al sindicato de los docentes (que había adoptado oficialmente, sirviéndose del lenguaje prudente que solían emplear los profesores de la universidad, el nombre de Comité de Postergamiento). Mi labor consistió en organizar piquetes en la entrada de todos los edificios universitarios y en establecer un sistema rotatorio entre los centenares de participantes en los mismos. Los profesores demostraron una tenacidad admirable y no fallaron un día, desde primera hora de la mañana hasta la noche, en los piquetes organizados.

Hubo estudiantes que se quejaron de que no hubiera clase, pero muchos nos manifestaron su apoyo. Se hizo imposible el funcionamiento normal de la universidad y puede decirse que tanto el

Colegio de Artes Liberales como algunos otros quedaron prácticamente inoperantes.

Cuando las protestas ya llevaban nueve días, y tras interminables reuniones y sesiones estratégicas, la universidad acabó por ceder. Pero a Silber no le gustaba admitir que había perdido la partida. En un telegrama enviado a los administradores justo antes del acuerdo, insistió en que no debía constar que hubiera sido la huelga la que había inducido a la universidad a aceptar los términos del contrato con el sindicato.

Pero entretanto también los secretarios habían ido a la huelga, por lo que formamos un piquete conjunto, hecho que no dejaba de ser raro en el mundo académico. Algunos miembros del sindicato de profesores tratamos de conseguir que nuestros colegas se negaran a volver a sus puestos a menos que la administración aceptara un contacto con los secretarios, pero fracasamos en nuestro intento. Se firmó nuestro convenio y los profesores volvieron a sus clases, pero los secretarios siguieron con sus piquetes.

Algunos profesores nos negamos a atravesar las hileras de los piquetes y dimos las clases al aire libre. Yo me reuní con los doscientos alumnos de mi clase en Commonwealth Avenue, una de las avenidas principales de Boston, enfrente mismo del edificio donde solíamos dar la clase. Alquilé un sistema de megafonía y expliqué a mis alumnos por qué no dábamos la clase en el interior del edificio, Aquello nos llevó a una discusión muy animada sobre los motivos de la huelga y sobre cómo conectaba con el tema del curso, «La ley y la justicia en América».

Cuando estábamos en plena clase instalados en la acera, apareció el decano del Colegio de Artes Liberales, que me tendió una circular de la administración en la que me comunicaban que se esperaba de los profesores que dieran sus clases en los lugares acostumbrados o que, de lo contrario, su actitud sería considerada una violación del contrato.

Unos días más tarde, se acusó de violación del contrato con el sindicato a cinco profesores que se negaron a atravesar los piquetes, ya que según establecía el mismo estaban prohibidas las «huelgas por simpatía». El artículo en el que se basaba la acusación incluía una provisión que podía conducir a nuestra expulsión, pese a que todos estábamos en posesión de un nombramiento definitivo. Aparte de mí, estaba mi amigo y colega del departamento de ciencias políticas, Murray Levin, uno de los profesores más populares de la universidad; Fritz Ringer, un distinguido historiador; Andrew Dibner, un elemento muy respetado del departamento de psicología, y Caryl Rivers, periodista y novelista de renombre nacional que enseñaba periodismo.

No tardamos en convertirnos en «el caso de los Cinco de la U. B.». Contábamos con el respaldo del abogado del sindicato de profesores, así como con el de varios abogados de fuera. Un titulado del M. I. T. y, además, Premio Nobel, el doctor Salvadore Luria, organizó un comité de defensa y solicitó a todo el país peticiones de apoyo para los miembros de la facultad. Un grupo de académicos de Francia envió una carta de protesta contra la administración Silber. El *Boston Globe* y otros periódicos escribieron editoriales acusando a la universidad de violar la libertad académica.

Un grupo de distinguidas escritoras —Grace Paley, Marilyn French, Marge Piercy, Denise Levertov— dieron conferencias en la iglesia de Arlington Street ante un público masivo a fin de recaudar dinero en defensa nuestra.

El ruido provocado por el caso debió de ser excesivo para John Silber porque hizo marcha atrás y se retiraron todas las acusaciones que pesaban sobre nosotros.

No es fácil expulsar a un miembro de la facultad que dispone de un nombramiento permanente, pero se le pueden aplicar otro tipo de castigos por disidencia. Aunque el departamento nos apoyó a mí y a Murray Levin todas las veces que reivindicamos un aumento de salario, Silber rechazó año tras año la petición. Una de los líderes del sindicato, Freda Rebelsky, profesora galardonada con varios premios y psicóloga de fama nacional, sufrió parecido castigo. A Arnold Offner, historiador, que había obtenido un premio por su excelencia como profesor, se le negó el aumento porque un miembro de la facultad, hombre de tendencia derechista y amigo de Silber, había puesto una objeción a algo que había dicho en clase sobre la política extranjera americana.

Silber siguió vetándome el aumento un año tras otro. Pero el convenio de la facultad preveía la posibilidad de apelación a un comité arbitral. A principios de los ochenta, cuando Silber volvió a rechazar una recomendación del departamento, el grupo arbitral se rindió a la evidencia (aquel año mi libro *La otra historia de los Estados Unidos* fue seleccionado para un American Book Award) y me concedió el aumento.

Al parecer, lo que más irritaba a Silber era que cada semestre había cuatrocientos estudiantes o más que se inscribían al curso que yo daba. En otoño, «La ley y la justicia en América»; en primavera, «Introducción a la teoría política». Se negaba a destinar dinero a cubrir los servicios de un ayudante, pese a que las clases de cien alumnos exigen de forma automática la colaboración de uno o dos ayudantes. De todos modos, me había hecho saber que podría disponer de un ayudante en caso de limitar el número de alumnos a sesenta.

El hombre sabía que en mis clases se discutían cuestiones sociales muy controvertidas, como la libertad de expresión, la cuestión racial, la intervención militar en el extranjero, la justicia económica, el socialismo, el capitalismo, el anarquismo. Silber y yo teníamos opiniones muy diferentes sobre estas cuestiones. Él admiraba a los militares y al parecer creía en el apoyo a cualquier gobierno, cualquiera que fuera su proceder en la cuestión de los derechos humanos, siempre que el gobernante fuera anticomunista. (Este era el caso de El Salvador, por ejemplo, aunque este gobierno colaborase con los escuadrones de la muerte y el terrorismo). Era en extremo intolerante con la homosexualidad y escasamente entusiasta en materia de heterosexualidad (impuso una norma que prohibía pasar la noche en los dormitorios a personas del sexo contrario al de sus ocupantes).

En una alocución a presidentes de universidades de la costa oeste, Silber se refirió de manera ambigua a aquellos profesores que «envenenan el pozo de la Academia». Sus dos ejemplos principales al respecto eran Noam Chomsky y Howard Zinn.

En el otoño de 1979, después de todas las huelgas, la facultad puso en circulación una solicitud que reclamaba al consejo de administración que destituyese a Silber. Se convocó una asamblea especial de la facultad para que se celebrase una votación. El día anterior a la asamblea, yo estaba sentado en mi despacho con una alumna cuando entró un colega que enseñaba en la facultad de Ciencias de la Educación. Dijo que acababa de celebrar una reunión de su facultad, en la que Silber había apelado a sus miembros para que se pronunciaran contra su destitución. Silber dijo que los que respaldaban la petición eran alborotadores recalcitrantes y que, antes de que él fuera presidente, Howard Zinn ya había tratado de incendiar el despacho del presidente.

—No lo dirás en serio —dije.

—Por supuesto que sí. Te acusó de pirómano. Lo oímos todos y nos quedamos boquiabiertos. ¿Sabes a qué se refiere?

—No.

La estudiante que estaba en mi despacho se mostró interesada en la conversación. Había terminado sus estudios de periodismo y dijo que pensaba investigar el asunto.

El *Boston Globe* de la mañana siguiente publicó un artículo destacado con una foto de Silber y otra mía y un titular: «Silber acusa a Zinn de pirómano». El artículo era de la joven que había estado en mi despacho. Había comprobado que Silber había hecho, efectivamente, aquella afirmación en la facultad de Ciencias de la Educación, pero hacía constar en el artículo que había hecho también la comprobación oportuna en el parque de bomberos. Allí la habían informado de que, antes del mandato de Silber, se había producido un incendio en el despacho del presidente, pero como no se había podido determinar si había sido accidental o intencionado no se había acusado a nadie.

Comencé a recibir llamadas telefónicas de amigos abogados. Me dijeron que se trataba de un caso de difamación típico, un libelo de libro de texto. Una oportunidad que ni pintada para demandar a Silber por lo que valía (en aquellos momentos, una fortuna). No quise ni oír hablar del asunto. No me apetecía meterme en un juicio —cualquiera que fuera el precio— en el que tendría que pasar años enfrascado.

Aquella tarde la facultad celebró una reunión especial. Estaba presidida por Silber. Como la cuestión más importante a debatir era su destitución, hubo quien pensó que él mismo pasaría su cargo a otras manos. Pero Silber no era capaz de un acto como aquel. De Theodore Roosevelt se había dicho que su ego era tan potente que habría presidido su propio entierro. Silber pensaba hacerse dueño de la situación.

La sala estaba abarrotada de gente. Era, sin duda alguna, la reunión de facultad más concurrida que recordaba nadie. Lo primero que dijo Silber al coger el micrófono fue:

—Antes de que se inicie la reunión oficial, quisiera disculparme con el profesor Howard Zinn.

Un murmullo de sorpresa recorrió la sala. Era inimaginable que Silber se disculpase de nada con nadie. Sospeché que sus amigos abogados le habían aconsejado que procediese de ese modo para reducir al mínimo las consecuencias de lo que podía ser un proceso por difamación que le resultaría caro y en el que tenía todas las de perder.

La sala se sumió en silencio total cuando Silber dio su explicación. En la época en que fue nombrado presidente le pasaron algunas diapositivas para ponerlo al corriente de la historia del activismo de la U. B. En una de ellas aparecía la ocupación del despacho del presidente en protesta contra la brutalidad policial en el campus y en ella aparecía yo como participante en la sentada. Otra diapositiva mostraba el incendio que se había producido en el despacho del presidente. Aunque eran dos hechos que nada tenían que ver entre sí, Silber explicó que había «fusionado los dos incidentes».

Se inició la reunión. Los partidarios de Silber, en su mayoría administradores y jefes de departamento, manifestaron su oposición a la resolución. Uno de los jefes del departamento se levantó en defensa de Silber y adujo a este propósito una cita de un presidente americano refiriéndose a un dictador caribeño:

—Puede ser un hijo de puta, pero es nuestro hijo de puta.

Los detractores de Silber lo acusaron de caos financiero, de que se arrogaba las decisiones importantes, de que no tenía en cuenta las opiniones de los demás, de que coartaba la libertad de expresión, pisoteaba los derechos de todo el personal y creaba una situación inapropiada para enseñar y para aprender.

Se hizo una votación cuyo resultado fue de 457 contra 215 en favor de apelar al consejo de administración para proceder a la expulsión de Silber. En aquel entonces Silber y Metcalf tenían un control estricto de la junta. Los administradores rechazaron la resolución de la facultad.

Poco después de estos hechos, una profesora del departamento de inglés llamada Julia Prewitt Brown solicitó su nombramiento permanente. Tenía esperanzas de que se lo concedieran, ya que era autora de un libro muy elogiado sobre la novelista Jane Austen. Sin embargo, también había participado en los piquetes que se habían formado delante del despacho de Silber durante la huelga. Su departamento votó en favor suyo por unanimidad. Se constituyeron, además, otros dos comités de facultad que también votaron a su favor por unanimidad. Cuando el preboste de Silber denegó la petición, se llamó a un comité exterior formado por tres estudiosos que votaron a favor de la solicitante y que vinieron a sumarse a sus cuarenta y dos colegas, que ya habían instado a que se le concediera lo que pedía. Pero John Silber dijo no.

Pero Julia Brown era una mujer luchadora. Según ella misma me contó, su padre había sido boxeador aficionado cuando vivía en St. Louis y ella era, desde niña, una entusiasta del boxeo. Admiraba a los boxeadores (entre ellos a Sugar Ray Leonard) que se empeñaban en pelear hasta el final incluso contra todo pronóstico. No pensaba dejarse intimidar. Era madre de tres niños, pero pensaba arriesgar todo el dinero que poseía, vender el condominio de Boston donde vivía, contratar a un abogado y poner un pleito a Silber y a la U. B.

Eligió como abogado a Dahlia Rudavsky, madre joven como ella, que había sido asesora jurídica del sindicato de profesores durante y después de la huelga. Rudavsky presentó una doble acusación: discriminación política y discriminación sexual.

Silber tenía fama de dispensar peor trato al profesorado femenino que al masculino. Las mujeres tenían menos probabilidades que los hombres de conseguir el nombramiento permanente y, dentro del grupo de las mujeres, las peor paradas eran aquellas cuyas opiniones políticas diferían de las de Silber. Dos mujeres del departamento de filosofía, cada una excepcional a su manera y que contaban con el respaldo de su departamento en su solicitud de nombramiento, fueron descartadas por Silber, al igual que una profesora del departamento de sociología que había sido una entusiasta defensora de la huelga. En cuanto a una profesora del departamento de económicas, una sudafricana blanca que no tenía pelos en la lengua a la hora de manifestar sus desacuerdos con Silber en relación con Sudáfrica, recibió primero la aprobación de su departamento y acto seguido fue vetada por la oficina del presidente.

Gran parte de las pruebas del juicio se centraron en la importancia del libro que había escrito Julia Brown sobre Jane Austen. Silber manifestó el desdén que le inspiraba Jane Austen calificándola de novelista «peso pluma», si bien en el juicio hubo de admitir que no había leído el libro de Julia Brown. No negó haber calificado el departamento de inglés de «maldito matriarcado».

El jurado no tardó en llegar a la conclusión de que tanto la universidad de Boston como John Silber eran culpables de discriminación sexual. Julia Brown fue indemnizada con doscientos mil dólares, y el juez, tomando una decisión extraordinaria (los tribunales suelen abstenerse de participar en las disputas relativas a nombramientos de profesores), ordenó a la universidad de Boston que concediera el nombramiento a la demandante. Tuvo que persistir en su actitud por espacio de seis años pero al final, como su héroe Sugar Ray Leonard que aguantó más que Marvin Hagler en el campeonato de pesos medios, Julia se salió con la suya.

Muchos de los que trabajábamos en la universidad de Boston, a veces nos sentíamos defraudados viendo a aquel presidente tiránico detentando el poder durante tanto tiempo. Pero la administración, pese a que tenía sus admiradores, jamás llegó a ganarse el afecto de la comunidad del campus. Y tampoco consiguió nunca hacer callar a aquellos estudiantes y profesores que estaban decididos a decir lo que pensaban y a hacer honor a la idea de que una universidad debe ofrecer un ambiente de libertad y humanidad a todos aquellos que aspiran al conocimiento.

15. LA POSIBILIDAD DE ESPERANZA

He tratado de estudiar a mis amigos analizando su pesimismo en relación con el mundo (¿solo les ocurre a mis amigos?), pero sigo encontrando a personas que, pese a que en el mundo suceden cosas terribles, me infunden esperanza. Especialmente los jóvenes, de quienes depende el futuro.

Pienso en mis alumnos.

No ya solo en las estudiantes del Spelman, que saltaron por encima de cien años de vergüenza nacional para entrar a formar parte del movimiento de los derechos civiles.

Y no me refiero solo al protagonista del poema *En seguida*, de Alice que representó el espíritu de una nueva generación:

Es así,
Siempre me han gustado
los atrevidos
Como aquel negro
que quiso
derribar
Todas las barreras
en seguida
y quiso
nadar
En una playa
de blancos (en Alabama)
Desnudo.

Pienso en todos mis alumnos de la universidad de Boston y en los jóvenes de todo el país que, angustiados por la guerra de Vietnam, resistieron de una u otra manera, se enfrentaron a las porras de los policías y afrontaron las detenciones. Y en valientes alumnos de institutos que, como Mary Beth Tinker y sus compañeros de Des Moines, Iowa, se empeñaron en ponerse brazales negros en protesta por la guerra y, al ser expulsados de la escuela, llevaron su causa al Tribunal Supremo y ganaron.

Claro que algunos dirán que esto ocurría en los sesenta.

Pero incluso en los setenta y en los ochenta, cuando tantos se lamentaban de la «apatía» de la generación estudiantil, hubo un número impresionante de estudiantes que continuaron actuando.

Pienso en un grupo decidido de la U. B. (la mayoría no habían participado nunca en acciones de este tipo, pero querían emular grupos parecidos de centenares de instituciones educativas del país), que levantó un «poblado de chabolas» en el campus para representar el apartheid en Sudáfrica. La policía lo derribó, pero los estudiantes se negaron a moverse de su sitio y afrontaron la detención.

En el verano de 1982 fui a Sudáfrica y visité Crossroads, un poblado de chabolas de verdad en las inmediaciones de Ciudad del Cabo, donde había miles de negros que vivían en una especie de gallineros o se apelotonaban en tiendas enormes en las que había que establecer turnos para dormir y donde seiscientas personas compartían un solo grifo. Era impresionante que jóvenes americanos, que no habían visto nunca esta situación con sus ojos y que solo sabían de ella por noticias que habían leído o fotos que habían visto publicadas, se sintieran tan conmovidos que quisieran dar la espalda a las comodidades en las que vivían y lanzarse a actuar.

Era una actitud que iba más allá de cuestiones meramente políticas. Las chicas exigían una mayor libertad sexual, pedían que se les brindara la opción a abortar, el control de sus cuerpos. Los gays y las lesbianas dejaban oír su voz e iban erosionando prejuicios arraigados en la gente desde hacía mucho tiempo.

Más allá de aquellos activistas, sin embargo, había un sector de población estudiantil mucho más numeroso que no tenía contacto con ningún movimiento pero que no por ello dejaba de lamentarse profundamente de la injusticia.

Los alumnos de mis clases llevaban un diario en el que consignaban las cuestiones que se discutían en clase y los libros que habían leído. Yo les pedía que hablasen con voz personal, que estableciesen conexiones con lo que leían y sus propias vidas, con sus ideas. Esto ocurría a mediados de los ochenta, supuestamente una mala época para despertar la conciencia social de los estudiantes.

Una muchacha escribió: «Después de leer *Black Boy* (*Negro*) de Richard Wright lloré por Wright y por las atrocidades que ha tenido que soportar... Lloré por todos los negros, por el trato injusto que siguen recibiendo por ser negros. Y lloré por mí, porque comprendí que la sociedad me ha instilado ciertos prejuicios de los que no puedo desprenderme».

Y un muchacho: «Hace dos veranos trabajé en la fábrica que tiene General Motors en Framingham... En aquel verano me enteré de una gran cantidad de cosas sobre la vida de mucha gente. El guión habitual presenta estos rasgos: el chico que termina la secundaria está "contento" de encontrar trabajo en G. M... No tarda en darse cuenta de que trabajar en G. M. te chupa la sangre. El trabajo te chupa la sangre, la administración te chupa la sangre, el sindicato la mitad del tiempo no está para la labor... O sea que el chico empieza a darle vueltas a su futuro: "Odio este sitio y me gustaría perderlo de vista, pero de momento ya llevo cinco años a cuestas. Solo me faltan veinticinco años para retirarme con la pensión íntegra". Y decide quedarse. ¡Uf! Ya se le ha escapado la vida».

Una chica que estudiaba en la escuela de comunicaciones escribió: «Mi trabajo consiste en fotocopiar enseñas publicitarias. Enseñas para televisores. "Sony Solo Hay Uno", "Toshiba, Al Habla Con Mañana", "Panasonic, Un Paso Más Allá De Nuestro Tiempo"... ¿Por qué todas esas naderías que pretenden ser algo? Mi asignatura principal es la publicidad. ¿Cómo puedo estar trabajando semana tras semana creando naderías?... Hoy, en la biblioteca… me he pasado tres horas hojeando libros sobre Vietnam. Quiero saber más… Me pregunto si podría ser profesora. Así podría pasar a otros lo que yo sé. Mostrarles de dónde pueden sacar las cosas. Esa será mi guerra».

Un muchacho de Dorchester (un barrio de clase obrera de Boston que iba en cabeza de la nación en la proporción de muertos en Vietnam) que trabajaba en la biblioteca para contribuir a pagar sus estudios escribía: «América es para mí una sociedad, una cultura. América es mi casa; si alguien quisiera robarme esa cultura, tal vez tendría motivos para resistirme. Pero no moriré para defender el honor del gobierno».

Un muchacho del programa R. O. T. C., después de ver la película documental *Corazones y cerebros*, escribió: «Creía que conseguiría aguantar hasta que vi al soldado americano que disparaba al vietnamita. Entonces perdí la calma. Un soldado arrastraba un cuerpo mutilado, otro pateaba a un hombre vivo. Un estudiante, a mi lado, se restregaba los ojos y me consoló que hubiera quien se sentía tan conmovido como yo… El general Westmoreland dijo: "Los orientales no valoran la vida". No me lo creí. Después pasaron la imagen de aquel niño que llevaba la foto de su padre y que lloraba, lloraba, no paraba de llorar… Debo admitir que también yo me eché a llorar. Lo peor era que ese día yo llevaba mi uniforme del ejército… Después de la película quise decidir qué guerra es la peor… No creo que exista una "guerra peor". Todas son igual de espantosas».

Un joven del R. O. T. C., cuyo padre era aviador de Marina y su hermano comandante de Marina, decía: «Todo el semestre ha sido una paradoja. He ido a sus clases y vi a Joe Bangert, el veterano de Vietnam, que contaba las experiencias que había vivido durante la guerra. Las cosas que dijo me dejaron fascinado… Cuando terminó, una hora y media después, yo odiaba tanto la guerra de Vietnam como él. El único problema es que, tres horas después de aquella clase, sigo deambulando con mi uniforme… y me siento la mar de bien… ¿Estoy en mis cabales? ¿Soy un hipócrita? A veces no lo sé muy bien…».

Y una muchacha: «Como blanca de clase media que soy, nunca

me he sentido discriminada. Pero digo una cosa: como alguien me hiciera ir a un aula diferente, usar un lavabo diferente o cosa parecida, le pegaría una patada en el culo... Hasta que oí lo que dijo en clase el estudiante negro, jamás había comprendido la indignación de los negros».

Una muchacha estudiante de los primeros cursos de artes liberales decía: «En clase se ha hablado mucho de que nuestros abuelos han trabajado muchísimo y etcétera, etcétera, etcétera... Creedme, esa gente ha trabajado igual que los abuelos de todo el mundo y no por eso se vanaglorian de ello... Una vez me dijeron que el setenta por ciento de los que se benefician de la asistencia social tienen menos de dieciséis años... Entonces, si el setenta por ciento de los beneficiarios de la asistencia son niños, ¿cómo justificamos los recortes del presupuesto si somos una nación tan grande como pretendemos ser?».

Y otra joven: «El pueblo es el último que necesita que sus derechos figuren escritos sobre papel porque, si es objeto de abusos o injusticias del gobierno o de la autoridad, puede actuar directamente sobre la injusticia, lo cual es la acción directa... En realidad, los que necesitan leyes y derechos para aislarse de la acción física y directa del pueblo son el gobierno, la autoridad, las instituciones y las corporaciones».

Descubrí que mis alumnos, en los años ochenta, supuestamente plácidos, estaban fascinados con los movimientos de los años sesenta. Era evidente que ansiaban formar parte de algo más incitante que pasar a ocupar los puestos que tenían programados en el mundo comercial americano.

La enorme popularidad que tenían ciertas lecturas que yo recomendaba me revelaba cómo eran aquellos jóvenes. Se conmovían con la vida de Malcolm X, con la declaración apasionada antibelicista de *Johnny cogió su fusil*, con el espíritu anarquista-feminista de Emma Goldman en su autobiografía *Living My Lije* (*Vivir mi vida*). Ella se presentaba ante sus ojos como lo mejor de la idea revolucionaria: no solo el propósito de cambiar el mundo, sino el de cambiar uno mismo y, además, ahora mismo.

Un semestre descubrí que había varios profesionales de la música clásica inscritos en mi curso. En la última clase, me senté entre mis alumnos y ellos se sentaron en los asientos frontales e interpretaron un cuarteto de Mozart. No era el remate típico de un curso de teoría política, pero yo pretendía que mis alumnos entendieran que la política carece de objetivo si no contribuye a enaltecer la belleza en nuestra vida. El debate político puede llegar a amargarte. Se hace necesaria la música.

En la primavera de 1988 tomé la decisión repentina de abandonar mi labor como profesor después de treinta años y pico de dar clases en Atlanta y en Boston y de tres cursos en París como profesor visitante. Yo mismo me sorprendí de mi decisión, porque me gusta enseñar, pero aspiraba a una mayor libertad para poder escribir y para hablar con gente de todo el país, para tener más tiempo disponible y dedicarlo a mi familia y a mis amigos.

Tendría más oportunidades de hacer cosas con Roz, que había dejado la obra social para dedicarse a la música y a la pintura. Nuestra hija y su marido, Myla y Jon Kabat-Zinn, vivían en la zona de Boston y así podríamos pasar más tiempo con sus hijos, nuestros nietos, Will, Naushon y Serena. Nuestro hijo Jeff y su mujer, Crystal Lewis, vivían en Wellfleet, Cape Cod, donde Jeff era director y actor del Wellfleet Harbar Actors Theater. Dedicaríamos más atención a las cosas que hacían y al mismo tiempo disfrutaríamos de las magníficas playas del océano y de la brisa marina de Cape, donde compartiríamos una casa en la playa con nuestros viejos amigos del Spelman, Pat y Henry West.

También esperaba poder escribir obras de teatro. Había sido testigo de la dedicación al teatro de toda mi familia. Myla y Roz habían hecho de actores en Atlanta y en Boston. Jeff dedicaba su vida al teatro. Cuando terminó la guerra de Vietnam y dispuse de un poco de tiempo para tomarme un respiro, decidí escribir una obra de teatro sobre Emma Goldman, la anarquista-feminista que, en el momento del cambio de siglo, causó sensación en Estados Unidos por el atrevimiento de sus ideas.

Emma se estrenó en Nueva York, en el Theatre for the New City, y Jeff se encargó de la dirección. La idea de trabajar con mi hijo en un plano de igualdad me encantaba, aunque allí él, como director, era quien mandaba. Fue una colaboración afectuosa y muy estimulante. Posteriormente la obra fue representada en Boston, dirigida con brillantez por Maxine Klein y tanto los críticos como el público se mostraron entusiasmados. Estuvo ocho meses en cartel, el espectáculo de mayor duración del año 1977 de los representados en Boston. Hubo otras representaciones en Nueva York, Londres, Edimburgo y, más adelante, tras ser traducida al japonés, fue presentada en una gira a través de Japón. Contraje entonces la fiebre del teatro, de la que ya no me he curado.

Se difundió la noticia de que yo dejaba mis clases de la universidad de Boston. La última clase estuvo especialmente concurrida, con mucha gente de pie apoyada en la pared y sentada en los pasillos. La mayoría no eran alumnos míos. Tuve que contestar preguntas que inquirían sobre los motivos de mi decisión y tuvimos un debate final sobre la justicia, la función de la universidad y el futuro del mundo.

Les anuncié seguidamente que tendría que terminar la clase media hora antes de lo acostumbrado y les expliqué la razón. Había surgido un conflicto entre el personal docente de la Escuela de Enfermería de la U. B. y la administración, que había decidido cerrar la escuela porque no daba suficiente dinero, lo que tendría como efecto la expulsión de los profesores. Aquel día las enfermeras habían formado un piquete de protesta. Tenía intención de sumarme a la manifestación e invité a mis alumnos a que me acompañaran (Roz me había dado la idea la noche anterior). Al salir de la clase me seguían un centenar de estudiantes. Las enfermeras, que necesitaban desesperadamente que secundasen su actitud, nos acogieron con gran entusiasmo y paseamos juntos arriba y abajo.

Me pareció que aquella era una manera muy apropiada de terminar mi carrera de profesor. Yo había insistido siempre en que una buena educación era una síntesis de las enseñanzas que se reciben a través de los libros y de la participación en la acción social. Creía que una enriquece a la otra. Quería que mis alumnos supieran que no basta con la acumulación de conocimientos, por maravillosa que sea, mientras haya personas en el mundo que no tienen oportunidad de acceder a este placer.

Dediqué varios de los años siguientes a atender invitaciones y di conferencias en todo el país. Y tuve ocasión de descubrir cosas muy alentadoras. En cualquier ciudad, pequeña o grande, en cualquier estado de la Unión, siempre se encuentra algún grupo de hombres y mujeres que se preocupan de los enfermos, de los que padecen hambre, de las víctimas del racismo, de las bajas ocasionadas por la guerra. Es la gente que hace algo, por poco que sea, movida por la esperanza de cambiar el mundo.

Dondequiera que me encontrase —ya fuera en Dallas, Texas, o en Ada, Oklahoma, o en Shreveport, Louisiana, o en San Diego o en Filadelfia o en Presque Isle, Maine, o en Bloomington, Indiana, o en Olympia, Washington—, siempre encontraba a la misma gente. Y siempre me parecía que, además del puñado de activistas, había centenares, millares de personas abiertas a ideas que nada tienen de ortodoxas.

Sin embargo, por lo general cada uno ignora la existencia del vecino y, por tanto, aun cuando persistan en sus intentos, lo hacen con aquella paciencia desesperada de Sísifo, que empujaba interminablemente la roca hacia la cima de la montaña. Lo que yo intentaba decir a cada grupo era que no estaba solo y que los mismos que se encontraban desalentados ante la inexistencia de un movimiento nacional se convertían en prueba del potencial de dicho movimiento. Supongo que yo intentaba tanto convencerme a mí como convencerlos a ellos.

La guerra del golfo Pérsico contra Irak a principios de 1991 era extremadamente desalentadora para aquellos que abrigaban la esperanza de que con Vietnam había terminado para Estados Unidos la era de las operaciones militares a gran escala. Según los periódicos, el noventa por ciento de los sometidos a encuesta apoyaban la decisión del presidente Bush de ir a la guerra. Todo el país se había engalanado con cintas amarillas para respaldar a los soldados que iban al golfo. No era fácil oponerse a la guerra y dejar claro al mismo tiempo que lo que hacíamos en realidad a nuestra manera era apoyar a los soldados al querer que volvieran a casa. Pero el ambiente estaba tan caldeado que daba la impresión de que era un objetivo imposible de alcanzar.

Con todo, dondequiera que fuera, no dejaba de sorprenderme. No solo me dirigía a públicos pacifistas reducidos que adoptaban voluntariamente aquella actitud, sino también a amplios grupos de estudiantes de universidades, escuelas e institutos y, en general, mis críticas contra la guerra eran acogidas con una perfecta sintonía.

Llegué a la conclusión no de que las encuestas se equivocasen al reflejar un apoyo a la guerra del noventa por ciento de la población, sino de que se trataba de un apoyo superficial, tenue como un globo, hinchado artificialmente con la propaganda del gobierno y la connivencia de los medios de comunicación, un globo que un simple análisis crítico podía pinchar en un pocas horas.

Cierta vez que fui en plena guerra a una escuela comunitaria de la ciudad de Texas (población dedicada a la industria química y del petróleo, situada en las proximidades de la costa), me encontré con la sala de conferencias atestada de público. Había unas quinientas personas y la mayoría habían superado la edad estudiantil. Eran veteranos de Vietnam, obreros jubilados, mujeres que volvían a la escuela después de haber criado a una familia. Me escucharon con gran atención cuando les hablé de la inutilidad de la guerra y de la necesidad de recurrir al ingenio humano para encontrar otros medios de resolver los problemas de agresión y de la injusticia. Al final hubo una gran ovación.

Mientras hablaba, me fijé en un hombre sentado en el fondo de la sala. Era un hombre de cuarenta y pico de años, tenía el cabello negro y llevaba bigote. Supuse que debía ser oriundo de algún país del Oriente Medio, Guardó silencio durante el largo periodo de debate y preguntas pero, cuando el moderador anunció: «Queda tiempo para una pregunta más», el hombre levantó la mano y se puso de pie.

—Soy iraquí —empezó.

En la sala reinó un gran silencio. Dijo a continuación que hacía dos años que era ciudadano americano y que, en la ceremonia de la ciudadanía, las Hijas de la Confederación habían distribuido banderitas americanas entre los nuevos ciudadanos.

—Me sentía muy orgulloso. Puse la banderita sobre mi mesa de trabajo. La semana pasada me enteré a través de las noticias de que mi pueblo, situado en la zona norte del Irak, una población que no tiene absolutamente ninguna importancia militar, había sido bombardeado por aviones norteamericanos. Cogí la bandera de mi escritorio y la quemé.

El silencio de la sala era absoluto. Hizo una pausa.

—Me avergoncé de ser americano —hizo otra pausa—. Hasta esta noche: hoy aquí he oído hablar contra la guerra.

Se sentó. Nadie rechistó durante un momento, pero en seguida todos los asistentes prorrumpieron en un aplauso.

Larry Smith, mi anfitrión en Texas, era profesor universitario y, con su figura de tejano delgado y barbudo, tenía un gran parecido con Tom Joad en *Las uvas de la ira*. Aquel hombre pasó a ser objeto de controversia en ocasión de que un colega suyo lo acusase de radical y de antiamericano y diese a entender que la administración proyectaba echarlo. El hecho provocó una reunión en la que los estudiantes declararon uno tras otro que Larry Smith era un excelente profesor que había enriquecido sus conocimientos en muchos aspectos.

Una mujer que había sido alumna suya dijo:

—Los profesores son como las páginas de un libro y, si no disponemos de un ejemplar que contenga la edición íntegra, la lectura será fragmentaria.

El presidente dijo:

—Si criticar al gobierno significa que uno es antiamericano y procomunista… creo que todos somos culpables.

El consejo de administración en pleno se puso de parte de Smith.

En la primavera de 1992 recibí una invitación para ir a Wilkes-Barre, Pennsylvania. En el valle de Wyoming, allí donde se juntan los ríos Lackawanna y Susquehanna, donde antes de la revolución fueron reducidas a cenizas todas las casas que los indios tenían en el valle, se congregaron varios centenares de personas de conciencia para celebrar un congreso de fieles de diferentes religiones. Fue un congreso en el que trabajaron grupos feministas y grupos que abogaban por el desarme. Mucha de su actividad estaba encaminada a ayudar a los pueblos de América Central que luchaban contra gobiernos militares sostenidos por Estados Unidos.

En aquella ocasión fueron mis anfitriones una monja y un cura. El cura, el padre Jim Doyle, era profesor de ética en Kings College de Wilkes-Barre. Había sido traductor de italiano en campos de prisioneros de guerra durante la Segunda Guerra Mundial y más tarde había canalizado su actividad política hacia la guerra de Vietnam.

Cuando salí de Wilkes-Barre pensé que seguramente había en toda la nación activistas como aquellos que militaban en millares de comunidades y que se ignoraban mutuamente. De estar en lo cierto, ¿podía negarse que las posibilidades de cambio eran enormes?

En Boulder, Colorado, conocí al notable Sender Garlin. Tenía ochenta y ocho años y en lejanos tiempos había colaborado en periódicos radicales. Era un hombre bajo y delgado que encerraba en su interior mucha energía comprimida. Se había encargado de organizar mi visita y me dijo en confianza:

—He hecho publicidad de la conferencia. Me figuro que como mínimo vendrán quinientas personas.

Vinieron mil.

Supe después que Boulder se dedicaba a todo tipo de actividades. La emisora radiofónica local era una meca de los medios alternativos y aireaba las opiniones disidentes por toda la zona sudoeste. Conocí a su entrevistador estrella, David Barsamian, ingenioso adalid de la radio más radical que hacía circular sus *cassettes* por cien emisoras de todo el país.

Mis recorridos a través de todo el país no dejaban de darme sorpresas porque me hacían comprobar que la gente reaccionaba favorablemente a lo que sin duda es una postura radical de la sociedad, es decir, la actitud pacifista, antimilitarista, crítica del sistema legal, favorable a la redistribución drástica de la riqueza, solidaria con la protesta hasta el extremo de llegar a la desobediencia civil.

Encontré esta actitud incluso al hablar con los cadetes de la Academia de Guardacostas de Newport, Rhode island, y en una asamblea de novecientos estudiantes en el Politécnico California, de San Luis Obispo, que tenía fama de conservador.

Me resultó especialmente reconfortante el hecho de que, dondequiera que fuera, encontraba profesores de enseñanza elemental, secundaria o universitaria, que me manifestaban que en algún momento de sus vidas se habían sentido tocados por algún fenómeno, ya fuera el movimiento de los derechos civiles, la guerra de Vietnam, el movimiento feminista, el peligro ambiental o la difícil situación de los campesinos de Centroamérica. Eran profesores conscientes que querían enseñar a sus alumnos las bases prácticas del conocimiento, pero que también estaban decididos a estimularlos hasta un alto nivel de conciencia social.

En 1992 había en todo el país miles de maestros que empezaban a contar la historia de Colón desde un ángulo diferente y a puntualizar que Colón y sus hombres no habían sido unos héroes para los americanos nativos sino simples saqueadores. El objetivo no era tan solo hacer una revisión de hechos pasados sino incitar a revisar los actuales.

Lo más curioso era que los profesores indios, los activistas de la comunidad india, estaban en la vanguardia de esta campaña. Llevamos mucho camino recorrido desde aquellos tiempos lejanos en que el indio era invisible. Decían que habían muerto todos o que vivían en reservas seguras. Pero han transcurrido quinientos años desde su exterminio casi total como resultado de la invasión europea y exigen que América haga una recapitulación de sus inicios, reconsidere sus valores.

Lo que a mí me anima es este cambio de conciencia. Admito que siguen vivos el odio racial y la discriminación sexual, que la guerra y la violencia continúan envenenando nuestra cultura, que hay aún una importante subclase de pobres y desesperados y que existe un núcleo duro de población para la cual las cosas deben seguir como están, mejor que no cambien.

Pero, si solo vemos esto, hemos perdido perspectiva histórica, es como si hubiéramos nacido ayer y solo nos enterásemos de las historias deprimentes a través de los periódicos de la mañana o de los reportajes nocturnos de la televisión.

Basta considerar la espectacular transformación que, en el término de unas pocas décadas, se ha producido en la conciencia que el pueblo tiene del racismo, en la osada presencia de mujeres que exigen el puesto que les corresponde, en la conciencia creciente y a largo plazo del público al reconocer que los homosexuales no son curiosidades humanas sino personas sensatas, en el escepticismo creciente que inspira la intervención militar, pese al breve brote de locura militar surgido durante la guerra del Golfo.

Creo que es este aspecto a largo plazo del cambio lo que debemos ver si no querernos perder la esperanza. El pesimismo se convierte en una profecía que se reproduce al dañar nuestra voluntad de actuar.

Existe la tendencia a pensar que seguiremos siendo espectadores de las mismas cosas que vemos ahora. Olvidamos la frecuencia con que, en este siglo, nos hemos quedado atónitos ante el súbito derrumbamiento de ciertas instituciones, ante los extraordinarios cambios operados en los esquemas mentales de la gente, antes brotes inesperados de rebeliones que se levantan contra la tiranía, ante el colapso repentino de aparatos de poder que creíamos invencibles.

Las cosas malas que ocurren no son más que repeticiones de cosas malas que han ocurrido siempre: la guerra, el racismo, los malos tratos a las mujeres, el fanatismo religioso y nacionalista, el hambre. Lo bueno, en cambio, es lo inesperado.

Lo inesperado y, sin embargo, explicable a través de ciertas verdades que se levantan ante nosotros de vez en cuando, pero que tendemos a olvidar. El poder político, por formidable que parezca, es más frágil de lo que pensamos. (No hay más que observar lo nerviosos que están aquellos que lo ejercen).

Se puede intimidar a la gente corriente durante un tiempo, se la puede engañar un tiempo, pero esa gente tiene un profundo sentido común y tarde o temprano encontrará la manera de desafiar al poder que la oprime.

La gente no es violenta o cruel o ambiciosa por naturaleza, pero puede cambiar y serlo. Los seres humanos de todo el mundo quieren las mismas cosas, se conmueven cuando ven niños abandonados, familias sin casa, los muertos que causa la guerra. Ansían la paz, aspiran a la amistad y al afecto por encima de fronteras de raza y nacionalidad.

El cambio revolucionario no se produce como un cataclismo (¡cuidado con ese tipo de cataclismos!), sino como una interminable sucesión de sorpresas, un movimiento en zigzag pero que tiende hacia una sociedad más decente.

No es preciso comprometerse en acciones grandiosas o heroicas para intervenir en el proceso del cambio. Actos modestos multiplicados por millones de seres humanos pueden transformar el mundo.

La esperanza en momentos malos no es romanticismo desatinado. Se basa en el hecho de que la historia de la humanidad no está hecha solo de crueldad sino también de compasión, sacrificio, valor, afecto.

En esa historia tan compleja lo que decidirá nuestras vidas será aquello a lo que demos más importancia. Si solo vemos lo peor, destruirá nuestra capacidad de actuar. Si recordamos aquellos tiempos y lugares —los hay y muchos— en los que la gente se ha comportado de manera magnífica, nos infundirá energía para actuar y nos brindará como mínimo la posibilidad de proyectar la peonza en una dirección diferente.

Y si actuamos, por poco que sea lo que hagamos, no será preciso esperar ningún futuro utópico y grandioso. El futuro no es más que una sucesión infinita de presentes y vivir ahora como pensamos que deberían vivir los seres humanos, desafiando todo lo malo que nos rodea, es ya de por sí una maravillosa victoria.

AGRADECIMIENTOS

Quiero dar las gracias a mi editor de Beacon Press, Andy Hrycyna por su extraordinaria y sabia labor y por su comprensión y ayuda durante todo el proceso de la edición. También a Wendy Strothman, directora de Beacon Press por sus sabios consejos. Y a Chris Kochansky, mucho más que una directora del departamento de redacción, ya que sus sugerencias revelan una sensibilidad literaria excepcional. Y a Rick Balkin, mi fiel agente literario, que ha estado años espoleándome hasta conseguir que escribiera este libro y que, por consiguiente, es totalmente responsable de los fallos que contenga. Y a Roslyn Zinn, mi primera y última lectora siempre.

Fotografía

El B-52 Stratofortress es un icónico bombardero estratégico de largo alcance desarrollado por la prestigiosa compañía aeronáutica Boeing. Su diseño original se concebía para ser utilizado durante la tensión de la Guerra Fría, sin embargo, su versatilidad y capacidad lo han convertido en un elemento clave en diversos conflictos, entre ellos, la guerra de Vietnam, la guerra del Golfo y las operaciones en Afganistán. El 15 de abril de 1952, el B-52 realizó su primer vuelo, desde entonces se han fabricado un total de 744 unidades, siendo operadas por la Fuerza Aérea de Estados Unidos (USAF).

La fotografía que acompaña este texto es un crudo recordatorio de la inhumanidad de la guerra y una potente metáfora de la mecanización de la violencia en la guerra moderna. En ella se aprecia un B-52 Stratofortress en pleno vuelo, mientras dispensa una lluvia de bombas sobre Vietnam, con fecha 31 de marzo de 1967. El uso de tecnología avanzada para destruir objetivos, sin considerar las consecuencias humanas, es una realidad que se plasma en esta imagen. Durante la guerra de Vietnam, los B-52 realizaron un total de 126.615 misiones de combate. A pesar de que esa guerra concluyó, estos aviones estarán operativos hasta, al menos, el año 2040.

 Vietnam War, B-52 Stratofortress (from the Third Air Division's 4133rd Bombardment Wing) releasing a 'bomb train' over targets in Vietnam, 03/31/67. Courtesy: CSU Archives / Everett Collection

Antonio Cuesta